완전학습
바이블

완전학습 바이블

MASTERY LEARNING BIBLE

배운 것을 100% 이해하는 후천적 공부머리의 비밀

임작가 지음

다산
에듀

후기 ❶

"교과서를 통한 학습,
정말 통하는 것이었나 봐요."

_ 하루 그리고 이틀 님

얼마 전까지만 해도 아이는 학교 진도도 따라가야 하고, 집에 오면 학원에서 내 준 숙제도 해야 해서 독서할 시간조차 없었죠. 아직 어린데도 매일같이 시간에 쫓기며 살고 억지로 책상에 앉아 있곤 했어요. 아이에게 뭔가 부탁을 하면 잔뜩 인상부터 쓰는 바람에 서로 감정도 여러 번 상했답니다. 아이가 곧 고학년이 된다는 것에 저 역시 조바심이 났던지라 욕심이 과해졌었나 봐요. 그렇게 아이와 저는 꽤 힘든 시간을 보냈습니다.

그러던 중에 임작가님과 '자공마을'을 알게 되었습니다. 매일 이곳에 소개된 영상과 글을 보며 아이 교육이나 관계에 관한 도움을 받으면서, 하나씩 배우고 이해하려 노력하고 있습니다. 저는 일단 사교육을 많이 줄였습니다. 그렇게 아이의 시간을 확보한 뒤 학원에서 배운 것은 그날 복습할 수 있게끔 지도했고, 저녁 시간에는 하고 싶던 독서와 교과 공부를 할 시간을 갖게 했어요.

교과서 읽기와 개념 공부 위주로 교과 공부를 진행했답니다. 문제집은 여러 권을 풀기보다는 하나를 정해 풀어 보고, 틀린 것은 왜 틀렸는지 교과서에서 관련 내용을 찾아보는 방식으로 학습했습니다. 그 결과 실수가 잦았던 아이가 단원평가를 볼 때마다 만점을 받아 옵니다. 그리 어려운 수준이 아니라고 하더라도 신기하게도 5~6번째 연속으로 만점이네요.

이로 인해 가장 좋은 점은 아이에게 자신감이 생겼다는 거예요. 공부하면서 모르는 것이 나오면 "아~ 이렇게 하면 되는 거였네"라며 해결하는 등 공부를 해 나가는 방법을 스스로 찾아가고 있는 것 같아요. 아직 미숙하고 완전학습도 시작 단계에 불과하지만 아이에게 학습 동기가 생겼고, 제게도 큰 도움이 되고 있답니다.

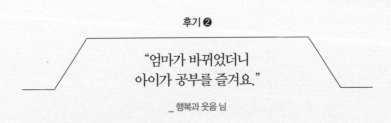

후기 ❷

"엄마가 바뀌었더니
아이가 공부를 즐겨요."

_ 행복과 웃음 님

"엄마, 공부가 재미있어요."

아이가 이렇게 말하는 걸 처음 보았습니다. 공부 양이 줄어든 것도 아닌데 말이에요. 지난번에 작가님께 아이가 복습을 싫어한다고 어떻게 해야 할지 조언을 구했더니 작가님께서 「엄마표 학습개론」을 다시 본 뒤 아이에게 적용해 보라고 하셨습니다. 그 조언에 따라 영상을 찬찬히 본 뒤에 제 방식을 고쳐 보려고 노력한 것이 전부였습니다.

작가님의 지침대로 아이이게 비난의 말 하지 않기, 틀렸다는 말 대신 "다시 한번 해 볼까?"라고 격려의 말하기를 실천했더니 오늘 아침에 "엄마가 화를 내지 않으니 공부가 재미있다"라고 아이가 말했어요. 엄마가 바뀌어야 아이도 바뀌나 봅니다. 작가님을 알게 된 저는 행운아입니다. 고맙습니다.

후기 ❸

"수학 공포증에 시달렸던 이유를 이제야 알았어요."

_ 원더 님

작가님의 강의를 보다가 제 학창 시절 수학 인생을 떠올렸네요. 저는 마흔이 넘은 지금도 수학 시험지를 받아 들고 한 문제도 맞힐 수 없어서 스트레스를 받는 악몽을 종종 꾸거든요.

저는 정서가 불안정한 엄마 밑에서 감정적 폭력을 많이 받고 자랐어요. 다행히도 경제적으로는 어려움이 없었고, 학군도 좋은 동네에서 성장했죠. 머리가 나쁜 편은 아니었는지 수능 상위 1%에 들어서 원하는 대학에 갔지만 수학은 사실 거의 반은 찍었고, 심지어 주관식 문제도 0 아니면 1로 찍었어요. 아이러니하게도 가장 많은 사교육을 받은 게 수학이었는데 말입니다.

작가님의 강의를 보다가 제 수학 실패의 원인을 돌이켜 봤어요. 당시 전 수학적 재능이 없었는데, 성적이 상위권이다 보니 공부 잘하는 아이들과 함께 선행을 하거나 심화 수준의 내용 위주로 공부했어요. 사실 제겐 수학의 기초와 개념을 잡아 주는 과정이 가장 필요했는데, 늘 수학 최고반 혹은 과학고 아이들을 가르치는 선생님만 제게 붙여 주었던 거죠. 엄마는 제 교육에 관심이 없으셨고요. 친구 어머니가 제 학원을 알아봐 주시고, 그룹에도 끼워 주곤 했는데 하필 그 친구가 수학 영재였습니다. 그러다 보니 점점 수학은 나와 맞지 않고 어려운 것이라는 생각이 쌓여 악순환의 고리에 빠졌던 것 같아요.

아직까지도 수학은 제 자존감을 갉아먹고 있답니다. 전 지금 수학과 전혀 상관없는 일을 하고 있음에도 말이에요. 제 경험과 작가님의 강의를 발판 삼아 제 딸의 수학 교육은 선행에 휘둘리지 않으리라 다짐해 봅니다.

후기 ❹

"학습지 홍수에서 벗어나
아이가 스트레스 없이 공부하게 됐어요."

_ 벨라7 님

작가님을 만난 시점이 제가 아이 교육에 대해 많이 혼란스러워했던 때였습니다. 제 아이는 궁금한 것도 많고 배우고 싶은 욕심도 많은 초등학교 1학년입니다.

저는 초등학교 저학년까지는 아이들이 많이 보고 만지고 느껴야 한다고 생각했어요. 그런데 아이가 사교육을 시켜 달라고 사정해서 국어 학습지도 신청하고, 패드 수업으로 영어와 수학, 방과 후 수업 5개, 피아노, 미술, 댄스 학원에까지 보내게 되었습니다. 아이가 한자도 공부하길 원해서 집에서 문제집을 한 장씩 풀고 있고요.

문제는 각종 활동을 수행하고 있는 아이의 모습이 많이 지쳐 보인다는 거예요. 자기가 좋아하는 종이접기나 만들기를 할 시간도 부족하고요. 특히 국어와 영어는 아이의 이해 수준이 높은 탓에 진도가 너무 빨라져 결국 선행을 하게 되었는데, 자기 수준이 아닌 것을 하고 있으니 아이가 계속 스트레스를 받더라고요.

그러던 중 겨울방학 직전에 아이가 "엄마, 난 수학 시간이 좀 싫어"라고 말하더라고요. 저는 아이 수준에 초등학교 1학년 수업 정도는 잘 따라가고 있다고 생각했는데 사실은 그게 아니었던 겁니다. 교과서를 훑어보면 내용이 너무 쉬운 것 같아 지금까지 교과서를 제대로 살펴보며 공부시킨 적이 없었습니다. 그래서 아이와 자습서를 한 권 사서 같이 풀어 보았습니다. 아이가 제 예상보다 수 개념을 너무 모르고 있더군요. 자습서에 있는 사고력, 심화 문제만 보면 힘들어하면서 거의 모르겠다는 표정으로 앉아 있는 거예요.

그 순간 아이가 저학년이라고 해도 교과서에 있는 내용을 꼭 복습하고 개념을 이해해야 한다던 작가님 말씀이 생각났어요.

그리고 아이가 하고 싶다는 것을 시켜야 되나 말아야 되나만 무심하게 고민하던 제가 너무나 잘못되었다는 걸 깨달았습니다.

오늘 국어 학습지를 풀고 있는 아이한테 다시 물었습니다.

"넌 이런 문제를 풀고 있는 게 즐겁니?"

아이가 대답하기를 사실은 즐겁지 않답니다. 선생님이 오시는 게 좋아 학습지를 끊지 못하게 했대요. 그래서 학습지를 중단했습니다. 그 사실을 아이에게 알려 주니 밝게 웃으며 대신 책을 많이 읽겠다고 하네요. 또 이제부터는 수학 교구들을 활용해 숫자의 실체를 느끼며 익히게 할 예정입니다. 얼마 전 아이가 제가 사다 놓은 숫자판을 보더니 '100'이 실제로 얼마만큼인지 이제 알겠다고 하더군요. 이런 교구가 전부터 갖고 싶었다며 "엄마, 감사합니다"라고 말하면서 웃어 주었어요. 그 순간 눈물이 왈칵 쏟아질 뻔했습니다.

전 수학 자습서부터 심화 문제집까지 과감히 정리했고, 다들 좋다고 해서 등록하려고 했던 대형 영어 학원들도 취소했습니다. 대신 영어 리딩북을 줬더니 아이가 좋아하면서 매일 혼자 여러 권을 보다가 잠들곤 해요. 제가 서툴지만 용기 내서 글을 남기는 이유는 작가님의 「엄마표 학습개론」이 저와 아이에게 정말 큰 도움이 되었다는 것을 알려 드리고 싶어서입니다. 아이가 작가님 덕분에 스트레스를 덜 받으면서 즐겁게 공부할 수 있게 된 점에 대해 진심으로 감사드려요. 아이가 초등학교 1학년 때 작가님을 알게 된 건 정말 행운이었습니다.

"완전학습 공부법으로
꿈에 다시 도전해 보려고요."

_ kem2177 님

갑자기 공부가 이렇게 재밌어질 수도 있나요? 지금까지는 '내 주제에 감히 세무사가 될 수 있겠어?'라고 생각했는데 말이 죠. 평생을 무모한 도전이라 생각하며 마음속 깊이 담아만 두었 던 제 가장 오래된 꿈인 세무사를 지금부터 준비해 3년 뒤에는 꼭 합격하고자 합니다.

지금 저는 새벽 5시에 일어나 공부를 하고 있어요. 미친 듯 이 재미있어서 정신없이 빠져들어서 공부해요. 아침형 인간이 아 닌데 공부를 하려고 마음먹으니 새벽에도 너무 쉽게 몸이 일으켜 져요. 참 신기한 일이죠.

작가님이 알려 주신 학습 이론대로 공부해 보니, 제가 그동 안 해 왔던 공부는 단순히 이해 수준에만 그치고 있었다는 걸 깨 달았어요. 이외에도 그간 제 공부 방법에 어떤 문제가 있었고, 앞 으로 어떻게 공부해야 할지 길이 보였죠. 덕분에 조급해하지 않게 됐고요. 이렇게 제가 공부를 다시 시작하게 된 게 중학교 1학년, 초등학교 5학년인 두 아들에게도 좋은 영향을 줄 거라고 믿어요. 그렇겠죠?

저처럼 많이 방황하다가 뒤늦게 적성에 맞는 일을 찾고 보 람도 얻었다는 작가님이 너무 부럽습니다. 저도 꿈을 이루게 되 면 사회에 많은 도움이 되는 일을 하며 보람을 찾고 싶네요. 늦은 나이에 공부를 시작하고, 직장도 다녀야 하고, 아이들도 키워야 하지만 3년 뒤 세무사 시험에 합격할 것 같은 자신감이 생기는 건 아마도 공부 자체가 너무 즐겁고 행복하기 때문인 것 같아요. 이 모든 게 작가님 덕분입니다. 정말 감사합니다. 합격하면 꼭 찾아뵐게요.

부모의 공부머리는
유전되는가?

"공부머리 다 유전이에요. 해도 소용없어요. 어차피 결과는 다 정해져 있거든요."

대형 학원에서 오랫동안 영어를 가르쳐 온 강사님과 이야기를 나눌 기회가 있었습니다. 당시 그분은 재수종합반 학생들을 가르치셨는데, 그분이 이야기하길 자기 눈엔 공부로 성공할 아이들과 그렇지 못할 아이들이 보인다고 하셨습니다.

노력해도 안 될 게 뻔히 보이는 아이들이 누구보다도 성실하게 학원에 나오고 자습실에서 묵묵히 공부하는데, 차마 그 아이들에게 자신의 생각을 말하지 못하겠다며 안타까워하셨어요. 그 아이들의 꿈을 깨 버리는 것 같아서 열심히 하라고 격려만 해 줄 뿐 앞으로 닥쳐올 현실을 알려 주진 못하시겠대요. 학원 입장에선 그 학생들이 한 달에 100만 원씩 내기 때문에 그런 이야기를 쉽게 못 한다고 하셨고요. 비단 이분만의 이야기는 아닙니다.

다른 많은 학원 강사들도 똑같이 이야기합니다.

비슷한 맥락으로 메가스터디 손주은 대표도 강의에서 이런 말씀을 하신 적이 있어요.

"내가 14년간 봐 온 것, 정말 공부에서 중요한 것은 객관적으로 유전자야. 여기서 잘 생각을 해야 돼. 내 유전자가 아니다 싶으면 빨리 공부를 포기하는 게 현명한 일이야. 여기에 대해서 솔직해져야 된단 이야기야. 주위에서 봐봐. 어떤 집안은 다 서울대야. 그런데 어떤 집안 식구는 사촌까지 모조리 다 관광버스 타고 다녀."

자, 여기까지는 그래도 학문적으로 검증이 안 된 말이니까 그러려니 할 수 있어요.

그런데 미시간주립대학교 잭 햄브릭Zach Hambrick 교수의 연구팀이 「노력과 선천적 재능 같은 노력 이외의 요소들 간의 관계」를 조사해서 다음과 같은 연구 결과를 발표했습니다.

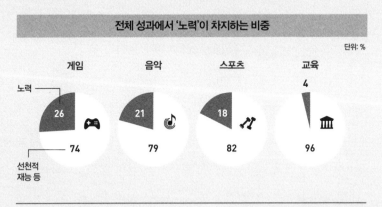

자료 출처: 미 심리과학회

전체 성과에서 노력이 차지하는 비중을 봤더니, 게임은 26%, 음악은 21%, 스포츠는 18%라는 결과가 나왔어요. 즉, 게임, 음악, 스포츠와 같은 분야에서 좋은 성적을 얻으려면 노력은 기본이고, 여기에 선천적 재능 등 기타 요소들이 합쳐져야 엄청난 시너지를 낸다는 겁니다. 아이가 열심히 1만 시간의 노력을 쏟는다 해도 재능이 없으면 페이커가 될 수 없고, 김연아가 될 수 없다는 뜻이죠.

가장 충격적인 것은 교육 분야의 결과입니다. 교육 분야에서 큰 성취를 하는 데 노력이 영향을 주는 부분은 고작 4%라는 결과가 나왔습니다. 노력이 고작 4%?

이쯤 되면 좀 불안해지죠. 공부머리가 진짜 유전인가?

공부와 생물학적 유전의
관계에 대하여

'공부가 유전'이라는 말을 다시 정리해 보면 '공부를 잘하는 건 부모의 유전자로부터 결정'된다는 말입니다. 부모가 공부 잘하는 유전자를 가지고 있으면 자식들도 그 영향으로 공부를 잘하게 된다는 뜻이죠. 하지만 100% 맞는다고 할 수 없습니다. 분명 공부를 잘하게끔 타고나는 아이들이 있습니다. 그런데 그건 부모의 생물학적 유전자와는 상관이 없어요. 다시 말해 '공부 유전자' 이런 건 없다는 말이에요. 여러분이 공부를 잘했어도 아이들은 못할 수 있고, 여러분이 공부를 못했다고 아이들 역시 반드시 공부를 못하게 되는 건 아니란 이야기입니다.

뭔가를 증명할 때 반례를 들면 설득력이 생깁니다. 공부를 잘하는 것이 생물학적 유전자와는 상관이 없다는 걸 증명하는 사례로 랭건Christopher Langan이라는 천재에 대해 이야기해 보겠습니다. 이분은 아이큐가 200 정도 됩니다. 생후 6개월 만에 말하기를 시작했고, 세 살 때부터 글을 쓸 수 있었다고 해요. 학교 시험에서는 공부를 전혀 하지 않은 상태에서 몇 분 전에 교과서만 훑어본 게 전부였는데 항상 1등을 놓치지 않았대요. 대학 입학시험인 SAT에선 만점을 받았고요. 그림을 그리면 진짜 사진처럼 그릴 수 있었고, 기타 연주도 기가 막히게 잘했습니다. 한 학기 동안 배워야 할 분량의 교과서를 혼자 이틀만 공부하면 끝낼 수 있었어요. 랭건은 천재들 중에서도 정말 보기 드문 천재였는데, 중요한 건 그의 부모는 공부를 잘하는 사람들이 아니었다는 사실입니다. 그의 부모는 지적으로 평범했으며 경제적으로는 최빈곤층에 해당되는 사람들이었습니다.

공부머리를
타고나는 아이들

공부머리는 유전되는 건 아니지만 타고나는 아이들은 분명 있습니다. 공부를 잘하는 데 유리한 조건을 가지고 태어나는 아이들이 있다는 말입니다. 비율적으로 약 10%의 아이들이 바로 이 공부머리를 타고 태어납니다.

이건 성격이론인 MBTI 이론을 통해 보면 좀 더 쉽게 이해가 되실 겁니다. 보통 공부에 유리한 성격을 가지고 태어나는 아이들은 직관력과 사고력을 지닌 분석가 유형의 아이들입니다. 직관을 영어로 '인투이션 iNtuition'이라고 하고, 사고를 '싱킹 Thinking'이라고 해서 각 단어의 한 글자씩을 따 'NT 분석가형' 성격이라고 부르죠.

여기서 '직관적'이라는 말은 무슨 뜻일까요? 눈에 보이지 않는 추상적인 것들을 좋아하고 잘 이해한다는 뜻입니다. 그러면 우리가 학교에서 배우는 학습 내용들은 주로 눈에 보이지 않는 추상적인 것들에 속할까요? 생각해 보세요. 수학을 배울 때 방정식, 근의 공식, 사인/코사인 등 이런 개념들이 눈에 보이던가요? 전자기장, 중력, 마찰력 이런 것들은요? 학교에서 배우는 대부분의 학습 내용은 눈에 보이지 않는 추상적인 개념입니다. 그런데 선천적으로 이런 추상적인 것들을 쉽게 이해하고 받아들이는 아이들이 있어요. 그런 아이들이 학교 공부에서도 유리할 수밖에 없는 거고요. '이성적인 사고형' 머리를 가진 아이들도 공부에 유리합니다. 학교 공부에 감정이 들어가는 부분이 있습니까? 사실 fact과 지식 knowledge을 다루는 것이 공부 아니겠어요? 논리적으로 생각하지 못하는 아이가 수학을 잘할 수 있습니까? 당연히 이성적인 사고형 머리를 가진 아이들이 공부에 유리할 수밖에 없겠죠.

공부머리를 타고난 NT 분석가 유형의 아이들은 네 종류로 나뉩니다. 이 중 전략가라고 불리는 INTJ 유형의 아이들은 지식 탐구 자체를 너무나 좋아하고, 책 읽는 것과 골똘히 생각하는 것도 매우 좋아합니다. 조용하고 차분한 성격으로 뭐 하나에 꽂히면 끝을 볼 때까지 파고들며 생각합니다. 이해가 안 되면 이해할 때까지 집요하게 파고드는 성격이거든요. 이 아이들은 전체 인구의 약 2%를 차지하는데, 그중에서도 여자아이들은 0.8%밖에 안 됩니다. 이 INTJ 유형의 아이들은 일반 학교에서 잘 품어 주질 못해 교육 과정이 무척 시시하다거나 재미없다고 느끼는 경우가 많아요.

한편 논리학자라고도 불리는 INTP 유형의 아이들은 꼬리에 꼬리를 무는 몽상을 즐기는 아이들입니다. INTJ 유형이 하나를 끝까지 파고드는 집요한 성격이라면, INTP 유형은 끊임없이 생각이 나서 계속 무언가를 찾고 생각하고 탐구하는 성격이죠. 우리나라 입시에서 요구하는 사고 능력 중 하나가 바로 통합교과적 사고력입니다. 입시에서 성공하려면 여러 과목에서 다루는 개념들을 통합적으로 연계하여 종합적으로 생각해 내야 하는 일련의 사고 과정을 가져야 합니다. 그렇게 보면 INTP 유형의 아이들처럼 끊임없이 생각을 연이어서 하는 걸 즐기는 아이들이 통합적인 사고력을 테스트하는 수능이나 논술 같은 시험에 유리하겠죠.

토론가라고 불리는 ENTP 유형의 아이들은 세상의 지식을 적극적으로 탐구하는 걸 참 좋아합니다. 그리고 지식 탐구를 위해 다른 사람들과의 토론을 무척 즐긴다는 특징도 있어요.

마지막으로 사령관이라고 불리는 ENTJ 유형의 아이들은 성취 욕구가 남달라서 어떤 목표가 정해지고, 경쟁 상황에 놓이면 지는 것을 정말 싫어합니다. 우리나라 입시 환경에서 가장 유리한 성격 유형이죠. 이 아이들은 학업을 자신의 성취 목표로 보게 될 가능성이 높고, 공부가 자신의 목표가 되는 순간 그 누구에게도 지고 싶지 않아 매우 열심히 하게 됩니다.

분석가 성격을 가진 아이들의 예를 통해 우리는 공부머리가 부모로부터 유전되는 것은 아니지만 소수의 아이들은 분명 공부머리를 가지고 태어난다는 사실을 유추해 볼 수 있습니다. 그리고 이 아이들이 입시에서 다른 아이들에 비해 유리할 수밖에 없다는 사실도 말이죠. 여기에서는 손주은 대표나 수많은 학원 강사들의 말이 결코 허무맹랑한 것은 아니라는 사실만 확인하고 넘어가면 되겠습니다.

당신의 아이가
공부머리 없이 태어났다면

나머지 약 90%의 아이들에게는 공부머리가 없습니다. 그렇다면 여러분의 아이도 아마 공부머리 없이 태어났을 가능성이 높을 거예요. 90%면 꽤 높은 확률이니까요. 그러면 공부머리 없이 태어난 아이들은 공부를 통해 사회적 성공을 실현하는 일에 애초부터 도전하지 않는 것이 나을까요? 그건 아닙니다. 그런데 앞서 교육 분야에서 성과를 내는 일에 '노력'이 고작 4%만 영향을 준다는 연구 결과가 떠오르시죠? 그렇다면 이건 공부머리를 타고나지 않은 아이들은 노력해도 소용없다는 걸 의미하는 게 아닐까요?

국내 언론에서 이 연구 결과를 기사로 처음 내보냈을 때는 분야를 단순히 '교육'이라는 카테고리로 표현했기 때문에 대부분의 사람들이 오해를 할 수밖에 없었습니다. 이 연구에서 말하는 교육은 '학술 분야의 교육'입니다. 초중고를 포함하는 공교육이 아니라, 대학의 교수나 연구자들이 활동하는 학문적으로 가장 레벨이 높은 분야를 말하는 거예요. 이쪽 분야에서는 노력만 가지고는 살아남을 수 없고 타고난 재능이 있어야만 합니다. 그런데 단순히 '교육'이라고 해 버리니 모두가 착각할 수밖에 없었던 겁니다. 교육 대신 '학술' 혹은 '학문 연구'라고 명확히 표기했다면 이런 오해가 없었을 거예요. 요점은 초중고 공교육 과정은 학문의 가장 기초를 배우는 기본 과정이기 때문에 공부머리를 가지고 태어나지 않았어도, 평균 수준의 아이큐만 가지고 있다면 충분히 소화할 수 있다는 것입니다. 또 높은 성취를 얻을 수 있는 영역이라는 것도 사실이고요.

아니, 그럼 손주은 대표가 언급했던 건 뭘까요? 그분은 내 유전자가 아니다 싶으면 빨리 공부를 포기하는 게 현명하다고 말씀하셨잖아요?

공부가 유전자라는 말의
재해석

공교육에서 학생들의 학업적 성취와 상관 관계가 가장 높은 변인은 '부모의 학력'입니다. 아이들이 공부머리를 가지고 태어났든 아니든 기초 지식을 다루는 공교육에서는 공부머리가 성적에 결정적인 영향을 주지 않습니다. 성패를 좌우하는 것은 '부모가 공부를 잘해 본 적이 있느냐'는 사실이죠. 공부를 잘해 본 경험이 없는 부모가 아이의 공부를 돕기란 굉장히 어렵거든요. 이런 맥락에서 공부 잘하는 것이 생물학적으로 유전되지는 않지만 심리사회적인 측면에선 유전된다고 봐도 무리가 아닙니다. 심리사회적인 특성들은 부모로부터 자녀에게로 상당 부분 유전되며, 학업 성취도에도 상당히 많은 영향을 줍니다.

그뿐만 아니라 공부를 잘해 본 경험이 없는 부모가 자녀 학습에서 실패하는 근본적인 이유는 그분들이 잘못된 방법으로 아이들을 지도하기 때문입니다. 본인이 학업에서 했던 실수들을 아이들에게 그대로 지도해 자신과 같은 실수를 반복하게 만드는 거죠. 또 이러한 실수로부터 발생한 손해는 누적 효과라는 게 있어서 눈덩이처럼 불어난다는 특징이 있습니다.

대부분의 부모님들은 학습지, 학원, 과외, 독서 등 훗날 아이 성적에 도움이 될 것 같다고 생각되는 여러 방법을 동원해 아이를 가르치려고 합니다. 아주 어린 나이부터 말이죠. 우리 아이는 남들보다 앞서가길 원하는 마음에 1~2년, 심지어 3년 먼저 선행학습을 시작하기도 합니다. 부모님은 이토록 최선을 다해 아이의 공부를 이끌어 주고자 하는데, 대부분 결과가 안 좋습니다. 아직 결승선까지 가 보지 않았고, '하다 보면 잘 되겠지'와 같은 막연한 희망을 품지만 세상일이 꼭 경험해 봐야 아는 건 아니잖아요. 모든 학부모와 학생들은 내신과 수능 앞에 평등합니다. 결국 결과가 이야기해 주는 것 아니겠습니까?

손주은 대표가 말하는 유전자는 바로 이겁니다. '부모의 학습 가이드 방식' 더 넓게 이야기하면 '부모의 자녀 양육 방식'을 가리키는 거예요. 학업 성취도는 학습 동기 같은 심리사회적인 특성들에 아주 큰 영향을 받습니다. 부모들은 자기가 가지고 있던 가치관을 기반으로 자녀를 키우는데, 그것은 잘 안 바뀝니다. 그러니까 그걸 유전자라고 이야기하는 거예요. 유전자는 안 바뀌는 거니까요.

선생님이나 강사가 아무리 열심히 가르쳐 봤자 공부를 싫어하는 아이를, 다시 말해 학습 동기가 약한 아이를 공부 잘하는 아이로 만드는 일은 낙타가 바늘귀로 들어가는 일과 같이 거의 불가능합니다. 게다가 어렸을 때부터 개념을 이해하는 방법을 잘 배우지 못하고 성장한 아이들에게 공부 방법을 가르치는 일도 굉장히 어렵고요.

학습 결손은 어떻습니까? 학습 결손 없이, 그러니까 구멍 없이 완전하게 학습을 수행하는 아이들은 주위에서 찾아보기 힘들 정도로 적습니다. 학생들 대부분, 적어도 90% 이상은 학습 결손을 가지고 있습니다. 학습 결손이 생겼을 때 바로 적절한 조치를 해 주면 빨리 회복할 수 있지만, 학습 결손이란 건 부모나 학생 모두 인지하지 못한 채 방치된다는 특성이 있습니다. 그렇게 학습 결손을 가지고 있는 학생들의 성적은 시간이 갈수록 점점 떨어집니다. 이런 이유들 때문에 '공부는 유전자'라는 이야기를 하는 겁니다. 학습적으로 불리한, 망하는 길로 성큼 들어선 아이들은 역전이 쉽지 않습니다. 학원 강사들에게는 그것이 엄청난 벽처럼 느껴집니다. 본인들 힘만으로는 학습 결손을 가진 아이들을 바꿀 수가 없으니까요.

손주은 대표는 이걸 본인의 힘으로 해결해 보려고 많이 노력하셨습니다. 이분은 처음 과외방으로 사교육을 시작하셨는데, 공부하러 온 아이들의 신발을 전부 치우고 그날 공부를 마칠 때까지 신발을 돌려주지 않았다는 일화도 있었다고 해요. 이분의 교육 방식을 옹호하려는 말은 아닙니다. 단지 이분은 학생들이 공부를 잘하게끔 만들기 위해 필요한 것과 부족한 것을 정확히 알고 계셨다는 걸 말하고 싶은 거예요.

내 아이에게
후천적 공부머리를 심어 주려면

공부를 잘해 본 적 없는 부모가 자녀를 공부 잘하는 아이로 키울 수 있을까요? 충분히 가능합니다. 그런데 조건이 있습니다.

그 조건은 부모가 공부를 어떻게 해야 성과를 낼 수 있는지 그 방법을 충분히 이해하고 있어야 한다는 겁니다. 쉽게 말해, 부모가 내일이라도 당장 입시 공부를 시작해 성공할 수 있다는 자신감을 갖고 있는 상태면 됩니다. 과거엔 실패했지만 이번에는 입시에 성공할 수 있다는 근거 있는 자신감을 장착하면 자녀를 공부 잘하는 아이로 만들 수 있어요. 자신이 학업에서 겪은 실패를 자산으로 삼아 부모로서 아이를 잘 코칭해 준 경우도 종종 있었거든요.

자녀의 학습 문제로 저와 소통하던 어머니들 중에도 그런 분이 있었습니다. 본인이 공부로 성공하지 못한 이유를 오랜 시간 성찰하며 자신과 같은 실수를 아이가 하지 않도록 열심히 정보를 찾고 공부해 아이의 공부를 잘 코칭해 주셨죠. 그분의 아이는 수능에서 만점을 받았습니다.

공부를 잘하려면 크게 두 가지가 필요합니다. '학습 방법'과 '학습 동기'예요. 이 두 가지는 공부를 잘하기 위해 반드시 갖춰야 할 필수 조건입니다. 둘 중 하나만 삐끗해도 공부 잘하는 일은 물 건너갑니다. 그렇다면 학습 방법과 학습 동기는 누가 계발해 줄까요? 학교 선생님? 학원 강사? 아니죠, 그건 부모가 해 주는 겁니다. 태어났을 때부터 경험하는 부모와의 상호작용, 부모와의 대화, 부모의 가이드, 부모의 피드백, 종합적으로 말해 부모의 양육 방식이 자녀의 학습 방법과 학습 동기의 수준을 결정하게 됩니다. 이러한 것들은 학교 선생님이나 학원 강사들은 채워 줄 수 없는 부분이라 '공부는 유전자'라는 이야기를 재차 할 수밖에 없는 겁니다. 부모가 해 줘야 하는 영역이니까요. 따라서 부모님께서는 자신의 양육 방식을 꼭 점검해 보시길 바랍니다. 과연 나의 양육 방식은 아이가 올바른 학습 방법에 기반한 공부 습관을 가질 수 있도록 도와주고 있는지, 아이가 높은 학습 동기를 가지도록 이끌어 주고 있는지 말이죠.

대부분의 부모님들은 이에 대해 생각해 본 적이 없고, 배울 기회도 없었을 겁니다. 하지만 학습과 관련된 지식을 배워 두면 부모님께서 학창 시절에 공부를 잘하지 못했더라도 자녀만은 공부를 잘하게 만들 수 있습니다.

책에는 공부 잘하는 아이를 만드는 두 가지 필수 조건인 학습 동기와 학습 방법에 대한 지식들을 교육학 이론과 다양한 사례들을 기반으로 설명할 예정입니다. 부디 이 책을 항상 옆에 끼고 아이 공부와 관련해 막힐 때마다 바이블처럼 활용해 보길 바랍니다. 기꺼이 노력을 아끼지 않는 부모님이 있어 여러분의 아이는 결코 실패하지 않을 겁니다. 아이에게 학습 역량을 선물해 주세요. 그것이 아이에게 두고두고 이롭게 쓰일 것입니다.

임작가 드림

차례

1부
MASTERY
LEARNING
BIBLE

성적의 성패를 좌우하는
'공부정서'의 힘

2부
MASTERY
LEARNING
BIBLE

배운 것이 100% 이해되는
엄마표 완전학습

3부

MASTERY
LEARNING
BIBLE

개념과 원리
이해가 우선

과목별 완전학습법 I
: 수학·과학·사회

4부

MASTERY
LEARNING
BIBLE

독해력이
힘!

과목별 완전학습법 II
: 국어·영어

MASTERY
LEARNING
BIBLE

Special Column

엄마표 완전학습 Q&A

완전학습
바이블

1부

MASTERY LEARNING BIBLE

성적의 성패를
좌우하는
'공부정서'의 힘

01

성적은
결국 '공부정서'가
결정합니다

공부정서가
망가지는 아이들

초등학교 2학년이 된 은서는 최근 수학 문제집을 너덜너덜하게 만들었습니다. 문제집 가장자리를 조각내 찢고, 중간에 연필이 쏙 빠질 정도로 큰 구멍을 뚫어 놓기도 했죠. 너덜너덜해진 문제집을 들여다보니 군데군데 낙서도 보입니다. '어려운 문제도 풀 수 있을 거야'라는 문구에 '어려운 문제를 풀 힘이 없어졌어'라고 말장난하듯 써 놓았습니다. 기가 찬 엄마가 은서에게 물어보았습니다. 문제집을 왜 이렇게 다 찢어 놨는지 말이죠. 아이는 문제를 푸는 게 어려워서 그랬다고 말합니다. 이어서 엄마와 딸의 대화가 이어집니다.

"너 공부하기 싫어?"

"아니."

"그런데 왜 그래? 공부하기 싫으면 하지 마."

"아니, 할 거야."

추궁하는 엄마의 말에 아이가 볼멘소리로 대답합니다. 은서네 집에서는 이런 일이 자주 반복된다고 합니다. 엄마는 고민에 빠졌습니다. 자기가 아이의 공부를 망치고 있는 것 같은데, 무엇이 잘못됐는지 또 어디서부터 잘못됐는지 모르겠어서 굉장히 난감하더래요. 은서도 처음부터 공부를 싫어한 건 아니었다고 합니다. 은서에게 무슨 일이 있었기에 문제집을 찢을 정도로 공부가 싫어졌을까요?

처음엔 그러지 않았는데 차츰 공부를 싫어하게 된 은서와 같은 아이들을 두고 저는 '공부정서가 나빠졌다'라고 표현합니다. 여기서 '공부정서'란 공부에 관한 정서적 경험의 반복으로 인해 쌓인, 공부를 떠올릴 때 느껴지는 고착된 정서 상태를 말합니다. 많은 부모들을 살펴보면 아이를 공부시키는 것에만 집중한 나머지 공부정서가 나빠지는 것에는 신경을 쓰지 못하는 경우가 많습니다. 사실 공부에서 가장 중요한 것은 공부정서인데 말이죠.

공부를 좋아하는 아이로 만드는 것은 꽤 어렵고 시간도 오래 걸리는 일이지만, 공부를 싫어하는 아이로 만드는 것은 매우 쉽습니다. 밝고 사랑스러웠던 아이가 공부라는 경험을 하고부터

부정적 감정을 내뿜는 아이로 변하는 일은 순식간입니다. 하지만 부모님께서는 공부정서의 정체에 대해 들어 본 적이 없고, 그것이 아이의 12년 공교육 학업 전체 과정에 어떤 영향을 주는지에 대한 종합적인 지식도 없습니다. 그러니 조심스럽고 세심하게 돌봐 줘야 할 아이의 공부정서가 망가지는 것을 인지하지 못하다가 아이가 공부만 떠올리면 스트레스를 받는 상태가 되고 나서야 사태의 심각성을 알아차리게 되죠. 처음부터 공부를 싫어하는 아이는 없습니다. 하지만 아이는 공부라는 활동을 통해 어떤 심리사회적인 경험을 하게 되고, 그것을 통해 공부가 '좋다' 혹은 '싫다'라는 하나의 감정 상태를 가지게 됩니다.

　공부정서가 나빠지면 그것은 아이의 학업을 모든 면에서 방해합니다. 새로운 개념을 배우려면 어느 정도의 정신적인 부담을 견뎌내야 하는데, 아이는 공부에 대한 정서가 부정적이므로 이 과정을 인내하는 것이 너무 힘듭니다. 공부하기가 싫으니 공부로 인한 인지적 스트레스를 조금도 견디고 싶지 않은 상태에 놓이는 거예요. 공부 참을성이 없는 상태, 다른 말로는 '나쁜 공부정서'를 갖게 된 것입니다. 이제 아이는 심리적 스트레스를 감정적으로 풀어야 하는데, 이때 눈앞에 놓인 문제집을 화풀이 대상으로 선택합니다.

　많은 부모님들께서는 유아기를 거치고 어느 정도 성장한 아이를 보며 이제 슬슬 공부를 가르쳐야겠다고 생각합니다. 부모의 시각으로 쉽다고 판단되는 연산 문제집, 문장제 문제집들을 준비하고, 아이에게 부담이 되지 않는 분량을 정해 아이가 풀게끔 하죠. 부모 입장에서는 아주 적은 양의 공부로 아이를 배려했다고 내심 뿌듯해하셨을 겁니다. 하지만 아이는 공부를 싫어하게 됩니다.

이러한 '문제 풀이식 공부'는 아이 교육과 관련해 부모님들이 가장 많이 하는 실수 중 하나입니다. 문제를 푸는 과정이 아이의 실력을 향상시켜 줄 거라고 믿는 데서 오는 심각한 오류죠. 그 오류의 결과가 얼마나 심각하냐면 아이는 이제 초등학교부터 고등학교까지 약 12년간의 정규 학업 기간을 괴로워하며 보내게 될 운명의 배에 올라탄 것이라고 말할 수 있습니다. 큰 변화가 찾아오지 않는다면 아이는 그 운명의 배에서 절대 내리지 못할 것입니다.

우리나라 공교육의 평가 방식은 기본적으로 상대평가입니다. 입시에선 일반적으로 교과 성적이 우수하고 수학능력시험 성적이 좋은 성실한 아이들이 명문대에 입학하는 구조로 되어 있습니다. 그리고 공부정서가 나쁜 아이들은 공부 잘하는 아이들의 등급을 올려 주는 역할을 하게 되죠. 물론 학교에 다니는 목적이 좋은 성적을 받기 위해서만은 아닙니다. 저 또한 아이가 반드시 좋은 성적을 받아야 한다고 생각하진 않으니까요. 그러나 아이가 12년 동안 학교 생활을 해야만 한다면 학업을 수행하는 과정에서 과도한 스트레스를 받아서는 안 되지 않을까요? 그러한 학업 스트레스는 아이가 이후 긍정적인 사회 생활을 하는 데 필요한 심리사회적 능력들을 계발하지 못하게 방해할 것입니다. 예컨대 아이는 자신감, 자기 능력에 대한 믿음, 자아에 대한 긍정적 이미지를 잘 계발하지 못할 거예요. 공부를 못하니까요.

그러니 아이가 학교를 다녀야만 한다면 긍정적인 공부정서를 갖는 편이 좋지 않을까요? 학업을 긍정적으로 수행해 낸 경험이 아이에게 긍정적인 영향을 미치게 된다는 것은 분명한 사실입니다. 그렇다면 이제 부모님이 해야 할 일은 아이가 부정적인 공부정서를 가지지 않도록 도와주는 일이겠죠.

공부 잘하는 아이가 되는 데 필요한 제1조건은 긍정적인 공부정서를 기르는 일입니다. 공부정서가 나쁜 아이는 절대로 공부를 잘할 수 없습니다. 공부정서가 망가지면 밑 빠진 독에 물 붓는 형국이 되어 아이가 기울이는 모든 노력을 무용지물로 만들게 될 겁니다. 따라서 학습과 관련하여 부모가 아이를 도와줄 수 있는 첫 번째 일은 아이의 공부정서를 망치지 않는 것입니다. 그래서 부모님들은 일단 아무것도 안 하셔도 됩니다. 그렇게 하면 최소한 공부정서가 망가지는 일은 없을 테니까요. 학습 메커니즘에 대해 잘 모르는 상태에서 뭔가를 하려다 자녀의 공부정서를 망치느니 일단은 아무것도 하지 않는 편이 나을 때가 많다는 것을 수많은 학부모님들의 양육 역사가 증명합니다.

공부 잘할 아이,
공부 못할 아이

학원이나 학교에서 아이들을 오랜 시간 가르쳐 본 선생님들은 어떤 아이가 공부를 잘하고 못하는지 바로 알 수 있을까요? 네, 알 수 있습니다. 그렇다면 그 선생님들은 어떻게 그것을 알아내는 걸까요? 보통 선생님들은 학생들의 학습 태도를 보고 그 아이가 공부를 잘할 아이인지 못할 아이인지를 직관적으로 판단합니다. 그리고 선생님들의 교수 경험이 오래되면 오래될수록 그런 직관적인 판단은 정확하게 일치합니다. 척 보면 안다는 말 들어보셨죠? 이것이 바로 말콤 글래드웰이 말했던 '직관의 힘'입니다. 일단 보면 직관적으로 느낌이 오는 거예요. 이런 종류의 직관은 아주 오랜 경험을 통해 쌓인 것이기 때문에 굉장히 정확합니다. 심지어 아이의 눈빛만 보고도 이 아이가 공부를 잘할지 못할지를 맞히는 선생님도 있어요. 잘하는 아이들은 눈빛이 또랑또랑하고, 못하는 아이들은 눈빛이 흐리멍덩하죠.

학교에서 수업이 시작되는 종이 울립니다. 이 종이 울렸을 때 공부를 잘할 아이들과 못할 아이들의 태도가 갈리게 됩니다. 공부를 잘할 아이들은 선생님이 지적하지 않아도 알아서 바로 자기 자리에 앉습니다. 반면 공부를 못할 아이들은 종이 울렸는데도 돌아다니며 장난치고 놀다가 선생님이 몇 번 말하고 지적을 해야 겨우 자리에 앉죠. 이 아이들은 종이 울렸는데도 왜 자리에 앉지 않는 걸까요? 행동 측면에서 봤을 때 아이가 자리에 앉지 않는 이유는 선생님이 자리에 앉으라고 말하기 전까지는 계속 놀수 있기 때문입니다. 자리에 앉지 않는 게 이득이라고 판단하는 거예요.

감정 측면에선 어떨까요? 그 아이는 이런 상황에서 어떤 감정을 느끼기에 종이 울렸는데도 자리에 앉지 않는 걸까요? 아이는 더 놀고 싶다는 욕구를 느끼기 때문에 그 욕구대로 계속 행동하는 겁니다. 욕구도 하나의 강한 감정이잖아요. 그 아이는 욕구를 제어하거나 통제하지 않고 그냥 자신의 감정대로 행동하는 겁니다.

또 공부를 잘할 아이들은 어려운 내용이라도 끈기 있게 이해하려고 노력하는 반면, 그렇지 않은 아이들은 쉽게 짜증을 내고 포기하고 말죠. 왜 그럴까요? 보통 공부하다가 이해가 안 되는 문제가 나오면 조그맣게 화라는 감정이 올라옵니다. 그 조그만 화를 우린 짜증이라고 부르고요. 그런데 공부를 못할 아이들은 짜증이라는 부정적인 감정이 올라왔을 때 그걸 이성적으로 처리하거나 조절하지 못하고 "아, 짜증 나! 나 안 해!" 하고 포기해 버립니다.

학교에서 인사를 잘하는 아이들은 공부를 잘할 가능성도 높습니다. 수업 시간에 선생님과 눈을 맞추며 학습 활동에 적극적이고 피드백도 잘 주는 아이들, 심지어 사물함 정리 정돈을 잘하는 아이들도 공부를 잘할 가능성이 높습니다. 아이가 도덕적으로 살아야 한다는 당위적인 이야기를 하는 게 아닙니다. 순수하게 학업 성취도와 관련해서만 말씀드리는 겁니다. 어떤 아이들이 성적이 잘 나올 가능성이 높은지 말이죠.

지금까지 학업 성취도는 아이들의 기본 태도와 밀접하게 연관되어 있고, 이 태도를 통해 선생님들이 공부를 잘할 학생과 못할 학생을 직관적으로 구분해 낸다고 했습니다. 그럼 학생들의 태도에 가장 큰 영향을 주는 것은 뭘까요? 자신의 감정을 잘 조절하는 능력입니다. 수업 종이 울렸을 때 놀고 싶은 욕구를 참고 자리에 바로 앉는 힘, 수업 시간에 지우개를 조각내거나 화장실에 가고 싶은 욕구를 억누를 수 있는 힘은 바로 자신의 감정을 통제하는 능력에서부터 비롯된 것이죠. 자신의 감정을 잘 통제하고 수업 시간에 선생님과 눈을 맞추고 피드백을 주고받는 등의 적극적인 수업 참여 태도가 훗날 아이의 공부 습관에 결정적인 영향을 미칩니다. 학습 결손이 발생하지 않게 하고 학습 난도가 높아지는 중학교 과정에 안정적으로 연착륙할 수 있게 하죠. 또 입시가 시작되는 고등학교 과정 동안에 명문대 진학에 도전할 수 있게 하는 정서적·인지적 체력을 가질 수 있게 도와줍니다. 이러한 보이지 않는 메커니즘이 있기 때문에 숙련된 선생님들은 아이를 오래 보지 않아도 바로 그 학습 태도만으로 아이의 미래 성적은 물론 심지어 수능 등급까지도 맞힐 수 있는 겁니다.

그러면 공부 못하는 길로 향하는 아이들을 공부 잘하는 길로 선회하도록 할 수는 없을까요? 그건 현실적으로 굉장히 어려운 일입니다. 숙련된 선생님들이 공부 못할 아이라고 판단한 데는 지금까지 설명한 것처럼 이론적인 배경과 근거가 있기 때문입니다. 불가능하다는 말은 아닙니다. 학습 태도가 안 좋은 아이들이 자신의 학습 태도를 바꿀 수만 있으면 되죠. 단지 현실적으로 거의 일어나지 않는 일이라는 게 안타까울 뿐입니다.

아이가 공부 잘하기를 원한다면 긍정적인 학습 태도를 잘 습관화하는 것이 중요하며, 이를 위한 기반으로 정서지능을 잘 계발해 주어야 한다는 걸 반드시 기억하시길 바랍니다. 어떤 교수님 한 분이 이와 관련한 내용을 아주 멋진 표현으로 이야기해 주셨습니다.

'공부는 정서라는 바다에 띄운 인지라는 배가 항해하는 것과 같다.'

공부가 잘되려면 '인지'라는 배가 '정서'라는 바다 위를 잘 항해할 수 있어야 하는데, 폭풍우가 몰아치고 격랑이 이는 그런 바다에선 배가 잘 떠다닐 수 없겠죠. 아이가 공부를 잘하기 바란다고 어렸을 때부터 문제집을 풀게 하고, 온갖 학원에 다니게 한들 그런 것들은 인지적인 부분일 뿐입니다. 중요한 것은 정서와 태도란 걸 기억하셔야 합니다.

대부분의 아이들이 공부를 못하고, 소수의 아이들만 공부를 잘하게 되는 것이 현실입니다. 그렇다면 부모님께선 아이에게 문제집이나 학원을 권유하기 전에 아이가 어떤 학습 태도와 어떤 정서를 가진 사람으로 자라나고 있는지를 먼저 점검해 보셔야 합니다. 그것이 아이의 학교 성적을 궁극적으로 결정할 것입니다.

공부정서가
공부에 미치는 영향

공부정서란 것은 공부에 대해 느끼는 일종의 평균적인 감정 상태입니다. 아이에게 "넌 공부에 대해 생각하면 어떤 느낌이 들어?"라고 물어봤을 때 아이가 즉각적으로, 직관적으로 떠올리는 감정이 바로 공부정서인 것이죠. 그 감정이 긍정적이든 부정적이든 대부분의 아이들은 공부에 대한 자신만의 공부정서를 지니고 있습니다.

그런데 공부정서가 아이의 학습 활동에 영향을 주는 이유는 뭘까요? 공부는 이성적인 일이라고 생각했는데, 왜 아이의 감정 상태가 공부에 영향을 준다는 걸까요?

간단합니다. 정서가 차분히 안정되어 있지 않을 때 이성적인 힘을 사용하기가 정말 어렵기 때문입니다. 불안정한 정서를 차분하게 가라앉히기 위해 뇌 에너지가 많이 사용되면 인지적인 학습 활동에 쓸 수 있는 에너지가 부족해질 테니까요. 이것은 뇌과학을 통해 밝혀진 사실과도 일치합니다. 인간의 뇌는 감정을 관장하는 감정의 뇌인 '변연계'와 이성을 관장하는 이성의 뇌인 '신피질'로 나누어져 있는데, 감정의 뇌가 많이 사용될 경우 이성의 뇌가 사용할 수 있는 자원이 없으므로 이성적인 힘을 발휘할 수 없게 됩니다.

또 감정과 이성 사이에서 우선순위와 주도권은 '감정'에 있습니다. 이성적인 정보와 감정적인 정보 사이에서 우리의 뇌는 감정적인 정보를 우선적으로 처리하려고 합니다. 뇌과학은 이것이 인간의 생존확률을 높여 준다고 설명합니다. 즉, 이성보다 감정이 먼저라는 겁니다. 그러니 감정 문제가 처리되지 않으면 이성적인 부분에 사용될 자원이 한없이 부족해집니다. 공부정서는 감정과 연관되어 있고, 공부 행위 자체는 이성과 연결되어 있습니다. 공부정서가 불안정하면 이성의 힘을 써야 하는 공부에 쓸 자원이 부족해지고 그 영향으로 공부에 집중할 수 없게 되는 것, 어떻게 보면 정말 당연한 현상 아니겠습니까?

공부하기 싫을 때는 공부하기 어렵습니다. 싫다는 것은 하나의 감정 상태입니다. 싫음이라는 감정 상태를 잘 처리해야만 이성의 에너지를 쓰는 공부를 할 수 있는데, 공부하는 일이 감정적으로 싫으니 공부에 집중하기가 어려운 겁니다. 앞서 말한 바와 같이 공부가 잘되려면 정서라는 바다가 잔잔하고 안정적이어야 하는데, 비바람이 세차거나 폭풍우가 몰아치면 인지라는 배가 앞으로 나아가는 것이 어려워져 공부가 잘 안 된다는 거죠.

비슷한 맥락으로 영화나 드라마에서 교통사고가 나는 장면을 보면 운전자가 감정적으로 격앙된 순간 꼭 사고가 납니다. 술이나 약에 취해 이성의 힘이 약해졌을 때, 극도의 분노와 슬픔으로 감정 에너지가 충만해져 감정적으로 폭주할 때 사고가 일어나죠. 이것은 이성적인 활동에 온전히 집중하기가 어렵기 때문입니다. 공부도 마찬가지입니다. 공부는 이성적인 활동이므로 아이가 인지적인 집중을 해야 공부가 잘될 수 있어요. 그리고 아이가 공부에 집중하려면 집중하고 싶은 감정, 집중하고 싶은 마음이 들어야 합니다. 그러나 공부정서가 나쁜 아이들은 집중하고 싶은 마음도 없고, 그런 감정을 느끼지도 못해 집중한다는 행동을 실제로 수행하질 못합니다. 인지 힘이 최대로 발휘되려면 정서적으로 안정되어 있을 때 감정의 뇌로부터 공부에 인지 에너지를 써도 된다는 허락을 받아야 가능한데, 공부정서가 나쁜 아이들은 감정의 뇌에 그런 허락을 받지 못하니 공부에 집중을 못 하게 됩니다.

감정의 뇌는 왕이고, 이성의 뇌는 신하입니다. 공부를 하기 위해 신하인 이성의 뇌를 잘 부리려면 왕인 감정의 뇌가 평온하고 잔잔한 상태일 때 허락을 받아야 하겠죠. "감정의 뇌인 왕이시여, 제가 공부를 좀 해도 되겠습니까? 뇌의 자원을 이성의 뇌에서 사용해도 되겠습니까?" 하고 말입니다.

공부정서가 나쁜 아이들은 공부하는 활동 자체를 잘 수행하지 못합니다. 집중하기 어렵기 때문입니다. 공부를 하면 할수록 기분이 나쁘고 불쾌하고 짜증 나고 화가 나기 때문입니다. 이렇게 되면 집중하기 위해 사용할 뇌의 자원이 점점 더 부족해지고, 공부를 하면 할수록 공부정서가 나빠지는 악순환의 고리에 빠집니다. 그래서 부모님들에게 누차 강조하는 겁니다. 학습 메커니즘에 대해 잘 모르겠다면 아이 공부와 관련해서 아무것도 안 하는 편이 낫다고 말이죠. 공부를 시키면 시킬수록 미궁에 빠지는 최악을 경험하고 싶지 않다면 말입니다.

지금 공부를 해야 하는데 감정 처리를 위해 뇌의 에너지를 사용해야 한다고요? 공부하다가 짜증 나는 감정이 올라오는데, 공부하는 와중에 이걸 어떻게 해야 하죠? 감정의 뇌는 짜증을 처리하기 위해 이성의 뇌에서 사용하고 있던 자원을 다시 뺏어 감정의 뇌에 사용할 것입니다. 감정의 뇌는 왕이니까요. '감정은 원할 때마다 뇌의 자원을 마음대로 쓸 수 있다.' 이것이 학습에서 아이의 감정 상태를 부모가 세심하게 잘 돌봐 주어야 하는 이유에 대한 뇌과학의 설명입니다.

02

공부정서는
왜 망가지는 걸까요?

너무 일찍
시작해 버린 공부

52개월 된 아들을 키우고 있는 서우 엄마는 8개월 전부터 아이의 학습 활동을 시작했습니다. 주위 엄마들의 SNS를 통해 서우 또래 친구들이 여러 가지 학습지를 하고 있다는 걸 알았기 때문입니다. 엄마는 서우에게 덧셈과 뺄셈 등 기본적인 연산을 가르쳐야겠다고 생각해 다른 아이들이 한다는 학습지 대부분을 사서 매일 서우를 붙들고 문제를 풀게 했습니다. 엉덩이 힘을 길러야 한다는 명분으로 하루 20분씩 책상에 앉는 연습도 시켰고요. 구매한 학습지들을 모두 활용해야 한다는 강박

감에 문제 풀이 양을 부쩍 늘렸지만 서우는 엄마가 정해 준 진도를 잘 따라가지 못했고, 엄마는 화를 참을 수 없었습니다. 그리고 8개월이 지난 지금, 서우는 학습지를 풀 때마다 온몸으로 짜증을 드러내며 힘겹게 문제를 풉니다.

더 이상 설명하지 않아도 우린 서우의 공부정서가 망가졌음을 이미 느끼고 있습니다. 학습지를 풀 때마다 서우는 어떤 감정을 느꼈을까요? 짜증을 느끼며 스트레스를 받았습니다. 그리고 그런 격랑이 이는 정서 상태는 8개월이나 지속됐고요. 학습지를 푸는 활동엔 문제가 없지만 이로 인해 아이의 공부정서가 망가지게 되면 이것은 큰 문제가 됩니다. 그런데 학습지를 푸는 것이 공부정서가 망가지는 일에 어떤 영향을 준다는 걸까요?

바로 너무 일찍 문자 학습을 시작했기 때문입니다. 아이 발달 수준을 고려하지 않은 채 학습을 너무 일찍 시작해 버린 것이 아이의 공부정서를 망가뜨린 주된 원인이죠. 서우 엄마가 아이의 학습을 그렇게 빨리 시작하지 않았다면 서우의 공부정서가 망가지는 상황은 어쩌면 피할 수도 있었을 겁니다. 그렇다면 글자를 쓰거나 연산 문제를 푸는 것과 같은 문자 학습은 몇 살부터 시작하는 것이 좋을까요? 일반적으로는 만 7세부터가 적절합니다. 아이가 한글 읽기나 숫자 연산과 같은 학습을 할 수 있으려면 앞서 언급되었던 이성의 뇌라 불리는 인지의 뇌가 충분히 발달해야 하는데, 만 7세는 되어야 이 뇌에서 문자 학습을 소화할 여력이 생깁니다. 아이가 태어나자마자 말을 못 하는 이유는 인지의 뇌가 아직 발달하지 못해 추상적인 문자 정보를 뇌에 저장할 수 있는 능력이 없어서거든요. 하지만 부모님께서는 아이의 말을 듣기 위해 약 2년간 잘 기다려 주셨잖아요. 그러니 아이가 학습을 잘하는 모습을 보려면 인지의 뇌가 충분히 발달할 때까지 7년 정도는 참고 기다려 주시면 어떨까요? 아직 걸음마도 잘 못하는 아이에게 뛰는 것을 요구할 순 없지 않겠습니까?

만 7세는 한국 나이로 대략 8세이며, 한국에서 초등학교 입학이 7세가 아니라 8세부터 이루어지는 것엔 이런 합리적인 근거가 있습니다. 아이가 학습을 더 수월하게 받아들일 수 있도록 뇌가 충분히 성장해 있을 테니까요. 아이의 발달 수준을 고려하지 않은 채 서둘러 시작한 교육은 아이의 공부정서를 망가뜨릴 가능성이 매우 높습니다.

영국 케임브리지대학교 인지 발달 신경과학 연구자인 우샤 고스와미 Usha Goswami 교수는 만 5세에 읽기를 시작한 아이들과 만 7세에 읽기를 시작한 아이들의 이후 읽기 성취도를 비교하는 연구를 펼쳤습니다. 그리고 이 연구를 통해 만 5세에 읽기를 시작한 아이들보다 만 7세에 읽기를 시작한 아이들의 성취도가 더 높았음을 확인했습니다. 생각해 보면 2년 먼저 읽기 학습을 시작한 5세 아이들이 더 유리할 것 같잖아요. 그런데 연구 결과를 보니 전혀 유리하지 않았다는 겁니다. 이는 아이들의 뇌가 충분히 발달하지 않은 상태에서 인지적인 학습을 시작한 탓에 뇌가 큰 부담을 지닌 채 학습 활동을 지속했기 때문에 벌어진 일이죠. '뇌에 부담이 간다'라는 말을 인지심리학에선 '인지적 과부하가 걸린다'라고 표현합니다. 그리고 교육학에선 '인지적 과부하가 학습에 부정적인 영향을 미친다'라고 설명하고 있어요. 그리고 이런 학문적인 설명을 덧붙이지 않더라도 어려운 학습을 지속하게 되면 공부가 싫어지는 현상은 성인에게도 발생하는 매우 당연한 일임을 인정해야만 합니다.

만 5세에 읽기 학습을 시작한 아이들은 인지의 뇌가 아직 성장하지 않은 상태에서 끙끙대며 읽는 연습을 수행하게 되고, 이를 통해 발생한 부정적 감정의 상흔이 아이의 뇌 속에 계속 남게 됩니다. 읽기 학습은 '힘들었어', '짜증이 났어'와 같은 경험을 아이가 반복하게 되니 아이의 공부정서가 부정적으로 변해 버리죠. 읽는 활동이 괴로운 것이라는 하나의 도식을 머릿속에 갖게 되는 것입니다.

그러나 만 7세 아이들은 인지의 뇌가 잘 성장하여 문자 학습을 할 준비가 된 상태에서 읽기 학습을 시작하게 됩니다. 이 아이들에게는 배움이 하나의 즐거움으로 다가오죠. 뇌가 학습을 받아들일 준비가 된 상태에서 읽으니 쉽게 이해가 되고, 이해가 되니 학습이 즐겁게 느껴질 겁니다. 이렇듯 긍정적인 경험을 쌓은 아이들에게 학습은 즐거운 활동이 되었으니, 이제부터는 더욱 집중하게 됩니다. 집중하는 아이들이 높은 성취를 얻게 된다는 것은 모두가 아는 사실이죠. 이런 이유로 유럽에선 전통적으로 문자 교육을 늦게 시작해야 한다는 주장이 우세합니다. 심지어 독일, 핀란드, 영국에서는 취학 전 문자 교육을 법적으로 금지하고 있기도 합니다.

아이가 고등학교에 들어가 입시를 준비하게 되면 그때부터는 효율성 경쟁을 시작합니다. 한정된 시간 내에 누가 더 완성도를 높일 수 있는지 경쟁하는 거예요. 그러면 만 5세에 시작한 아이들과 만 7세에 시작한 아이들 중 누가 더 입시에서 성공할 확률이 높겠습니까? 만 7세 아이들이 유리합니다.

그렇다면 만 7세 이전에 문자 교육을 시키는 것은 언제나 잘못된 일일까요? 꼭 그런 것만은 아닙니다. 아이가 준비되었을 때나 학습에 대한 호기심이 생겼을 때에 문자 교육을 해 주는 것은 괜찮습니다. 문제는 아이가 아직 준비되지도 않았는데 억지로 문자 교육을 시킴으로써 아이의 공부정서가 망가지는 일이 비일비재하다는 점입니다.

그럼 만 7세 이전에는 독서도 안 하는 게 좋을까요? 그건 아닙니다. 어렸을 때 책과 친하게 지내 본 경험은 훗날 아이의 공부에 많은 도움을 줍니다. 제가 강조하고 싶은 말은, 엉덩이를 의자에 붙이고 앉아 연필을 손에 쥐고 하는 전통적인 학습 경험이 아직 어린 아이에게는 일반적으로 좋은 결과를 가져오지 않는다는 것입니다.

선행학습을
하는 아이들

제 나이보다 앞서 일찍 시작하는 공부를 '선행학습'이라고 합니다. 부모님들은 크게 두 가지 이유로 자녀에게 선행학습을 시킵니다. 하나는 초등학교 입학 전에 저학년 때 배우는 내용들을 미리 공부하면 학교에 적응하는 데 도움이 될 것이라는 기대와 나머지 하나는 다른 아이들은 다 하는데 우리 아이만 뒤처질 수 없다는 걱정에서죠. 그런데 선행학습으로 인해 아이의 공부정서가 나빠지리라고는 미처 생각하지 못합니다.

> 일곱 살 재범이는 한글 읽기와 쓰기는 물론이고, 초등 1~2학년 연산 문제도 풀 수 있습니다. 구구단도 잘 외웁니다. 기본적으로 경쟁심과 욕심이 있는 아이죠. 또 공부와 관련해 엄마에게 칭찬받는 것을 좋아했기 때문에 짜증이 나도 꾹 참고 성실히 공부했습니다.

여기서 부모님이 고려해야 할 점은 뭘까요? 아이의 긍정적인 공부정서가 앞으로 12년간 펼쳐질 학교 생활 내내 잘 유지될 수 있을까 하는 거죠. 재범이 엄마는 재범이가 다른 친구들에 비해 2년 앞선 학습 과정을 미리 공부해 두었으니, 훗날 아이가 공부에 더 유리하다고 생각할 겁니다. 하지만 재범이 같은 아이들은 대개 고등학교에서 중상위권 위로 올라가지 못하는 경우가 많아요. 다음과 같은 이유에서입니다.

선행을 하고 학교에 입학한 아이들은 학교 수업에서 배우는 내용이 자신이 배웠던 것이라 수업 내용을 이미 알고 있다고 생각합니다. 그 아이의 심리 상태는 어떨까요? 우쭐한 기분이 들 겁니다. 다른 아이들은 수업 내용에 대해 잘 모르는데 자신은 알고 있으니 우월감을 느끼겠죠. 최근 초등학교 고학년 학생들 중에 "나 중학교 과정 선행하고 있거든" 하며 뽐내는 아이들이 많다고 합니다. 그런데 그런 아이들이 고등학교에 진학하면 보통 상위권에 못 들어갑니다.

선행을 한 아이는 학습 내용을 이미 알고 있다고 생각해 수업 활동에 적극적으로 참여하지 않습니다. 오히려 수업에 참여하려고 집중하는 아이들을 방해하는 경우도 종종 있어서 선생님들도 그 아이들을 좋아하지 않아요. 밤톨만 한 아이가 자기는 다 알고 있다고 건성건성 임하는 모습이 결코 예뻐 보이지 않을 겁니다. 그리고 선행을 한 아이들의 결정적인 문제는 학습 내용을 자신이 잘 알고 있다고 착각하는 습관을 갖게 된다는 점입니다. 진도를 나가고 문제집 푼 것을 가지고 학습 내용을 다 이해했다, 끝냈다고 착각하는 거죠. 당연한 말이겠지만 진도를 나가고 그에 대한 문제를 푸는 과정이 학습을 완성시켜 주는 것은 아닙니다. 그 방식이 학습을 완성시켜 주었다면 대다수 학생들의 성적이 좋았어야 해요. 대한민국 학생 대부분이 진도를 나가고 문제를 풀고 있으니까요.

이제 열다섯 살이 된 도연이는 공부를 잘하는 아이입니다. 선행이나 별다른 사교육을 받지 않았지만 엄마의 세심한 도움으로 어느 정도 완전학습의 경지에 올라선 아이죠. 공부를 엄청 좋아하는 건 아니지만 학습이 완성된다는 것이 무엇인지 경험해 봐서 잘 알고 있습니다. 고등학교에 올라가더라도 별다른 문제가 없다면 최상위권 성적을 예약해 놓았다고 볼 수 있을 정도로 말이죠. 그런 도연이가 엄마에게 말합니다.

"엄마, 어차피 초등학교부터 대학교까지 공부를 계속 해야하는데, 왜 다른 엄마들은 입학 전에 그렇게 공부를 시켜요? 제 친구들 대부분이 대여섯 살부터 학습지를 했대요. 그런데 그 친구들은 성적이 중상위권 정도는 되지만 최상위권까지는 못 간단 말이에요. 왜냐하면 그 아이들은 공부하는 걸 싫어하거든요."

이후 다룰 내용에서는 학습을 완성하는 완전학습을 잘 수행하기 위해 무엇을 해야 하는지에 대해 구체적으로 설명할 예정입니다. 다만 부모님께서 아이의 학습과 관련해 염두에 두셔야 할 것은 아이가 완전학습을 수행하려면 학교 수업에 충실해야 한다는 점과 내가 학습 내용을 완전히 이해했다, 혹은 이해하지 못했다는 판단을 스스로 내릴 수 있는 능력을 길러야 한다는 점입니다. 즉, 메타인지 능력이 있어야 합니다. 선행을 하는 아이들은 이런 메타인지가 없기 때문에 학업적 성취 측면에서 한계를 가질 수밖에 없습니다. 학습과 관련한 메타인지가 없으면 학습을 완전히 수행할 수 없으며, 완전학습을 수행하지 못하면 고차원적인 사고력과 응용력을 평가하는 입시와 같은 시험에서 좋은 성적을 받을 수 없거든요.

인지적 재미와 성취감을 느낄 수 없는 공부

희선이네 가족의 이사 날이었습니다. 희선이 엄마는 아이 방의 짐을 빼는 중에 희선이 책꽂이에서 이상한 걸 발견했습니다. 꼬깃꼬깃 구겨 놓은 문제집 낱장이었죠. 자세히 보니 언젠가 희선이에게 엄마가 숙제로 내 준 문제집이었대요. 책꽂이뿐만 아니라 신발장 꼭대기, 장롱 구석에서도 문제집 낱장이 발견되었죠. 희선이는 숙제가 너무 하기 싫은데, 안 하면 엄마한테 혼날 것 같아 이렇게 문제집 낱장을 몰래 숨겨 두었다고 해요. 물론 이사 날 이 사실이 밝혀지면서 온 집안이 발칵 뒤집어졌지만요. 하지만 이 일을 오롯이 희선이 탓으로만 돌리긴 어렵습니다. 희선이의 공부정서가 부정적으로 변해버린 것이 아이의 책임만은 아닐 테니까요. 희선이는 문제 풀이를 통해 재미를 느낄 수가 없었습니다. 쉽지도 않았고 매번 틀리는 문제가 나오는 탓에 자신의 실력이 나아지고 있는지 확인할 길이 없었거든요.

희선이의 사례처럼 아이의 공부정서가 나빠지지 않으려면 학습 활동을 통해 두 가지 조건이 충족되어야 합니다. 첫째는 인지적 재미가 있어야 하고, 둘째는 공부를 통해 스스로 성장하는 느낌을 가질 수 있어야 하죠. 둘 중 어느 하나라도 충족되어야 아이의 공부정서가 최소한 부정적으로는 변하지 않습니다. 희선이는 문제 풀이식 학습을 통해 인지적 재미를 느낄 수도 없었고, 자신이 성장한다는 느낌 또한 가질 수 없었기에 공부가 싫어진 것입니다. 인지적 재미와 성취감을 기준으로 아이를 바라보면 내 아이의 공부정서가 왜 그리 부정적으로 변했는지 쉽게 이해할 수 있습니다.

중학교 1학년 아들을 키우는 현수 엄마는 아이가 왜 이렇게 쓰는 걸 싫어하는지 모르겠다며 난감해합니다. 아이가 왜 쓰는 활동을 싫어하는 걸까요? 쓰는 행동을 통해 재미와 성취감을 느낄 수 없었기 때문입니다. 대부분의 아이들은 쓰는 학습 활동을 어렸을 때부터 강요받으며 자라 왔기에 쓴다는 것에 대한 정서가 안 좋습니다. 쓰기를 싫어하게 되었다는 거죠. 이 또한 하나의 공부정서라고 말할 수 있습니다.

부모님께서 아이 공부를 도와주고 싶다면 이 두 가지 조건을 항상 염두에 두는 것이 큰 도움이 될 겁니다. 아이는 지금 재미를 느끼는가 혹은 성취감을 느끼는가, 이 두 가지 기준을 가지고 아이의 학습 활동을 평가해 보세요.

공부정서가 망가지게 되는 원인을 좀 더 들여다보겠습니다.

공부정서가 망가지는 이유는 학습 활동이 재미가 없고, 그로 인한 인지적 성장을 하지 못해 학습적 성취가 가져다주는 뿌듯함도 누릴 수 없기 때문입니다. 그러면 아이는 왜 공부가 그리도 재미가 없는 걸까요? 학습 내용이 이해가 안 되기 때문이에요. 학습 내용이 이해되면 아이의 공부정서가 망가지는 일은 거의 없습니다. 이해가 잘되면 문제 풀이도 재미있다고 느낍니다. 문제가 술술 풀리면 자신감이 생겨 공부정서가 좋아지거든요. 하지만 문제가 잘 안 풀리고, 안 풀리니까 짜증 나고, 짜증 나니까 재미도 없어요. 게다가 성취감마저 못 느끼니 '공부는 재미없다'는 정서를 갖는 겁니다. 부모님들은 '이렇게 쉬운 내용이 왜 이해가 안 될까?' 하고 의문을 품습니다. 이는 아이에게 학습 내용을 이해할 만큼의 역량이 아직 없기 때문입니다. 역량이 안 돼서 문제를 잘 못 푸는 건데, 그럼에도 불구하고 문제를 풀어야만 하는 상황이 닥치니까 스트레스를 받아 은서나 희선이처럼 문제집을 찢거나 구멍 내는 행동을 하게 되는 거죠.

학습 결손의
누적 효과

초등학교 1학년이 된 윤수는 매일 독해 문제집과 연산 문제집을 한 장씩 풀어야 합니다. 엄마가 숙제를 내 줬거든요. 엄마가 시키니까 하긴 하는데, 어느새 윤수는 세상에서 공부가 제일 싫다는 말을 수시로 하는 아이가 되어 버렸습니다. 아이가 공부에 대해 이렇게 부정적으로 말하는 것은 공부정서가 망가지고 있다는 신호입니다. 부모님께서는 이런 신호를 읽고 적절하게 대처할 수 있어야 합니다. 제때 신호를 확인하지 못하면 아이의 공부정서는 회생이 불가능한 상태로 빠지고 맙니다.

공부정서가 망가진 아이는 공부에 그 어떤 노력을 기울여도 원하는 만큼의 성과가 나오지 않아요. 한번 나빠진 건강이 다시 좋아지기 어려운 것과 같습니다. 만약 아이가 이런 부정적인 공부정서를 내비친다면 현재의 학습 활동에 문제가 있음을 인지하고, 그 원인을 찾을 때까지 당분간 학습을 중지하는 것이 좋습니다. 그다음에는 아이 수준에 맞는 학습 활동을 설계해 줘야 합니다. 사람은 자신이 해낼 수 있다고 생각하는 것에 집중할 수 있고, 열심히 노력할 수 있습니다. 하지만 자기 수준에 맞지 않는 학습은 포기하고 싶은 감정만 안겨 줄 뿐입니다. 성인은 공부가 어렵다고 느껴지면 스스로 그 활동을 멈추거나 다른 방식으로 변화를 줄 수 있지만 아이들은 그런 자율성을 가지고 있지 않아 꾹 참고 공부를 해야 하는 경우가 많고, 그 결과 공부정서가 점점 망가지는 방향으로 흘러가게 됩니다.

이렇게 공부정서가 망가진 아이들에게 찾아오는 가장 큰 타격은 '학습 결손'입니다. 학습 결손이란 지금의 학습 활동을 아이가 잘 수행하고 이해하기 위해 필요한 선수 학습 내용을 제대로 이해하지 못하는 상태를 의미합니다.

예컨대 분수의 연산을 처음 배우는 아이가 곱셈과 나눗셈의 개념과 원리를 이해하지 못한 상태라면 분수의 연산 방법을 배우는 데 어려움을 겪을 수밖에 없겠죠? 약수와 배수의 개념과 원리를 모르는 아이가 소인수분해를 잘 이해할 수도 없는 일이고요. 이렇듯 지금 배우는 학습 내용을 이해하기 위해 필요한 선수 학습 내용을 잘 이해하지 못할 때 우리는 '학습 결손이 발생했다'라고 말합니다. 그리고 학습 결손이 있는 상태에서 공부를 하게 되면 당연히 학습 활동이 어려워지기 때문에 심리적 고통을 느끼게 됩니다. 물론 학습을 하는 데 어느 정도의 심리적 압박은 괜찮습니다. 다만 여기엔 임계점이란 것이 존재하는데 아이가 심리적으로 견디기 힘들 정도의 어려움과 괴로움을 느끼게 되면, 즉 임계점을 넘게 되면 공부정서가 급격히 나빠지기 시작합니다. 나무젓가락의 양끝을 잡고 구부리면 둥글게 휘어지지만 일정 이상의 힘을 주면 나무젓가락이 뚝 부러지지 않습니까? 마찬가지로 아이의 학습도 부러지지 않는 선을 지켜 주실 필요가 있습니다. 아이가 감당할 수 있는 학습 난이도 내에서 공부를 하게 도와주셔야 한다는 이야기입니다. 그러기 위해서 부모님께서는 아이가 지금 하는 공부를 무리 없이 잘 이해하며 나아갈 수 있는지, 선수 지식은 빠짐없이 갖추고 있는지를 계속 확인해 주셔야 합니다.

놀이의 가면을 쓴
학습 활동

　여섯 살 아들을 키우는 상현 엄마는 주변 엄마들의 교육열에 우리 아이만 뒤처지게 될까 불안을 느꼈습니다. 그래서 생각해 낸 아이디어는 실생활에서 놀이를 통해 숫자와 글자를 가르치는 것이었습니다. 엘리베이터를 타면 버튼 위 숫자 맞히기 퀴즈를 내거나, 길거리 간판을 보며 한글 읽기 놀이를 하거나, 포도를 먹을 땐 포도알을 세는 등 자연스럽게 숫자와 글자를 익히는 식이었죠. 상현 엄마는 이 방법이 효과적일 거라고 생각했습니다. 아이도 부담스럽지 않고 스트레스를 받지 않으리라 여겼습니다. 그러나 상현이는 엄마가 뭔가를 놀이처럼 가르쳐 주려고만 하면 몇 분 정도 집중하고는 그만하자고 하기가 일쑤였습니다. 숫자와 한글을 들이미는 엄마를 볼 때마다 아이가 스트레스를 받는 모습이 역력했대요.

　상현 엄마처럼 놀이로 배우는 활동임에도 학습적 효과가 잘 드러나지 않는 이유는 재미와 성취감이 없기 때문입니다. 놀이처럼 학습을 하는데 재미가 없을 수 있을까요? 네, 없을 수 있어요. 아니, 오히려 재미가 없을 가능성이 큽니다. 놀이의 형태를 띠고 있어도 아이가 그걸 놀이로 느껴야 효과가 있는 것이지, 놀이로 느끼지 못하면 재미없거든요. 아이는 관심이 없는데 엄마가 자꾸 뭔가를 가르치려고 하니까 짜증이 날 수 있는 거고요. 더군다나 만 7세 전에 하는 문자 교육은 그 효과성이 떨어집니다. 아이는 관심이 없는데 계속해서 머리에 지식을 주입하려고 하면 그건 놀이 교육을 빙자한 주입식 교육일 뿐입니다. 그러니 유아를 키우는 엄마들은 단순한 지식을 굳이 아이에게 가르치려고 하지 않는 게 좋습니다. 저차원적인 지식을 가르쳐 봤자 별로 도움도 안 될뿐더러 숫자와 한글을 일찍 배운다고 해서 고등학교 때 공부를 잘하게 되는 것도 아니거든요.

엄마가 학습과 관련해서 아이에게 선물해 줄 수 있는 건 공부정서와 학습 능력입니다. 저차원적인 단순 지식을 아이에게 못 가르쳐 주는 엄마가 어디 있겠습니까? 그런 지식은 웬만한 엄마들이라면 다 가르쳐 줄 수 있어요. 경쟁력의 차이는 거기서 벌어지는 게 아니라는 것을 말씀드리고 싶습니다.

부모의
부정적 피드백

열네 살 성재는 참 괜찮은 아이입니다. 친절하고 유쾌하고 게임하는 것이 세상에서 가장 즐거운 보통의 중학생이죠. 그런데 어느 날부터 성재는 저와 과외를 할 때마다 엄마의 흉을 보기 시작했습니다.

"엄마는 늘 제게 공부 안 한다 뭐라고 해요. 제가 공부를 안 하는 것도 아닌데…. 엄마는 자기도 열심히 안 하면서 나한테

만 공부 안 한다고 잔소리해요. 엄마가 저렇게 잔소리를 하니까 저도 공부하기가 너무 싫어요."

이 밖에도 정말 다양한 사건이 있었지만 모든 이야기의 핵심은 결국 엄마에 대한 원망과 자신의 억울함이었죠. 그 아이를 가르치는 일은 결코 쉽지 않았습니다. 성재에겐 공부를 열심히 해야 한다는 자발적인 동기가 없었기 때문이죠. 성재의 머릿속에는 '공부는 하기 싫고 귀찮은 것', '나는 공부를 못하는 사람'이란 전제가 깔려 있어서 공부에 조금의 열정도 쏟지 못했습니다. 하지만 성재 엄마는 제가 성재의 성적을 올려 주기를 노골적으로 바랐습니다. 성재의 과목별 성적표를 보여 주시면서 콕 집어 이 과목, 저 과목 점수가 올라야 한다고 하셨어요. 전 성재와 성재 엄마 사이에서 마음이 편치 않았습니다. 성적이 올라야 한다는 압박을 주는 엄마, 공부엔 조금의 열정도 없는 아들. 전 성재가 이야기했던 것들을 성재 엄마에게 차마 전달할 수 없었죠. 아이에게 학습 동기가 없는 이유가 바로 당신 때문이라는 것을요.

열다섯 살 정수도 마찬가지였습니다. 정수는 학습 결손이 심각한 아이였어요. 중학교 2학년인데 분수의 연산조차 제대로 이해하지 못하고 있었으니까요. 학교에 다니긴 했으나 학업적 성장을 전혀 보이지 않았던 아이였어요. 정수의 가장 큰 문제점은 자신감이 부족하다는 것이었습니다. 저와 수업을 할 때마다 정수는 "선생님, 제가 이걸 과연 할 수 있을까요?" 하고 물었습니다. 그때마다 "너는 충분히 해낼 수 있어" 하고 격려와 용기를 북돋아 주었지만 정수는 제 말을 믿지 못했죠. 정수의 머릿속에는 '나는 능력이 없어서 아무리 해도 성공하지 못할 사람'이라고 각인되어 있었습니다. 그래서 학습 난도가 조금만 높아져도 쉽게 좌절했어요. '나는 능력이 없는 사람이니 학습 내용을 이해 못 하는 것이 당연해, 역시 안 되는구나' 하고 절망했죠.

이런 부정적인 공부정서를 가진 정수를 안정적으로 꾸준히 학습시키는 일은 정말 너무 힘들었습니다. 학습을 지속하려면 정서적인 안정이 필요한데, 그러기 위해 그 아이의 멘탈을 잡아 주는 데 꽤 많은 에너지를 써야 했거든요. 하지만 정수의 학습은 분명 나아지고 있었습니다. 저는 정수의 학습 수준에 맞게 진도를 나가며, 기초를 탄탄하게 다져 나갔습니다. 과외는 월요일부터 금요일까지 주 5일 진행했는데, 정수의 컨디션은 금요일에 가장 좋았죠. 많이 웃고 밝은 태도로 수업에 임했어요. 저는 5일 내내 정수를 격려하고 칭찬을 아끼지 않으며 정서적인 안정을 찾아 주려 노력했는데, 그 노력이 금요일에 가장 잘 드러났던 거죠. 문제는 월요일이었습니다. 평일 내내 간신히 올려놓은 자신감이 주말이 지나고 나면 다시 바닥나 있었어요. 저는 이 현상이 너무 이상하게 느껴져 주말에 대체 무슨 일이 일어난 건지 물어보았습니다. 주말이면 정수는 아빠와 보내는 시간이 많대요. 그런데 정수 아빠는 잔소리가 심한 편이었어요. 주된 잔소리는 "네가 공부한다고 되겠냐? 지금까지 해도 안 됐는데 다시 한다고 되겠어?"와 같은 의심의 말이었고요. 이 말들을 주말 내내 들어야 했으니 주중에 조금이나마 쌓였던 자신감이 싹 사라져 버렸던 거죠.

공부정서에 결정적인 영향을 미치는 심리적 특성 하나는 '자기효능감'입니다. 자기효능감은 자신의 능력에 대한 믿음을 뜻합니다. 자기효능감이 높은 아이들은 무엇이든 열심히 할 수 있는 정서 상태를 가집니다. 보통 그런 아이들의 공부정서는 긍정적입니다. 반면 자기효능감이 낮은 아이들은 어려운 일에 도전하는 일 자체를 두려워하죠. 학습을 잘 수행하려면 어려움을 참고 인내하는 끈기가 필요한데, 자신에게 능력이 없어 실패할 거라고 믿는 아이가 어려움을 잘 참고 인내하는 건 불가능한 일입니다.

저는 성재와 정수, 두 아이의 사례를 통해 아이들의 공부정서가 무너지는 근본 원인 하나를 찾을 수 있었습니다. 바로 '부모로부터 지속적으로 받아 온 부정적인 피드백'이에요. 아이의 공부정서는 아이가 지금껏 쌓아 온 공부 경험들에 의해 형성되는데, 공부 자체가 재미없고 그로 인한 성취감이 없을 때도 공부정서가 부정적으로 변하지만 그보다 더 결정적인 원인은 부모에게서 부정적 피드백을 받았다는 사실이라는 것을 반드시 기억하셔야 합니다.

채연이는 엄마에게서 수학을 잘한다는 말을 듣고 자랐습니다. 그래서 채연이는 수학을 좋아했고, 자신이 수학을 잘한다고 믿으며 컸습니다. 채연이는 입시를 무사히 치르고 괜찮은 대학에 들어갈 수 있었습니다. 재미있는 사실은 채연이의 수학 성적이 좋진 않았다는 겁니다. 그럼에도 불구하고 채연이는 자신이 수학을 잘한다고 믿으며 학창 시절을 보냈고, 수학 공부에도 큰 스트레스를 받지 않을 수 있었죠.

이것은 부모의 피드백이 아이의 성적에 어떠한 영향을 주는지 보여 주는 예가 됩니다. 만약 채연이 어머니가 "넌 수학 점수가 왜 그 모양이야? 공부한 거 맞아?"라고 말하며, 아이에게 부정적인 피드백을 계속 줬다면 채연이의 전반적인 학업 커리어는 망가졌을 겁니다. 엄마의 잦은 비난에 자기효능감이 깎였을 테니까요. 하지만 수학 점수가 높지 않았음에도 채연이가 원하던 대학에 진학할 수 있었던 것은 엄마가 아이의 공부정서를 망가뜨리지 않았기 때문입니다. 채연 엄마는 아이의 능력을 의심하지 않았고, 성적만 보고 아이에게 부정적인 피드백을 주지 않았습니다.

아이에게 부모란 앞으로 인생을 어떻게 살아갈지에 영향을 주는 가장 중요한 존재입니다. 아이는 부모가 주는 메시지를 통해 자기가 보는 세상을 해석합니다. 자신의 공부 경험에 대해 부모가 긍정적인 지지를 보내면 공부정서도 긍정적으로 형성되고, 부정적인 피드백을 보내면 공부정서도 당연히 부정적으로 바뀌게 됩니다. 그리고 이것은 과학 법칙과도 맞먹는 하나의 원리이기도 합니다.

03

공부정서를 살리는 기본 원칙

원칙 ①

아이의 발달 상황과 학습 수준을 고려한다

아이의 공부정서와 관련하여 부모가 반드시 명심할 기본 원칙 중 하나는 아이의 발달 상황과 학습 수준을 고려해야 한다는 점입니다. 많은 부모님들은 아이가 공부를 잘 해낼 거라 예상합니다. 그러나 대부분의 아이들은 부모님이 시키는 공부 활동을 잘 해내지 못하죠. 왜 그럴까요? 아이의 학습 수준을 고려하지 않았기 때문입니다. 부모님 눈에는 쉬워 보이는데, 아이에게는 자신이 가진 학습 역량을 뛰어넘는 수준인 거예요. 그런데 정말 많은 부모님들이 신기하게도 내 아이는 당연히 해낼 거라 기대합니다.

승주 엄마는 0세부터 3세까지가 두뇌에 자극을 많이 받는 시기라는 말을 듣고, 22개월 된 승주에게도 빨리 학습 자극을 줘야겠다고 생각했습니다. 그래서 교구를 구매해 워크지대로 아이와 학습 활동을 해 보려고 했는데, 뜻대로 되지 않았습니다. 아이가 교구를 자기 마음대로 가지고 놀려고 했거든요. 조금은 강제로 아이에게 워크지대로 해 보자고 제안했더니, 아이는 교구를 팽개치고 다른 곳으로 가 버렸죠. 엄마는 굉장히 난감했습니다. 아이에게 자유롭게 교구를 가지고 놀게 해 주다가 이제 좀 아이가 큰 것 같아 워크지대로 해 보자고 제안한 건데, 이토록 강한 거부 반응을 보이는 것이 이해되지 않았죠.

그런데 여러분은 이제 아실 겁니다. 승주 엄마가 어떤 실수를 한 것인지. 22개월 된 승주는 아직 이성의 뇌가 발달하지 못해 워크지의 활동을 수행할 만큼 성장하지 못했습니다. 일반적으로 만 7세 이전의 아이에게 필요한 두뇌 자극은 정서지능 계발을 위한 자극이거든요. 이 시기에 지적인 자극은 큰 의미가 없습니다. 그런데 지적인 자극을 주려다가 아이의 공부정서를 망가뜨리게 된 겁니다. 과학적으로 밝혀진 원칙을 고려하지 않고 아이의 학습에 관여하는 것은 상당히 위험한 일이란 것을 염두에 두시길 바랍니다.

아이가 학교에 들어갈 나이에 가까워지면 학습 활동을 시키려는 부모님들이 많습니다. 한글 쓰기나 책 읽기, 연산 문제 풀이 등은 부모님들이 아이 취학 전에 시도하는 대표적인 학습 활동입니다. 부모님 생각에 아이에게 부담 없는 분량을 정하고, 하루 20분이라도 책상 앞에 앉게 해서 앞으로의 공부 습관을 잡는 데 도움을 주고자 합니다. 그런데 아이가 이를 거부하고 얼굴을 찌푸린다면 어떻게 해야 할까요? 아이의 부정적인 반응에 부모님의 기분도 상하실 겁니다. 그럼에도 불구하고 공부를 지속하게 한다면 아이의 공부정서는 십중팔구 망가지기 시작합니다. 이런 상황에 닥친다면 일단 공부를 중단하고 원인을 분석하는 것이 합리적입니다. 그래야 공부정서가 망가지는 걸 막을 수 있고, 훗날 학업 커리어로 성취할 수 있는 기회까지 날려 버리지 않을 수 있습니다.

아이가 좀 더 성장할 때까지 기다려 주세요. 초등학교 2학년만 되어도 학습 활동을 받아들이는 것이 훨씬 더 수월해집니다. 일단 아이가 신체적, 정서적, 인지적으로 1년 더 성장했고, 학교라는 소규모 사회에서의 경험이 쌓였기 때문에 분위기 파악도 잘 될 거예요. 이제야 책상에 앉아 학업을 시작할 준비가 된 것이죠. 1년 동안의 학교 생활은 아이를 아주 많이 성장하게 합니다. 그러니 초등학교 1학년부터 완벽하게 갖추려고 애쓰지 마세요. 초등학교 1학년은 학업의 시작일 뿐, 끝이 아니니까요. 노련한 초등학교 선생님들은 1학년 아이들에게 학습을 강요하기보다는 행동 습관과 태도를 바로잡아 주는 데 더 신경을 씁니다. 그 선생님들은 아이들이 2학년은 돼야 인지적인 학습을 잘 받아들일 수 있는 상태가 된다는 것을 경험을 통해 알기 때문이죠.

　　앞선 사례에서 언급했던 재범이는 일곱 살입니다. 재범이는 곱셈 연산과 문장제 문제 풀이를 하고 있는데, 공부에서 스트레스를 많이 받고 있습니다. 재범이가 지적으로 다른 아이들보다는 우수한 편이라 해도 곱셈 연산은 초등학교 2학년에 배우는 학습 내용입니다. 재범이가 푸는 문장제 문제의 지문을 보니 '단위길이'라는 개념이 사용된 문제가 나왔습니다. 모르는 수학 용어가 나오자 아이가 얼굴을 찌푸리며 스트레스를 받더군요. 아직 학교 입학도 안 한 일곱 살 아이의 발달 수준과 학습 수준을 뛰어넘는 공부니까요. 아이에게 너무 어렵다는 겁니다. 단위길이에 대해 엄마가 설명을 해 주지만 아이는 더 짜증이 납니다. 들어도 이해가 안 되거든요. 일곱 살 재범이가 초등 2학년 문장제 문제를 풀려면 문제에 사용된 개념들을 모두 이해하고 있어야 합니다. '단위'가 뭔지, '길이'가 뭔지 알아야 하는데 그런 개념들을 정식으로 배워 본 적이 없는 상태로 문제를 풀려니 뜻대로 되지 않죠. 계속 스트레스를 받다가 결국 엄마한테 한 소리를 듣고 성이 난 상태로 공부를 마칩니다. 이대로라면 재범이의 공부정서는 빠른 시간 내로 망가지고 말 겁니다.

　　인지 발달 심리학의 거장 장 피아제 Jean Piaget 는 「인지 발달 이론」에서 아이를 위한 지적 교육은 인지 발달 수준에 맞춰 진행하는 것이 중요하다고 설명했습니다. 아이의 인지 발달 수준을 뛰어넘는 교육을 하게 되면 지적 성장을 이룰 수 없다는 것이 이 이론의 핵심입니다. 피아제의 설명에 따르면 아이가 추상적인 학습 내용을 이해하려면 어느 정도의 물리적 성장이 필요하다고 합니다. 재범이에게 2년 더 성장할 수 있는 시간적 기회가 주어진다면 지금 배우는 학습 내용을 수월하게 이해할 수 있을 겁니다. 그땐 이런 추상적인 수학 개념을 이해할 수 있을 만큼 인지적으로도 성장했을 테니까요.

부모님께서 아이의 공부정서를 망가뜨리지 않는 가장 쉬운 방법은 나이에 맞는, 아이의 지적 수준에 맞는 공부를 하게끔 도와주는 것입니다. 역으로 아이의 나이와 지적 수준을 뛰어넘는 공부를 시키지 않는 것이고요. 이 원칙만 잘 지켜도 아이의 공부정서가 망가지는 일은 결코 일어나지 않습니다. 그리고 아이의 공부정서가 나빠지는 걸 감수할 만큼 학습적으로 준비시키는 일이 가치 있는 일인지도 생각해 보시길 바랍니다. 아이의 학습과 관련해서는 언제나 소탐대실에 주의해야 합니다. 공부정서가 망가지지 않은 상태라면 두 번째, 세 번째 기회가 올 수 있지만, 공부정서가 망가지면 기회 자체가 사라져 버린다는 것을 기억하세요.

부모님은 아이를 곁에서 가장 많이 관찰한 분입니다. 그런 부모님이 판단하기에 아이가 입학 전에 학습 준비를 하는 것이 좋을 것 같다면 거기엔 합리적 근거가 있어야 합니다. 예컨대, 아이가 취학 후 학교 수업 자체를 잘 따라가지 못할 것 같아서 책 읽는 능력을 미리 길러 주고 싶다는 판단이 들면 그렇게 해 볼 수 있는 거죠. 그래서 아이가 학교 생활에 안정적으로 연착륙할 수 있다면 괜찮지만, 이 활동으로 아이가 읽는 것에 대해 부정적으로 느끼지 않도록 늘 주의하셔야 합니다.

하지만 제가 진짜로 하고 싶은 말은 아이가 입학 전에 학습 내용을 미리 알아야 유리할 거라는 생각 자체를 안 하시는 게 아이의 학습에 도움이 된다는 겁니다. 제가 아무리 설명해도 믿지 않는 부모님들이 태반이지만, 공부는 12년간의 마라톤입니다. 100세 시대의 흐름을 따라 교육도 평생 수준으로 확장해 보면 이제 아이는 평생 공부, 즉 장기적 측면에서 공부를 접해야 하죠. 초등학교 1학년 아이가 지금 혹은 더 일찍 한글과 연산 공부를 시작하는 것이 아이가 고등학생이 되었을 때 진짜로 도움이 될 거라고 생각하십니까?

앞서 언급했던 선행학습에 대해 다시 이야기해 보겠습니다. 선행학습을 하고 온 아이들의 가장 큰 문제는 정답만을 말하려는 경향이 뚜렷하다는 점입니다. 보통 수업 시간에는 자신의 생각을 발표하고 그 생각을 토대로 정답을 맞히는 '과정'에 충실해야 하는데, 문제 풀이 중심의 선행학습을 오래 하고 온 아이들은 자신의 생각을 말하는 걸 어려워하기 때문에 섣불리 입을 떼지 못합니다. 그 아이들은 틀리는 것이 두려워 틀릴지도 모른다는 생각이 들면 발표를 절대 하지 않아요.

물리적인 성장이 충분히 이뤄진 상태에서 시작하는 학습은 아이에게 집중력을 선물하고 더불어 배움의 즐거움을 느낄 수 있게 해 줍니다. 따라서 부모님께서 아이에게 선행학습을 꼭 시키고자 한다면 제가 지금까지 이야기한 여러 이론적 근거들을 뒤집을 수 있는지, 선행학습이 내 아이에게 정말로 꼭 도움이 될지 곰곰이 생각해 보셔야 할 겁니다.

아이의 성장을
진정으로 믿어 준다

초등학교 1학년인 경수는 엄마에게 전화를 걸었습니다. 방금 시험을 보고 나서 시험 점수를 받았고, 그 결과를 엄마에게 알려 주고 싶었기 때문입니다.

"엄마, 나 100점 맞았어요!"

"어, 정말? 어떻게 100점 맞은 거야?"

"받아쓰기 60점이랑 수학 40점, 합해서 100점 맞았어요! 정말 기쁜 소식이죠?"

여러분이 이 아이의 부모라면 어떤 반응을 보여 주시겠습니까? 경수 엄마는 경수에게 정말 기쁘다고 말해 주었습니다. 물론 실제로도 기뻤습니다. 아이가 자기 나름대로 노력을 했고 그 결과에 대해 본인이 기뻐했으니까요. 엄마는 경수에게 노력해 줘서 고맙다는 말도 덧붙였습니다.

어느덧 경수는 3학년이 되었습니다. 경수에게 다시 전화가 걸려옵니다.

"엄마, 기쁜 소식이 있어요."

"무슨 소식인데?"

"우리 반에 수학 100점이 다섯 명 있는데, 그중에 한 명이 저예요. 기쁜 소식이죠?"

엄마는 이번에도 너무 기뻤습니다. 아이가 처음으로 공식적인 성과를 낸 데다, 아이의 노력이 결국 좋은 결과로 이어진 것이 뿌듯했기 때문입니다. 이후 중학생이 된 경수는 최상위권 성적을 받기 시작했습니다. 과학 99점, 수학 100점…. 경수는 공부가 재미있다고 생각하는, 시험을 기다리는 아이가 되었습니다.

사실 경수는 많은 결점을 가지고 태어난 아이입니다. 태어났을 때 몸무게가 고작 1.8킬로그램밖에 나가질 않아 인큐베이터에 한 달가량 누워 있다가 퇴원한, 시작부터 순탄하지 않은 아이였거든요. 발달이 느리니 모든 것이 다 느렸습니다. 돌이 한참 지났어도 '엄마'라는 말 외에는 다른 말을 잘하지 못했습니다. 아이가 느릿느릿 말하는 걸 듣고 있자면 숨이 찰 정도였죠. 더군다나 아이는 12월 말에 태어났습니다. 경수 엄마는 경수를 제때 학교에 입학시키는 것이 과연 맞는 선택인지 걱정을 많이 하셨다고 해요. 그랬던 아이가 중학생이 되면서부터 최상위권 성적을 받아오기 시작한 것입니다. 경수에게 기적이 일어난 걸까요? 아닙니다. 경수에게는 훌륭한 엄마라는 존재가 있었기에 현실적으로 가능했던 거예요. 경수 엄마는 아이의 발달이 느리다는 것을 정확히 알고 있었고 이에 대해 걱정하는 한편, 현실적으로 아이를 어떻게 도와줘야 할지 늘 고민하고 실천하셨습니다. 수업 시간에 집중해서 잘 듣고 배우라고 당부하고, 책과 친하게 지낼 수 있도록 독서 환경을 잘 조성해 주었죠. 그중 경수 엄마에게 가장 본받아야 할 태도는 아이의 자존감을 키워 주려고 노력했다는 점입니다. 경수 엄마가 말도, 발달도 느린 아들에게 자주 했던 말이 있었습니다.

"경수야. 넌 어떤 사람이지?"

"위대한 사람이요."

"누가 그렇게 말했지?"

"엄마요. 그리고 하나님이요."

"그래, 맞아. 절대 그걸 잊으면 안 돼."

경수 엄마는 이렇게 아이가 자신이 얼마나 귀하고 가치 있는 존재인지를 인지할 수 있게끔 노력했습니다. 경수는 스스로를 위대한 사람이라고 생각하며, 자신이 할 수 있는 최선의 노력을 기울였습니다. 아이는 발달이 느렸지만 높은 자존감을 지닌 채 최상위권 성적을 받을 수 있을 만큼의 학습적 성취를 이뤄 냈습니다. 이 모든 건 충분한 양육 지식과 기술 및 훌륭한 성품까지 갖춘 엄마 덕분이었습니다.

전 직접 수백 명의 아이들을 가르치면서, 또 12년간 수많은 직간접적 사례들을 조사하면서 이 모든 것을 관통하는 하나의 패턴을 발견할 수 있었습니다. 그것은 아이들의 학업적 성패가 그 아이들의 부모 덕이기도 하고, 부모 탓이기도 하다는 점이었습니다.

칭찬 연구의 세계적인 권위자 캐롤 드웩Carol Dweck 교수는 아이의 학업적 성장 여부에 '부모가 아이를 바라보는 관점'이 매우 결정적임을 알려 주었습니다. 왜 어떤 아이들은 학습적 어려움을 긍정적으로 잘 견디면서 성장하는가, 그리고 왜 어떤 아이들은 어려움을 견디지 못한 채 패배자의 기분을 느끼며 성장하지 못하는가가 아이의 성장을 바라보는 부모의 관점과 밀접하게 관련되어 있다는 점입니다. 실제로 학업적인 성장을 하는 아이들은 본인들이 성장할 수 있다고 믿습니다. 그렇기 때문에 공부를 하며 어려움에 직면해도 쉽게 굴복하지 않습니다. 심지어 그 아이들은 쉬운 것보다 어려운 문제가 좋다고 말합니다. 어려움을 극복해 냈을 때의 짜릿함과 성취감을 좋아하기 때문입니다. 그리고 그로 인해 자신이 성장한다는 사실을 뿌듯해합니다.

앞서 경수도 처음부터 좋은 성적을 받았던 것이 아닙니다. 구구단을 외우려고 시도했지만 뜻대로 되지 않았고, 나눗셈이나 분수는 산 넘어 산이었죠. 하지만 경수가 끝까지 노력할 수 있었던 건 엄마가 계속해서 격려하고 믿어 주었기 때문입니다. 자신을 격려하는 엄마에게 기쁜 소식을 전해 주려는 마음이 아이에게 동기가 되었던 겁니다.

경수의 사례와 반대로 자신의 성장을 믿지 못하는 아이들은 실패를 굉장히 두려워합니다. 실패할 거라는 생각이 들면 노력을 기울이질 못 하죠. 나의 노력이 결과를 바꿀 수 있으리라는 믿음이 없기 때문입니다. 그리고 그 아이들이 그런 가치관을 갖게 된 것은 그들의 부모가 아이를 믿어 주지 않았기 때문입니다. 아이가 아직 어려서 해내지 못한 것을 실패로 규정하고, 아이의 자존감을 깎아내리는 말을 했기 때문입니다.

정수는 아빠에게 "전에도 안 됐는데 지금 한다고 되겠어?"라는 말을 지속적으로 들으며 살았습니다. 저는 정수만큼 자기효능감이 떨어지는 아이를 본 적이 없습니다. 정수는 자신에게 능력이 있다는 걸 정말 조금도 믿질 못한 채 "제가 과연 할 수 있을까요?"라는 말만 그저 되뇌었습니다. 여기에서 경수와 정수의 차이는 다른 부모 아래서 성장했다는 사실뿐입니다. 아이의 학업적 성취를 바라는 부모님들은 자문해 보고 스스로를 성찰해 볼 필요가 있습니다. 나는 경수 엄마와 가까운 부모인가, 아니면 정수 아빠와 가까운 부모인가를 말이죠.

부모로서 응당 그래야만 한다는 도덕적이고 당위적인 이야기를 하려는 것이 아닙니다. 어떤 아이들이 성적을 잘 받게 되는지를 설명하는 겁니다. 부모가 믿어 주는 아이는 조금 늦더라도 반드시 원하는 성적을 성취할 수 있다는 것, 이 사실을 여러분께 말씀드릴 수 있게 된 것을 개인적으로도 무척 다행스러운 일이라고 생각합니다.

부모가 먼저
학습에 대해 배워 본다

미국 일리노이대학교 플로리Florrie Fei-Yin Ng 박사는 일리노이주에 있는 초등학교와 홍콩의 초등학교 5학년 학생들을 대상으로 한 가지 실험을 진행해 보았습니다. 아이들에게 모두 두 번에 걸쳐 시험을 보게 했는데, 이 시험은 5학년 수준을 뛰어넘는 문제들로 구성되어 있었습니다. 어려운 문제에 아이들은 낭패감을 느꼈고, 가까스로 시험을 마쳤습니다. 1차 시험이 끝나고 5분간 주어진 휴식 시간에는 아이들이 엄마와 대화를 나누게 하고, 이 모습을 관찰해 보았습니다. 엄마들에겐 자녀의 실제 점수를 알려 주면서, 그 점수가 평균 이하의 점수라고 거짓말을 했어요. 미국 엄마들과 홍콩의 엄마들은 각각 어떻게 반응했을까요?

미국 엄마들은 시험 대신 다른 이야기를 건네며 아이들의 실패감을 더 부추기지 않으려고 조심하는 모습을 보였습니다. 좌절한 아이의 모습이 안쓰러운 나머지 어려운 시험으로 인해 아이가 스트레스와 좌절을 느끼지 않게 달래 주려고 노력했죠. 반면 홍콩 엄마들은 아이들에게 "너 시험 볼 때 집중을 안 한 것 같은데? 어떤 문제가 나왔었는지 같이 살펴볼까?" 하면서 시험과 관련한 이야기를 피하지 않았고, 2차 시험을 어떻게 준비할지에 대한 전략을 함께 세웠습니다. 이제 아이들은 2차 시험을 보기 위해 교실로 향했습니다. 어떤 결과가 나왔을까요?

미국 아이들의 점수가 16.5% 상승한 것에 비해 홍콩 아이들의 점수는 33%나 상승했습니다. 두 나라의 아이들 모두 점수가 상승한 것은 아이들이 시험에 어느 정도 적응했다는 걸 의미합니다. 그러나 홍콩 아이들의 점수가 더 큰 폭으로 상승한 이유는 홍콩 엄마들은 아이들의 실패를 외면하지 않고, 이를 극복하기 위한 구체적인 방법들에 대해서 대화를 나눴기 때문입니다.

아이가 상황을 직시하고 문제를 극복할 수 있도록 현실적인 도움을 주는 것이야말로 진정한 부모님의 역할입니다. 아이는 부모에게서 정서적 지지와 공감을 원하지만 그에 못지않게 부모의 합리적인 코칭을 필요로 합니다. 부모는 아이에게 세상을 바라보는 기준이 되며, 부모의 지혜와 가치관은 아이가 세상을 살아가는 데 기준으로 삼는 기본 자산이 됩니다. 인생 선배이기도 한 부모가 쌓았던 사회적 자산이 아이가 이 세상을 더 지혜롭게 살아가기 위한 토대가 되는 거죠. 다시 말하면 아이가 이루어 낼 사회적 성취는 부모가 닦아 놓은 사회적 기반 위에서 이루어집니다. 아이의 공부도 마찬가집니다. 아이가 학업적 성취를 이루어 냈다면 그것은 부모님 덕분입니다. 구체적으로 말하자면 부모님의 가이드 덕분이고요.

홍콩 아이들이 미국 아이들보다 더 큰 폭으로 점수가 상승했던 가장 큰 이유는 엄마의 이성적인 멘토링 덕분입니다. 피할 수 없는 시험이라면 어떻게 합리적으로 대처해야 하는지 현실적인 조언을 해 주는 것이 좋습니다. 세상에 어려움을 겪지 않는 아이들은 없으며, 따라서 아이가 어려움을 극복하기 위해서는 부모의 정서적인 지지뿐 아니라 합리적인 지도와 방향 제시가 필요합니다. 그리고 많은 연구 사례들은 그런 현실적인 방향 제시를 해 주는 부모의 자녀들이 사회적 성취를 해낼 가능성이 높다는 사실을 뒷받침해 줍니다.

당연한 이야기입니다만 아이의 공부정서는 스스로 학습적 성취를 경험했을 때 좋아집니다. 성과가 있어야 공부에 대한 내적 동기가 올라갑니다. 그렇다면 부모님께선 아이에게 어떻게 공부를 해야 하는지 방향 제시를 잘해 주셔야 합니다. 아이가 공부를 했을 때 성과를 얻을 수 있는 방법을 잘 알려 주셔야 합니다.

수많은 부모들이 아이가 어릴 때부터 공부에 관여합니다. 그리고 대부분 기대만큼 성과가 나오지 않죠. 아이 공부에 대한 가이드를 잘못해 주셨다는 뜻입니다. 노력이 성과로 이어지는 공부를 한 아이는 공부를 좋아하게 되죠. 성취감이 아이의 자존감을 높여 주기 때문입니다. 그렇다면 부모님들은 무엇을 해야 할까요? 아이의 공부를 잘 지도해 주기 위해 학습에 대해 배우셔야 합니다. 또 무슨 공부를 언제 어떻게 해야 할지에 대한 이론적 지식도 알고 계셔야 하고요. 방법이 뒷받침되지 않는 부모의 도움은 아이 입장에선 사랑이 아니라 압박과 스트레스가 될 뿐이란 걸 기억하셔야 합니다.

완전학습
바이블

2부

M A S T E R Y   L E A R N I N G   B I B L E

배운 것이
100% 이해되는
엄마표
완전학습

엄마표 학습이
꼭 필요할까요?

친절한 옆집 엄마의
교육법

예전에 제가 살던 집 옆집에는 친절한 엄마 한 분이 계셨어요. 저희 집 택배도 받아 주시고 마주치면 늘 반갑게 인사해 주시던, 많이 친하진 않았지만 좋은 이웃인 건 분명했죠. 그런데 밤 9시가 되면 어디선가 고성이 들리기 시작했습니다. 거의 악에 가까운 소리였습니다. 무슨 소린지 자세히 들어 보니 이런 내용이었어요.

"아니, 그것도 못 해? 엄마가 얼마나 더 설명해 줘야 돼? 몇 번을 더 설명해야 이해를 해?"

친절했던 옆집 엄마가 초등학생 딸을 혼내는 소리였습니다. 이런 일이 주기적으로 있었기 때문에 저는 옆집 엄마가 아이를 언제쯤 가르치는지 자연스럽게 알 수 있었습니다. 속으로는 '평소엔 친절하신 분인데 아이를 가르치기만 하면 저렇게 돌변하시는구나. 아이를 가르치는 일은 꽤나 화가 나는 일이군'이라는 생각을 품게 되었습니다. 제가 굳이 더 이야기하지 않아도 옆집 엄마의 엄마표 학습은 실패했으리라는 점을 예상하실 수 있을 겁니다.

전 수많은 엄마들을 십수 년 넘게 직간접적으로 만나며 그들의 자녀를 관찰해 보았습니다. 그리고 그중 많은 아이들의 공부정서가 처참히 망가져 버린 것을 확인했어요. 몸을 배배 틀며 공부하기 싫다고 도망가는 아이, 도망가다 엄마에게 등짝을 맞는 아이의 모습을 보며 이것은 한 가정의 문제가 아니라 이 사회가 꼭 해결해야만 하는 문제가 아닐까 하는 생각이 들었죠.

아이들의 공부정서는 부모님께서 공부에 관여하기 시작하면서부터 망가집니다. 물론 아이를 망가뜨리기 위해 공부에 관여한 건 아니실 겁니다. 도와주려 했던 건데 하다 보니 나도 모르는 새 아이의 공부정서가 망가져 버린 거겠죠. 이렇게 되면 아이들만 고통받는 것이 아니라 부모님들도 고통받게 됩니다. 우울하고 무기력해지면서 절망감이 찾아올 거예요. 아이가 자신의 기대만큼 성장하지 못하는 걸 본다는 것 자체가 실망스러운 일이니까요. 아이의 실패가 나의 실패처럼 느껴지고, 아이가 실패한 것이 자신 탓이라며 자책하는 부모님들이 정말 많았습니다. 따라서 이것은 반드시 막아야 하고 해결해야만 하는 문제입니다. 공부 따위가 우리 부모님들과 아이들을 힘들게 해서는 안 되잖아요. 이런 이유로 저는 '엄마표 학습개론'이란 이름으로 부모님이 아이의 학습을 어떻게 지도해 주어야 하는지에 대한 이론적 지침을 만들게 되었습니다.

이 지침을 본 한 어머니가 제게 연락을 주셨습니다. 올해 대학교 신입생이 된 아이의 어머니라고 자신을 소개하셨죠. 이분의 아이는 12년간 사교육과 선행학습 없이 학교에 다녔고, 최근 수능까지 무사히 마쳤다고 합니다. 그런데 엄마표 학습개론의 지침을 보고 자신이 아이의 학습을 위해 사용했던 방법과 똑같아서 놀랐다고 합니다. 이 지침에 대한 확신이 있다고도 말씀하셨고요. 자신이 직접 경험했기 때문이죠. 이분은 수능 만점자 아이의 어머니셨습니다. 이 일을 통해 전 엄마표 학습개론에 대해 더 큰 확신을 갖게 되었습니다. 물론 그전에도 확신은 있었지만, 이 일로 엄마표 학습개론이 수능 만점자 학생을 만들 수 있는 지침이라 자신 있게 말씀드릴 수 있게 되어 더 다행이라 생각합니다.

엄마표 학습개론의 지침은 단순히 제 생각이나 의견만을 기술한 것이 아닙니다. 엄마표 학습개론의 모든 것들은 교육학자들에 의해 이미 정립된 학습 이론들에 근거합니다. 우리나라 공교육 시스템은 교육학 이론을 기반으로 만들어져 있습니다. 교육과정, 교과서, 수업 방식, 평가 방식 등 대부분의 것들이 교육학

이론들을 기반으로 정교하게 설계되어 있다는 말입니다. 그러므로 엄마표 학습개론은 효과가 있을 수밖에 없습니다. 엄마표 학습개론의 목표는 부모님들이 엄마표 학습을 제대로 수행해 아이의 상위권 성적을 보장받고 아이의 학습과 관련된 수많은 스트레스, 비용 부담을 줄이자는 데 있습니다. 궁극적으로는 아이에게 평생 도움이 될 우수한 학습 능력을 선물해 주기 위함이기도 하고요.

지금부터 소개되는 내용들을 반복해서 읽은 뒤 이 원칙들을 아이의 공부에 하나씩 적용해 보고, 수행했던 부분에 대해 피드백도 받아 가시길 바랍니다. 나선이 천천히 원을 그리며 큰 원으로 발전해 나가는 것처럼 엄마표 학습을 계속 연습해 나간다면 여러분의 아이들도 결국 공부를 잘하게 되고, 공부를 좋아하게 되리라고 확신합니다.

엄마표 학습과
엄마표 과외

'엄마표 학습'이라는 용어를 들으면 어떤 분들은 거부감을 느낍니다. "아빠는 안 돼? 엄마만 아이 학습에 관여하라는 건가?" 하고 말이죠. 아닙니다. 국내 교육의 특성상 자녀의 학업과 관련해 95% 이상은 주로 엄마가 이끌지 않습니까. 그렇기에 엄마표 학습이라고 칭하는 게 가장 적합하다고 판단한 것뿐입니다. 대중적으로도 우리는 엄마표 학습이란 말을 많이 사용하지, 아빠표 학습이라는 말은 잘 사용하지 않습니다. 그렇기에 이 책에서만큼은 엄마표 학습을 공통적으로 사용하겠습니다. 물론 이 내용을 토대로 아빠가 '아빠표 학습'을 진행하신다면 정말 대환영입니다.

과거 학부모님을 대상으로 설문조사를 진행한 적이 있습니다. '현재 엄마표 학습을 하고 계신가요?' 이 질문에 약 2500명의 학부모님이 응답해 주셨고, 무려 68%가 엄마표 학습을 하고 있다고 답해 주셨습니다. 그리고 대다수가 엄마표 학습이 무엇인지, 정확히 알려 달라고 요청하셨죠. 새로운 개념을 공부하기 전, 그 정의에 대해 철저하게 이해하는 것은 필수입니다. 그런 의미에서 학부모들이 엄마표 학습의 정의에 대해 정확히 알고 있다면 아이의 학습을 지도하는 데 드는 물리적, 정신적 낭비를 하지 않을 수 있습니다.

엄마표 학습은 학문적 주제가 아니기에 여기에 대해 정의를 내린 학자는 아직 없습니다만, 여러분을 위해 엄마표 학습에 대해 분명하고 명확하게 정의해 드리고자 합니다. 그렇게 어렵지는 않을 겁니다. 그러나 아마도 기존에 알고 계셨던 엄마표 학습의 개념과는 많이 다를지도 모르겠습니다.

엄마표 학습이란 '엄마의 도움을 받아 아이가 자기주도적으로 학교 수업과 교과서를 중심으로 한 완전학습을 수행하는 일'입니다.

이 정의에 따라 여러분이 아이의 학습을 도와줄 때 아이가 진짜 엄마표 학습을 하고 있다고 말할 수 있습니다. 이 정의대로 엄마표 학습을 하고 있지 않다면 그건 엄마표 학습이 아니에요. 아마 그건 '엄마표 과외'랑 비슷할 겁니다.

엄마표 학습의 정의를 통해 우리가 알 수 있는 것은 엄마가 아이의 학습을 끌고 가는 것이 아니라는 점입니다. 아이가 주체가 되어 주도적으로 자신의 학습을 이끌어야 합니다. 그렇지 않은 아이들은 학년이 올라갈수록 성적이 떨어지는 사태를 경험하게 될 것입니다. 게다가 아이가 초등학교 고학년만 되어도 학습 난도가 높아져 엄마가 엄마 중심으로 아이를 끌고 가는 것이 어려워져요. 만약 아이가 중고등학생이 되었는데도 엄마가 아이의 학습에 관여하는 부분이 많다면 지금껏 지도를 잘못하셨다는 증거입니다. 이렇게 되면 엄마도 스트레스를 받고 피곤해집니다. 엄마도 엄마의 인생을 살아야지, 아이 공부 때문에 얽매여 있는 게 말이 됩니까? 아이의 학습 멘토링은 최소한 아이가 고등학교에 올라가기 전에 끝내야 합니다. 그래야 엄마도 덜 힘들고 아이의 학업적 성공 확률도 높아질 것입니다.

물론 아이가 이미 고등학생이라고 해서 기회가 없는 것은 아닙니다. 단지 바람직한 엄마표 학습이 어떤 모습과 형태가 되어야 하는지를 설명드리는 거죠. 앞서 언급했던 수능 만점자 학생의 어머니는 아이가 중학교 2학년이 된 이후부터는 학습과 관련된 문제에서 아예 손을 떼셨다고 했습니다.

진정한 엄마표 학습은 아이가 완전학습을 수행할 수 있도록 멘토링한다는 개념으로 보셔야 합니다. 엄마가 아이를 붙잡고 수학이나 영어를 가르치는 게 아니라는 말입니다. 아이는 엄마의 멘토링을 통해 자신의 학습을 주도적으로 이끌 수 있는 힘을 길러야 합니다. 아이가 학습을 주도적으로 이끌 수 있도록 방법을 지도해 주고 정서적으로 지지해 주는 멘토나 코치 역할을 수행하는 선에서 엄마표 학습을 진행하시길 바랍니다.

사전조사에서 68% 엄마들이 엄마표 학습을 하고 있다고 응답하셨습니다. 만약 그 엄마들이 강사처럼 아이를 가르치며 아이의 학습을 이끌어 왔다면 그것은 엄마표 학습이 아니라 엄마표 과외라고 고쳐 말해야 합니다. 그리고 뒤에서 더 자세히 다루겠지만 엄마표 과외는 대부분 처참하게 실패하고 맙니다.

엄마표 학습은 아이가 어떻게 해야 우수한 학습자가 될 수 있는지 도와주는 과정이 되어야 합니다. 엄마는 아이에게 '공부의 방향을 제시'하고 '학습하는 방법을 가르쳐 주는 것'에 집중하셔야 하죠.

엄마표 학습의 시작 시기

종종 '엄마표'라고 하니까 엄마가 아이를 닦달해 강제로 공부하게 만든다는 뜻으로 받아들이는 분도 계십니다. 엄마표 학습을 하면 엄마도 힘들고 아이도 힘들다, 엄마는 부담되고 아이는 불쌍하다는 생각과 이야기가 터져 나옵니다. 그렇다면 우리는 이러한 이야기들이 왜 나오게 되었는지 곰곰이 생각해 볼 필요가 있습니다.

엄마표 학습의 정의대로 수행을 안 하시기 때문입니다. 그러니 엄마도 힘들고 아이도 힘든 겁니다. 예를 들어 엄마표 학습의 정의대로 한다면 본격적으로 아이의 공부를 도와주는 일이 시작되는 시점은 언제겠습니까? '취학 후'가 되어야 합니다. 엄마표 학습은 '학교 수업'과 '교과서'를 중심으로 아이가 완전학습을 수행하는 걸 도와주는 거니까요. 그런데 많은 엄마들께서는 현재 어떻게 하고 있습니까? 아이가 다섯 살만 되어도 학습을 시작하려고 합니다. 아이가 일곱 살인데 아무것도 안 한다고 하면 주위에서 수군댑니다. 지금 때가 어느 때인데 왜 아무것도 안 하느냐는 거죠.

하지만 인지 발달 심리학자 피아제가 아이의 인지 발달을 나이에 따라 나누어 놓은 것에는 이유가 있습니다. 또 학교 교육이 6세나 7세가 아니라 8세부터 시작되는 것에도 과학적인 근거와 이유가 있어요. 이론적인 근거가 있음에도 아마 대부분의 엄마들은 배운 적이 없기 때문에 혹은 주변 환경의 영향 때문에 일찍부터 한글, 수학, 영어 등 문자 학습을 시작합니다. 그런데 결과가 대부분 안 좋죠. 왜 안 좋겠습니까? 피아제는 인지 발달 이론을 통해 아이들의 인지적 교육에는 적기가 있다고 했는데, 그 적기를 무시하고 이른 시기부터 문자 교육을 하기 때문입니다. 아직 여러분의 자녀는 그런 교육을 소화할 만큼 몸도, 머리도, 인지도 발달하지 못했습니다. 그런데 이를 무시하고 계속 정보를 주입한다면 앞에서 이야기한 것처럼 아이의 공부정서가 망가지는 상황을 경험하게 됩니다.

물론 이런 상황이 벌어지게 되는 맥락은 어느 정도 이해할 수 있습니다. 보통 유아들의 엄마는 대부분이 30대, 많아 봐야 40대 초중반입니다. 그리고 엄마가 된 지도 얼마 안 되었을 테죠. 엄마가 되었지만 아직 성숙하다고 할 만큼 나이가 많은 것도 아니고, 아이를 키워 본 경험도 많지 않아 이론적 지식이 부족합니다. 그래서 주변 엄마들을 많이 참고하는데 이들은 모두 어떤 교육을 시키고 있으니, 이러다 내 아이만 뒤처지는 게 아닌가 싶으실 거예요. 엄마 나름으로 많이 고민하고 노력하시는 거겠지만 이 방식대로 아이를 키우는 것이 과연 맞는 일인지 이론적으로 계속 검증해 보셔야 합니다. 아이를 키운다는 건 이론과 원칙대로 하지 않으면 성공하기 어려운 영역이기 때문이에요.

이론과 현실은 다르지 않느냐, 의문을 품는 분들도 계십니다. 그러나 우리가 누리고 있는 문명의 혜택은 대부분 이론을 기반으로 설계되고 구현된 것들입니다. 수많은 학자들이 과학적인 방법으로 연구하여 이론을 완성한 덕분에 우리가 지금 문명을 향유할 수 있게 되었다는 사실을 기억하셨으면 합니다.

엄마표 학습의
올바른 실행

엄마표 학습의 정의를 보면 '완전학습'이라는 말이 나옵니다. 완전학습에 대해서는 뒤에서 더 심층적으로 다룰 예정이니 우선 가볍게 짚고 넘어가죠. 엄마표 학습을 완성하는 완전학습의 핵심은 '교과서 복습'에 있습니다. 아이가 특목고 진학을 목표로 하지 않는 이상 초중등 과정에선 교과서만 가지고 공부해도 충분합니다. 그런데 우리 젊은 엄마들은 어떻게 엄마표 학습을 하고 있습니까? 문제 풀이를 하게 합니다. 문제집을 풀어야 아이의 공부 실력이 계발될 거라고 생각하기에 매일 풀어야 하는 문제집의 양을 정해 놓고 아이에게 숙제를 내 줍니다. 심지어 엄마가 과외 선생님이 되어 아이를 가르치기까지 하죠.

이건 진정한 엄마표 학습이 아닙니다. 이대로라면 공부정서가 망가져 아이의 학습 역량은 제대로 계발되지 않을 테고, 엄마와 아이 관계만 나빠질 가능성이 큽니다. 엄마표 학습에선 아이가 문제집이 아닌 교과서 중심으로 완전학습을 해야 합니다. 또 엄마가 아이에게 학습 내용을 가르치는 게 아닌 아이와 함께 완전학습을 완성하기 위한 멘토 역할을 해 주셔야 하고요.

이렇듯 엄마표 학습이 잘 수행된다면 공부하는 그 과정이 최소한 짜증 나거나 고통스럽지는 않을 겁니다. 그리고 사실 학습 역량이 잘 계발되면 아이 입장에서도 기분 좋은 일입니다. 아이들이 자기 실력에 대해 모르겠습니까? 본인들도 다 알고 있습니다. 자기가 공부를 잘하는지 못하는지 말이죠. 공부를 잘한다는 건 기분 좋은 일이기 때문에 선순환적으로 학습 동기가 더 향상될 가능성이 높습니다. 당장 공부를 시작하면 엄마도 힘들고 아이도 힘드니 좀 나중에 하면 되지 않을까 생각하는 분들도 계십니다. 예를 들면 '초등학교 땐 자유롭게 생활하도록 두고, 공부는 중학교 때부터 열심히 하면 된다'와 같은 생각이죠. 이건 엄마표 학습을 정확히 이해하지 못해 비롯된 생각입니다. 올바로 수행하면 엄마표 학습은 그렇게까지 힘들지 않습니다.

아이는 공부를 시킨다고 갑자기 열심히 하게 되는 그런 존재가 아닙니다. 그게 그렇게 쉬웠으면 다들 공부를 잘했을 거예요. 아이의 마음을 움직이고, 동기를 향상시키는 건 정석을 따르지 않으면 굉장히 어려운 일입니다.

아이가 초등학교 과정조차 제대로 소화를 못 했는데, 중학교 때 열심히 한다고 잘할 가능성이 얼마나 될까요? 우리나라의 공교육은 절대평가가 아닙니다. 학생들은 상대적으로 평가를 받게 되고 평가 점수에 따라 등수가 매겨지는 것이 우리나라 공교육의 기본 방침입니다. 그런데 초등학교 과정에서부터 학습 결손이 일어나면 따라잡는 일이 결코 쉽지 않습니다. 아이가 다른 아이들과 달리기를 한다고 생각해 보세요. 우리 아이가 처음에는 설렁설렁 뛰다가 중반부터 열심히 뛰어서 따라잡겠다는 전략으로 뜁니다. 초반에 설렁설렁 뛰었으니까 격차가 당연히 벌어질 겁니다. 그럼 그 격차를 따라잡는 것이 쉽겠습니까? 쉽지 않죠. 당연한 이야기지만 우리 아이가 뛰는 동안 다른 아이들은 멈춰 있는 것이 아니니까요.

그리고 초등학교 과정에서 결손이 일어났다는 것은 지난 6년 동안 올바른 학습 방법, 학습 습관을 연습하지 못했다는 뜻이고, 따라서 학습 동기가 잘 형성되어 있지 않을 가능성도 높습니다. 그런 아이가 갑자기 중학교부터 뒤처진 것을 다 메우고 공부를 잘해 나갈 수 있겠습니까? 자기주도적인 학습을 동기와 방법 측면에서 잘 수행해 내겠습니까? 설령 해내더라도 그것은 아이에게 결코 만만치 않은 도전일 겁니다.

하지만 엄마표 학습을 잘 수행하는 것에 자신이 없다면 차라리 아무것도 안 하시는 게 나을 수도 있습니다. 이 세상엔 손해를 안 보는 것이 이득인 경우가 너무도 많은데 아이의 학습이 딱 그러한 경우에 해당합니다. 그러므로 부모님들은 아이의 멘토이자 학습 동료라는 역할을 잘 수행하기 위해 완전학습에 대한 이론적 지식을 기쁜 마음으로 배울 필요가 있습니다. 그런 이론적 지식이 엄마와 아이를 성장시켜 줄 겁니다.

엄마표 학습이
필요한 이유

한국의 학교 및 입시 제도는 아이들이 실력을 키우고 성장하는 곳이라기보다는 부모의 양육 방식이 평가받는 곳입니다. 학교가 공부 잘하는 아이를 만들어 주는 것이 아니라 '공부 잘하는 아이로 만드는 부모의 양육 방식'이 학교에서 평가받고 검증받는 것이라고 전 해석합니다.

취학 전까지 부모가 아이에게 필요한 심리사회적 특성들, 예컨대 자아존중감, 자기효능감, 정서지능, 생활 습관, 바른 인성 등을 잘 계발시켜 주어서 그런 아이들을 학교라는 장에 데뷔시키고 학교 관계자들에게 보여 주는 겁니다. 아이들은 학교에서 학업을 시작하게 되고, 학업 과정에서 부모의 올바른 지도 아래 학교를 다니게 됩니다. 그러면 그 아이들이 학교 시스템에 의해 평가를 받고 최종적인 입시를 통해 선발됩니다. 이것이 제가 지금까지 모든 학교 과정을 경험하고, 교육학을 전공하고, 교육에 대해 조사하고, 수천 명의 아이들과 부모들을 직간접적으로 관찰하면서 얻은 결론입니다.

엄마표 학습에는 여러 장점이 존재합니다. 특히 학업에서 적어도 아이가 손해를 입지 않도록 예방할 수 있다는 점에서 꽤 훌륭한 시스템입니다. 이는 부모님들이 엄마표 학습을 반드시 배워야 하는 이유이기도 하고요. 왜 이걸 배워야 한다는 것인지 좀 더 자세히 설명해 보겠습니다.

자기주도성 계발

엄마표 학습의 가장 큰 장점은 아이의 자기주도성이 계발된다는 것입니다. 엄마표 학습으로 지도받은 아이는 누가 시키지 않아도 알아서 해야 할 학습을 하는 아이로 자랍니다. 아이가 자기주도적으로 학습을 잘 수행하게 되면 공부 때문에 부모와 실랑이를 벌이지 않아도 되니 사이가 나빠질 이유가 없고, 그로 인해 공부정서는 긍정적으로 성장하며, 더불어 성적도 오르는 효과가 나타납니다. 또 결코 무시할 수 없는 교육 비용도 많이 절감할 수 있습니다. 왜냐하면 엄마표 학습의 목표는 학교 수업과 교과서 기반의 완전학습을 아이 스스로 수행하게끔 하는 것이기 때문입니다. 여기에 사교육이 들어올 틈은 없습니다. 즉, 엄마표 학습이 잘될수록 사교육을 할 이유가 사라집니다.

그리고 아이를 가장 많이 관찰하는 분이 바로 엄마입니다. 엄마야말로 아이의 성격적 특성을 그 누구보다 가장 잘 이해하고 있고, 거기에 맞춰 아이가 자기주도적인 공부 습관을 잘 계발하도록 도와줄 수 있습니다. 그러므로 엄마표 학습을 할 때 아이가 가장 효과적이고 효율적으로 학업을 수행할 수 있게 되는 것이죠. 이건 학교 교사도, 학원 강사도 해 줄 수 없는 일입니다.

학습 결손 예방 ❶

시험과 숙제 없는 학교

최근까지 국내 초등학교 교육 정책의 방향은 시험 없는 학교, 숙제 없는 학교를 만들자는 것이었습니다. 특히 방과 후 숙제 때문에 고통받았던 부모님들 세대와 비교하면 현재 초등학생들의 학교 생활은 사교육을 받는 부분을 제외하고는 정말 편해졌다고도 말할 수 있죠. 물론 숙제를 내 준다고 해서 아이들이 학습을 반드시 잘하게 되는 것은 아닙니다. 하지만 완전학습의 중추가 복습 활동에 있다는 것을 고려했을 때, 숙제가 없다는 것은 아이가 평소에 학교 생활을 복습 없이 하게 된다는 것을 의미합니다. 이로 인해 학습 결손이 발생할 가능성은 훨씬 높아지겠죠.

이렇게 초등학교에서 숙제를 내 주지 않게 된 배경에는 몇 가지 이유들이 있습니다. 하나는 숙제가 학업 신장에 별 도움을 못 준다는 것이고, 다른 하나는 학교 숙제를 아이가 아닌 부모가 하게 돼 부모에게 큰 부담이 된다는 것입니다. 아이들 숙제가 엄마 숙제가 되어 버린다는 거예요. 특히 초등학교 1, 2학년의 경우 교과서 수준이 생각보다 높습니다. 1학년 수학 교과서에 문장제 문제가 나오기 시작하는데, 아이가 초등학교 입학 전에 한글을 안 떼면 교과서를 따라가기가 쉽지 않은 구조입니다. 이렇게 교과서의 연계와 난이도 조율을 잘하지 못해 취학 전 아이들이 한글 학습을 할 수밖에 없는 구조로 만든 것은 우리 교육이 꼭 개선해야 할 부분입니다. 만약 지금 1학년 과정을 2학년 과정으로 올리고 1학년 아이들에게는 한글 학습과 문해력을 기르는 활동 위주로 교육한다면, 우리 아이들이 취학 전에 한글이나 수학 사교육 같은 것을 하지 않아도 됐을 겁니다.

하지만 현실은 그렇지 않으니 우리가 손 놓고 있을 수만은 없습니다. 학교가 채워야 하는 빈틈을 엄마표 학습으로 대신해야 합니다. 이 말이 아이를 끼고 앉아 공부시키라는 뜻이 아닌 걸 이제는 너무도 잘 아실 겁니다. 아이가 매일 학교에서 배운 것을 복습할 수 있도록 그래서 다음 진도를 따라가는 데 어려움이 없도록 도와주세요. 초등학교 때 비교적 쉽지만 반드시 갖춰야 할 공부 기반을 잘 다져 놓아야 중학교에 올라가 갑자기 난도 높은 문제와 직면하더라도 스스로 이겨 낼 수 있습니다. 즉, 학습 결손이 없는 상태로 중학생이 되어야 아이들이 입시를 준비할 수 있는 힘과 체력을 기를 수 있습니다.

교육부 주관으로 출판사에서 교과서를 만들 때는 브루너 Bruner라는 교육학자의 「나선형 학습 이론」에 따라 계통성을 고려해 학습 내용을 조직화합니다. 다시 말하면 이전 학년에서 배웠던 부분을 잘 모르면 지금 배우는 내용을 이해할 수가 없다는 뜻입니다. 마치 솜사탕이 기계 안에서 계속 회전하면서 점차 부풀어 오르는 것처럼 학교에서의 학습이라는 것도 이전에 배웠던 내용들을 기반으로 수행되면서 점차적으로 확장되고 그만큼 학습의 양도 늘어나죠.

따라서 초등학교 때 공부에 소홀했던 아이들은 중학교 과정에서 학습 난도가 올라갔을 때 큰 좌절감을 맛볼 수밖에 없습니다. 새삼 새로울 것도 없는 일입니다. 수학포기자(수포자) 60%가 그냥 나오는 것이 아니에요. 초등학교에서의 학습 내용이 쉽고 간단해 보이지만 중요하지 않다고는 말하기 어렵습니다. 입시 성공이라는 풍성한 솜사탕을 만들어 내는 데 초등학교 과정은 가장 첫 번째 단계라는 것, 그리고 학업에서의 첫 단추를 끼운다는 측면에서 어찌 보면 가장 중요한 단계라고도 볼 수 있습니다.

학력 격차의 원인, 자유학년제

대부분의 아이들이 학습 결손이 있는 상태에서 중학교에 진학합니다. 그리고 중학교 1학년 때 자유학년제라는 것을 경험하게 되죠. 자유학년제란 학생들에게 중학교 생활 중 1년을 자신의 꿈과 끼를 찾는 데 주력하라는 의미에서 생긴 제도입니다. 자유학년제 방침에 따라 중학교 1학년 때는 시험이나 교과목이 약 60% 정도만 할당되어 있고, 나머지 40% 시간에는 예술이나 체육, 동아리, 진로 탐색 등으로 시간을 보낼 수 있게 합니다. 그리고 학생들은 이 기간 동안 시험을 보지 않습니다. 중간고사와 기말고사가 없다는 것이죠.

자유학년제는 좋은 취지에 비해 학생들의 기초 학력 신장 측면에선 허점이 많은 제도입니다. 법으로 학생들의 공부 시간을 강제로 줄인 것이니까요. 그렇게 되면 공부 못하는 아이들은 더 못하게 되고, 잘하는 아이들은 더 잘하게 될 수밖에 없습니다. 공교육 수업 시간이 줄어들수록 그 줄어든 시간만큼 중산층 이상의 가정에서는 사교육 등으로 학습 시간을 보충하게 될 테니까요.

이미 이와 비슷한 교육 정책 실험을 일본에서도 했었습니다. 일본 교육부는 학생들의 부담을 덜어 주기 위해 공교육 수업 시간을 줄이는 정책을 시행했습니다. 그랬더니 부모의 학력에 따라 학생들의 성적 격차가 30% 이상 벌어졌다는 연구 결과가 나왔습니다. 제가 자녀의 학교 성적과 관련하여 제일 강조하는 독립 변인이 뭐였습니까? 자녀의 성적은 부모의 학력과 비례한다는 것입니다. 사교육 의존도가 우리나라처럼 심한 나라가 없는데, 공교육의 수업 시간이 줄어든다는 것은 필연적으로 학습 결손을 부추기는 일입니다. 숙제와 시험이 없는 초등학교부터 중학교 1학년까지 7년 동안 별도로 학습적인 도움을 받지 못하게 될 아이들은 학습에서 방임되고 방치되는 것과 마찬가지입니다.

지금까지 이야기한 내용을 정리해 보자면 우리나라의 초등학교부터 중학교 1학년까지의 공교육 과정은 학습 결손을 부추길 수밖에 없는 구조이므로, 우리 아이가 학습 결손에서 오는 손해를 보지 않게 하려면 엄마표 학습을 할 수밖에 없다는 결론이 나옵니다.

엄마표 학습
어떻게 하는 건가요?

엄마표 학습의
시작과 끝

엄마표 학습은 언제 시작해야 하고, 또 언제까지 해야 할까요? 개인적인 소망으로는 초등학교 입학 이후부터 했으면 좋겠는데, 현실적으로는 입학 전에 한글을 안 가르칠 수 없습니다. 당장 1학년 교과서에 나오는 문제들을 읽고 이해한 뒤 풀려면 기본적으로 한글은 읽을 줄 알아야 하니까요.

그렇기 때문에 엄마표 학습의 시작은 '초등학교 입학 3개월 전'부터 시작하시라고 말씀드립니다. 이때는 아이가 한글을 어느 정도 읽고 해석할 수 있을 정도로만 알려 주는 것이 좋습니다. 만약 아이가 원하지 않는다면 학습을 시키지 않아도 됩니다. 일반적으로 만 7세 이전에 하는 문자 교육은 큰 도움도 되지 않을뿐더러 잘못하면 아이의 공부정서를 해치는 지름길이 되니까요. 아이의 신호를 잘 살펴 결정하셔야 합니다. 그리고 취학 전에 아이가 길러야 하는 것은 지적 능력이 아닙니다. 아이는 한글을 좀 늦게 배워도 되고 덧셈이나 뺄셈을 천천히 알아 나가도 괜찮습니다. 이런 것들을 빨리 시작한다고 해서 고등학교 때 잘하는 것도 아니고 늦게 배운다고 해서 못하는 것도 아니거든요.

그럼 엄마표 학습은 언제까지 해야 할까요? 최대 초등학교 과정까지만 해 주시기 바랍니다. 초등학교 6년간 연습한 것을 기반으로 중학교 과정부터는 아이가 스스로 학습하게 해 줘야 합니다. 중학교부턴 아이가 활용할 수 있는 학습 자원들도 풍부해지고 아이도 인지적으로 더 성장했을 테니 이때부턴 아이가 스스로 계획을 세우고 시행착오를 겪으며 완전학습을 수행할 수 있습니다. 따라서 부모님들은 최소한 초등학교 과정까지는 아이와 함께 파트너가 되어 공부한다는 마음으로 완전학습을 수행해 보시면 좋습니다. 아이 입장에선 엄마가 자기와 같이 공부한다는 생각을 품으면 동질감을 느끼고 안정을 찾게 될 겁니다. 이때 엄마가 아이의 완전학습 수행 과정을 옆에서 지켜보면서 상황에 맞는 적절한 피드백을 줄 수 있는 멘토 역할을 하실 수 있다면 참 좋습니다.

기억하세요. 엄마표 학습의 수행 기간은 '초등학교 입학 전 3개월부터 초등학교 6학년까지'입니다.

그리고 엄마표 학습을 할 땐 처음부터 너무 빠르게 속도를 내지 않는 것이 좋습니다. 초등학교 2학년 때까지는 아이가 학습에 적응하는 기간으로 삼고 속도를 조절해 가며 여유 있게 진행해 주세요. 문해 위주의 공부에서 개념 학습이 강조되기 시작하는 시점은 초등학교 3학년 때부터니까요. 마라토너들이 경기를 할 때 처음부터 전력 질주를 안 하는 것과 마찬가지입니다. 아이가 공부에 즐거움을 느낄 수 있도록 멘토링을 해 주시면 여러분은 최고의 부모님이 될 것입니다.

엄마표 학습의
범위

많은 엄마들이 엄마표 학습을 하고 싶지만 아이의 커리큘럼을 어떻게 짜야 할지 모르겠다며 난감해하십니다. 그러나 우리는 이제 엄마표 학습의 진정한 정의를 알고 있으니 학습 커리큘럼에 대해 더 이상 고민하지 않아도 됩니다. '엄마표 학습'이란 아이가 교과서를 기반으로 완전학습을 할 수 있도록 엄마의 도움을 받아 연습하는 일입니다. 따라서 대부분의 엄마표 학습 커리큘럼은 아이가 교과서를 복습하는 것이 되어야 합니다. 즉 엄마표 학습은 아이가 학교에서 배웠던 학습 내용을 집에 와서 완전학습이 될 때까지 복습하는 것이기 때문에 엄마는 아이가 오늘 무엇을 공부해야 하는지 고민하지 않아도 됩니다.

학습량이나 학습 시간에 대한 고민도 할 필요가 없습니다. 공부를 1시간 하든 4시간 하든 완전학습이 되었다면 그날의 공부는 끝나게 되고, 그다음부턴 아이의 자유 시간이 되어야 합니다. 가끔 엄마들 중엔 공부 시간을 정해 놓고 그 시간에는 반드시 아이를 공부시키는 분들이 계십니다. 시간을 기준으로 아이가 공부하게끔 유도하는 것은 비효율적인 일입니다. 여러분이 회사에 나가서 일을 하는데 9시에 출근해서 6시에 퇴근하는 것이 효율적이겠습니까, 9시에 출근해서 할 일을 마치면 퇴근하는 것이 효율적이겠습니까? 공부도 마찬가지입니다. 시간 기준이 아니라 '과제 중심', '할 일 중심'으로 공부해야 합니다. 그럼 엄마표 학습에서 아이가 해야 할 일이 뭐겠습니까?

'완전학습'입니다. 완전학습만 되면 그다음부턴 아이가 자신의 시간을 자유롭게 사용할 수 있어요. 게임을 해도 되고, 스마트폰을 가지고 놀아도 됩니다. 자신이 해야 할 의무를 다 했으니까요. 이렇게 할 일 중심의 공부 방식이 습관화되면 스마트폰 같은 것으로 아이와 실랑이할 이유도 사실 없습니다. 자신의 의무를 다했으면 그다음부턴 아이의 자유니까요. 책임을 다한 뒤 권리를 누릴 수 있게 해줄 때 아이의 자율성, 자기주도성, 집중력 등이 더 좋아집니다. 그리고 완전학습을 연습하면 할수록 아이가 공부를 마치는 시간이 더 빨라집니다. 사람이 어떤 한 분야를 계속 파고들면 능숙해지면서 수행 속도가 더 빨라지게 되는 것과 비슷한 일이죠. 완전학습을 통해 공부 시간이 줄어드는 만큼 아이가 쉴 수 있는 시간도 늘어납니다.

그렇기 때문에 초등학교 때 아이가 엄마의 도움으로 완전학습 습관을 갖게 되면 아이는 고등학교 과정이 끝날 때까지 지치지 않고 학습을 지속할 수 있게 됩니다. 그날그날 해야 하는 것들을 완수하고 나머지 자유 시간을 만끽하는 것, 바로 그것이 최상위권 학생들이 지치지 않으면서도 학업적 성취를 이루어 내는 비결입니다.

엄마표 학습의 대상

엄마표 학습이 필요한 대상은 사실상 아이들 전부입니다. 공부머리를 타고난 아이들도 공부를 어떻게 해야 하는지 스스로 깨닫기란 쉽지 않으니까요. 완전학습 방법은 인위적으로 배워야만 합니다. 특히 공부머리를 타고나지 않은 약 90%의 학생들은 엄마표 학습을 통해 학습 결손이 발생하지 않도록, 그래서 뒤처지지 않도록 도움을 받아야 하죠.

시험과 숙제가 없는 초등학교 과정을 거치고 자유학년제까지 경험하게 되는 보통의 아이들이 학습 결손 없이 중학교 2학년까지 무사히 올라가는 일은 전체에서 5%도 안 됩니다. 우리나라 공교육은 대부분의 아이들이 학습 결손을 가질 수밖에 없는 구조로 되어 있으니까요. 고등학교 2학년만 돼도 수학 공부를 아예 포기하는 수포자 아이들이 전체의 60%나 된다고 합니다. 이 아이들은 인생으로 치면 아직 시작 단계일 뿐인 학창 시절부터 실패와 좌절을 경험하게 되는 거예요. 60%가 결국은 실패하게 되는 이런 교육이 과연 정상이겠습니까? 학창 시절부터 굳이 실패를 경험해야겠습니까? 학창 시절에 '난 수학을 너무 못했어' 하고 생각했던 부모님들도 그 좌절감이 아직까지 내면에 깊이 남아 있지 않습니까? 아이들은 뒤처졌을 때 열등감을 느끼게 되는데, 열등감은 자신감의 반대말입니다. 자신감을 적절하게 키우지 못한 아이들이 나중에 사회에 나가서 성취하는 삶을 살 거라고 기대하기는 어려울 것입니다.

엄마표 학습 실패의
전조 증상

제가 초등학교에 입학하기 전이었습니다. 어머니는 매일 한 장씩 집으로 배달되는 학습지 하나를 시켜 제게 공부를 가르치기 시작하셨죠. 그날 제가 학습지에서 했던 학습 활동은 과일 개수를 세 숫자를 적는 것이었습니다. 귤이 세 개면 3이라는 숫자를, 가지가 일곱 개면 7이라는 숫자를 적는 거였는데, 문제는 사과 아홉 개였습니다. 아홉 개를 숫자로 어떻게 쓰는지 도무지 기억이 나질 않았거든요. 5분 넘게 끙끙대면서 9라는 숫자를 어떻게 쓰는지 기억해 내려 했지만 떠올릴 수가 없었습니다. 이를 지켜보던 성격 급한 어머니는 이것도 못 쓰냐고 절 나무라고는 방바닥에 엎드려

학습지를 풀고 있던 제 옆구리를 손으로 쭉 밀어서 방구석으로 보내 버리셨습니다. 당시 제가 학교에 입학하기 몇 개월 전, 그러니까 아주 오래전 일로 기억하는데 아직까지도 제 머릿속에 생생하게 남아 있어요. 숫자 9를 생각해 내지 못한 죄책감, 엄마를 기쁘게 해 드리지 못했다는 자괴감, 엄마가 나를 거부했다는 충격, 나 자신에 대한 실망감, 좌절감이 온통 뒤섞여 그때의 사건은 평생 잊지 못할 작은 트라우마가 되었습니다.

제 공부정서는 어떻게 되었을까요? 그때의 일로 전 부정적인 공부정서를 갖게 되었습니다. 공부에 대해 매우 부정적인 경험이 쌓였고, 그것이 계속 저를 괴롭혔어요. 엄마표 학습을 하고 있는데 아이가 크고 작은 심리적 고통을 표현한다면 그건 엄마표 학습이 실패하고 있다는 하나의 신호입니다. 아이가 엄마와 뭔가를 공부하는데 그걸 어려워하거나 짜증을 내고 좌절하는 모습을 보이면 거의 100% 실패할 엄마표 학습인 겁니다. 우리가 몸이 아플 때 병원에 가면 의사 선생님께서 우리의 증상을 체크하고 병을 진단해 주시는데 이와 비슷한 일입니다. 부모님들은 아이가 지닌 공부정서의 건강 상태를 진단하실 수 있어야 합니다. 그 진단은 그렇게 어렵지 않아요. 아이들은 감정 표현에 굉장히 솔직하기 때문입니다. 그런데 아이가 부정적인 신호를 보냈는데도 부모님께서 아이 공부를 계속 끌고 가려고 한다면 어떻게 되겠습니까?

공부정서가 와장창 망가지면서 정작 더 중요한 중학교, 고등학교 학업에 막대한 손해를 끼칠 겁니다. 어떤 아이는 엄마표로 엄마랑 공부를 하던 중에 엄마한테 이런 이야기를 했다고 합니다. 자기가 공부를 하는 것은 자기를 위해서가 아니라 엄마를 위해서라고요. 이런 말이 아이 입에서 나와도 엄마표 학습이 실패하고 있는 겁니다. 엄마표 학습의 실패는 엄마와 아이가 실랑이를 벌이는 일이 잦아지면서 관계가 악화된다는 사실만으로도 확인이 가능합니다.

엄마표 학습의
실패 원인

엄마표 학습이 엄마와 아이의 관계를 악화시키는 이유는 뭘까요? 아이가 시키는 대로 잘 못하고, 그걸 보는 엄마는 스스로 감정 조절이 안 돼 결국 화를 내 버리기 때문입니다. 어떤 엄마는 아이랑 공부하다 보면 머리끝까지 화가 난다고 합니다. 화라는 감정이 올라오면 아이에게 좋은 말을 할 수 있겠습니까? 일단 화가 나면 아이를 비난하고 심지어 그것도 못하냐면서 경멸조로 윽박지를 때도 많습니다. 아이 앞에서 문제집을 찢어 버리는 엄마들도 많아요. 이렇게 되면 아이와의 관계가 급속도로 악화되고 아이의 마음이 얼어붙습니다.

부모님들이 알고 계셔야 할 점은 어린아이들을 공부시키는 것이 본질적으로 굉장히 어려운 일이라는 겁니다. 내가 초등학교 2학년 수학 문제를 풀 수 있는데, 그걸 2학년짜리 아이가 잘 이해할 수 있도록 가르쳐 주는 것은 차원이 다른 일이거든요.

개인적으로 초등학교 과목들 중에 수학만큼은 초등수학교육 전공자 선생님께서 전담으로 가르치셨으면 하는 바람이 있습니다. 왜냐하면 초등학생들의 머릿속에 수학 개념이 자리 잡힐 수 있게 가르치는 일에는 매우 섬세한 교수 기술이 요구되기 때문입니다. 그런데 많은 부모님들은 아이들에게 자신이 선생님이 되어 가르치려고 하죠. 아이에게 뭔가를 설명했는데 보통 아이가 찰떡같이 이해를 잘하던가요? 못 하죠. 초등수학을 잘 가르치려면 기술이 필요하다고 했습니다. 그런데 젊은 부모님들이 그런 섬세한 교수 기술을 알까요? 무작정 아이에게 수학을 가르치려고 하니까 당연히 이해를 못 합니다. 그러면 엄마는 답답해지고, 말에 감정이 실립니다. 이 말을 들은 아이는 주눅이 들거나 짜증을 내거나 둘 중 하나가 됩니다. 이런 식으로 엄마표 학습이 점점 망가지게 된다는 것을 수많은 한국 부모님들의 양육 역사가 증명하고 있습니다.

엄마표 학습의 정의에 따르면 엄마표 학습은 아이를 가르치는 겁니까, 아니면 멘토링을 하는 겁니까? 엄마표 학습에선 엄마가 교과목을 가르치는 게 아니라 엄마도 아이와 동일한 학습자 입장에서 완전학습을 연습하고, 아이의 학습 활동을 관찰하면서 아이가 어떻게 학습해야 하는지를 제안하며 멘토링해 주는 것이지, 수학 문제를 가르쳐 주고 설명해 주는 것이 아닙니다. 어떻게 해야 아이가 우수한 학습자가 될지를 고민하고 아이와 상의하면서 아이의 완전학습을 점차적으로 완성해 가는 것이 엄마표 학습인 겁니다. 엄마표 학습의 정의대로 수행하지 않으면 엄마표 학습은 실패할 가능성이 훨씬 크다는 걸 꼭 기억하셔야 합니다.

학습 결손이
있을 때

"정신을 차리고 보니 아이가 중학교 2, 3학년이 되었는데, 아이가 공부를 못해요." 이렇게 호소하는 부모님들이 꽤 많습니다. 제게 찾아와 "제가 아이를 방치한 것 같은데 어떻게 해야 할까요?", "지금이라도 학원에 보내야 할까요?"와 같은 질문을 던지십니다. 아이가 이미 많이 컸고 학습 결손은 분명 심각해 보이는데, 이런 경우에 느끼게 되는 막막함과 두려움이 엄마들의 걱정에 불을 지피는 거죠.

우리가 어떤 문제를 해결하기 위해 반드시 해야 하는 일이 정신 줄을 잘 잡고 있는 일입니다. 이성의 끈을 놓지 않는 것이 첫 번째입니다. "호랑이에게 물려 가도 정신만 차리면 산다"라는 말이 여기에 딱 적합할 것 같네요. 문제가 심각하면 심각할수록 부모가 감정적으로 동요하는 것은 도움이 안 됩니다. 아이 입장에서도 자신이 공부를 못하게 된 것이 썩 유쾌하지 않은데, 엄마가 전전긍긍하고 조급해하고 막막해하고 두려워하면 아이도 똑같은 감정을 그대로 전달받아요. '나는 바본가' 하면서 자책할 수도 있고요. 이렇게 되면 아이의 자존감이 점차 박살 납니다.

엄마가 정신 줄을 잡고 멘탈을 관리하셔야 해요. 아이에게 "우린 이 상황을 함께 해결해 낼 수 있어!"라는 믿음을 줘야 합니다. 엄마 스스로가 해결해 낼 수 있다는 긍정적인 마음을 가지셔야 해요. 물론 이건 실제로 해결할 수 있는 문제이기도 하고요.

보통 학습 결손이 생긴 상태로 오래 방치되면 상황을 역전시키는 일은 거의 불가능합니다. 전 학습 결손이 굉장히 심각한 아이들을 많이 가르쳐 봤습니다. 그래서 학습 결손이란 게 얼마나 심각하고 복구하기 어려운 것인지 잘 알고 있어요. 학습 결손을 복구하기 어려운 이유는 여러 가지입니다. 그중 하나는 학습이 계속 진행된다는 점이죠. 아이의 학습 결손을 채워 줘야 하는데 학교에서는 진도만 나갈 뿐 아이를 기다려 주지 않습니다. 밑 빠진 독에 물 붓기죠. 이렇게 되면 결손은 계속 누적되고, 이 결손을 메꾸기 위한 절대적인 학습 시간은 턱없이 부족합니다. 제가 학습 결손이 심각한 학생들을 가르칠 때 차라리 학교를 1년만 안 다녔으면 좋겠다는 생각을 할 정도였으니까요.

그런데 물리적인 공부 시간이 부족한 것은 사실 부차적인 이유이고, 더 핵심적인 이유는 그 아이들의 심리적인 건강 상태가 안 좋기 때문입니다. 학습 결손이 심각한 아이들을 가르치면서 절실하게 느낀 점 하나는 그 아이들의 학습 동기가 너무 약하다는 것이었어요. 사실 학습 결손이 오래 방치되었는데 학습 동기가 높을 수는 없겠죠. 그 아이들은 대부분 공부하는 걸 싫어하거나 두려워했습니다. 자신감도 떨어졌고, 부모님과의 관계도 대부분 안 좋았죠. 저는 그 아이들의 학습 결손을 어떻게든 메꿔 보려고 백방으로 노력해 봤는데, 부모님들은 저와 아이를 도와주지 않으셨습니다. 아이에게 "공부하느라 수고했다"라고 칭찬해 주고, "할 수 있다"라는 믿음의 말을 건네는 등 아이와의 관계를 잘 만들어가기 위한 일말의 노력을 해 주셔야 하는데, 부모로서의 책임과 역할을 다하지 않으면서 그냥 제게 아이들을 맡겨 버리셨던 겁니다. 이렇게 되면 근본적으로 학습 결손을 해결할 수 없습니다. 본인들의 실수를 깨닫고 더 나은 부모가 되기 위해 부모로서의 역할을 제대로 수행해 주셔야 해요. 학습 결손이 그냥 생겼겠습니까? 아니 땐 굴뚝에 연기 나는 법이 없고 대부분의 결과들에는 원인이 있는 겁니다.

그래서 혹시나 여러분의 아이에게 학습 결손이 있다면 부모님들은 내가 부모로서 부족했던 점은 무엇인가를 계속 성찰해 보시고 올바른 양육 지식을 학습하는 것에 노력을 기울이셔야 합니다. 올바른 양육 방법은 부모가 되었다고 해서 자연스럽게 알게 되는 것이 아닙니다. 인위적으로 배워야 할 부분이 상당히 큰 영역이기 때문이에요.

제가 유아 교육에 대해 이야기할 때 항상 강조하는 것이 있습니다. 자녀를 공부 잘하는 아이로 만들고 싶다면 지식 교육보다 공부를 잘할 수 있게 해 주는 심리사회적인 능력을 키우는 것이 중요하다는 것입니다. 예를 들어 자신감, 끈기, 감정 조절, 만족 지연 등과 같은 심리적 능력을 아이가 가지고 있어야 새로운 개념을 배울 때 자신감을 가지고 끈기 있게 집중해서 다 할 때까지 포기하지 않는 아이가 될 수 있습니다. 그래야만 아이가 상위권에 도전할 수 있는 겁니다.

사실 학습 결손은 교과서 위주로 결손이 난 부분부터 시작해서 완전학습을 수행하면 해결되는 문제입니다. 이를 위해 아이가 불안하지 않은 상태에서 공부할 수 있도록 절대적인 공부 시간이 확보되어야 하고, 부모님에겐 정서적인 지지를 받으면서 구멍 난 부분을 하나씩 차근차근 메꿀 수 있도록 환경적인 부분이 잘 지원되어야 합니다. 그런데 학습 결손이 잘 해결되지 않는 이유는 부모가 아이에게 그런 환경적인 지원을 못 해 주기 때문이죠.

여러분의 아이가 공부만 빼 놓고는 인간적으로, 인성적으로 괜찮은 아이입니까? 만약 그렇다면 학습 결손 문제는 쉽게 해결할 수 있습니다. 그런데 아이에게 심리사회적인 측면에서 결핍이 있습니까? 만약 그렇다면 학습 결손 문제도 쉽게 해결되지 않을 겁니다. 학습 결손이 생길 수밖에 없었던 것은 아이가 심리사회적인 측면에서 결핍이 있었기 때문이거든요.

엄마표 학습 시 고려할 것들

엄마표 학습을 시작하는 초보 엄마들이 자주 묻는 질문입니다. "아이가 공부를 할 때 제가 옆에 꼭 있어야 될까요?" 아니, 꼭 옆에 있지 않으셔도 돼요. 아이가 공부하는 걸 보고 있을 시간에 다른 생산적인 일들을 하시는 게 훨씬 낫습니다. 그리고 엄마도 따로 완전학습을 해 보셔야 하고요. 물론 아이들의 특성에 따라 엄마가 시야에 보일 때 더 안정감을 가지고 공부에 집중하는 아이들이 있습니다. 그러한 경우라면 엄마가 아이 옆에 있어 주는 것도 괜찮습니다. 그것이 아이의 정서적 안정에 도움이 된다면 말이죠. 아이의 특성과 상황에 맞게 부모님들께서 판단하면 될 일입니다.

그런데 일반적으로 아이가 공부할 때 엄마가 옆에 앉아 있으면 아이가 집중할 수 있을까요? 그렇지 않은 경우가 더 많습니다. 대부분의 아이들은 공부하다가 낙서를 하거나, 물을 마시러 가거나, 다른 물건을 만지작거리거나, 옆에 있는 엄마에게 말을 거는 식으로 집중하지 못하는 경우가 태반이거든요. 엄마가 옆에 있으니까요. 엄마가 집중을 방해하는 장애물로 작용하는 거예요. 그런데 그런 아이를 보는 엄마 감정은 어떨까요? 화가 나겠죠. 감정을 조절하기가 어려워 아이에게 안 좋은 소리를 하게 될 겁니다. 아이의 공부정서가 나빠지는 길로 빠지게 됩니다. 그 아이는 공부 못하는 아이로 자랄 거예요. '내가 공부를 하면 엄마가 날 비난하더라'라는 도식이 머릿속에 형성되어서 공부 자체가 싫어지게 될 테니까요.

엄마표 학습에서 엄마는 아이가 완전학습을 잘 수행했는지 최종적으로 점검하고 평가하는 조언자의 역할이면 충분합니다. 좋은 팁 하나는 아이가 오늘 끝내야 하는 복습 부분에 대한 학습을 끝낸 다음, 엄마 앞에서 선생님이 되어 설명을 해 보라고 하는 겁니다. 엄마는 아이의 설명을 들으며 중간중간 피드백을 주시고 개념이 완전히 숙지되었는지 확인합니다. 적절한 질문으로 아이가 개념들 간의 통합적인 연계 정보도 제대로 학습했는지 확인하고요. 따라서 엄마도 아이가 배우는 학습 내용에 대해 교과서와 익힘책들을 가지고 완전학습을 수행해 주셔야 합니다. 교과서에 있는 내용을 아이에게 가르치기 위함이 아니라, 아이가 제대로 완전학습을 수행하였는지를 '점검하기 위해서'입니다. 엄마가 아이의 학습 내용을 잘 모른다면 아이가 완전학습을 제대로 수행했는지 점검할 수가 없으니까요. 아이가 완전학습을 제대로 수행했다고 판단되면 아이를 칭찬해 주시고, 그 후부터는 온전히 아이의 자유 시간이 되는 겁니다. 완전학습이 안 되었다고 판단되면 미진한 부분에 대해 아이에게 피드백을 주고 다시 해 보라고 권해 줍니다. 완전학습은 완성이 될 때까지 하는 학습이기 때문이죠.

어떤 부모님들은 아이가 짧더라도 매일 정해진 시간에 공부하는 습관을 들였으면 한다고 말씀하십니다. 그런데 사람의 집중력은 시간으로 발휘되는 것이 아닙니다. 집중력은 해야 되는 일이 있을 때 발휘되는 것이지, 그 시간엔 무조건 공부를 해야 된다는 식으로 강요하면 집중하기 어렵습니다. 그래서 시간을 기준으로 아이의 공부 습관을 들이려고 한다면 실패하실 거예요. 공부는 '과제 기준'으로 하는 겁니다. 완전학습도 과제를 기준으로 하는 거고요. 물론 학습 스케줄을 세우는 것은 좋은 일이지만 스케줄도 시간이 아니라 과제를 기준으로 세워야 합니다.

또 엄마표 학습은 비교과 사교육과도 쉽게 조율할 수 있게 해 줍니다. 어떤 부모님들은 아이가 피아노, 태권도, 수영, 바이올린, 미술, 발레와 같은 비교과 사교육에 참여하고 있는데, 학교 공부와 이것들을 어떻게 조율해야 하는지를 물어보셨습니다. 아이가 이런 비교과 사교육들에 참여하는 것을 너무 좋아해서 그만두게 하는 것이 어려운데, 그러다 보니 공부할 시간이 없어 고민이란 거죠. 학생에게 1순위는 학업입니다. 학습 결손 없이 해당 학년에서 이해해야 하는 학습 내용들을 완전히 숙지하는 게 첫째 목표가 되어야 해요. 대학 진학을 목표로 하고 있다면 이것은 너무도 당연한 이야기 아닙니까?

아이가 피아노, 태권도, 미술, 발레를 아무리 좋아한다고 해도 그것들은 어디까지나 2순위일 뿐입니다. 아이가 예체능 커리어를 밟으려고 한다면 다른 이야기가 되겠지만, 그게 아니라면 현행 진도의 완전학습이 언제나 1순위가 되어야 합니다. 현행 완전학습을 하고 나서 남는 시간에 비교과 사교육을 하는 것이지, 비교과 사교육 때문에 완전학습을 할 시간이 부족해서는 안 된다는 걸 기억해 주세요.

최근 태블릿 등을 활용해 공부하는 스마트교육 콘텐츠가 많이 나오고 있습니다. 그런 걸 학습에 활용해 보는 건 어떨까요? 하지만 스마트교육 콘텐츠도 결국 학습 도구일 뿐입니다. 문제집도 학습 도구이고, 사교육도 학습 도구인 것과 마찬가지예요. 따라서 스마트교육 콘텐츠도 아이가 완전학습을 완성하는 데 도움이 된다면 선별적으로 사용할 수 있습니다. 하지만 엄마표 학습의 정의가 아이가 자기주도적으로 학교 수업과 교과서를 중심으로 한 완전학습을 수행해 낼 수 있도록 엄마가 도와주는 일임을 고려해 본다면 스마트교육 콘텐츠를 사용하지 않는 편이 더 낫다고 생각합니다. 특히 요즘은 디지털교과서가 워낙 잘 만들어져 있어서 굳이 사교육 업체가 만든 스마트교육 콘텐츠를 사용할 필요가 없습니다. 어디까지나 학교 수업과 교과서 중심의 완전학습을 수행하는 일이 엄마표 학습의 목표라고 본다면 학습 도구들은 최대한 단순하게 꾸리는 것이 좋기 때문입니다.

엄마표 학습을 할 때 부부가 이에 대해 잘 합의하는 것도 중요합니다. 엄마는 열심히 아이를 도와주려고 하는데, 아빠는 옆에서 TV 보고 컴퓨터 하고 술을 마시면 시너지가 날 수 없어요. 따라서 엄마는 본인 스스로 완전학습에 대해 배운 뒤 자신감을 가지고 남편과 엄마표 학습에 대해 합의를 보는 것이 좋습니다. 종종 남편 입장에선 "그렇게 하는 게 되겠어?" 하면서 의심이 생길 수 있기 때문이죠.

엄마표 학습의 시기를 놓쳤을 때

엄마표 학습의 시기를 이미 놓쳐 버렸다면 어떻게 해야 할까요? 아이가 고등학교 입학을 목전에 두고 있거나, 아니면 이미 고등학생이라면요? 그런데 아이가 학습 결손 때문에 성적이 좋지 않다면 어떡할까요?

　이때는 두 가지에 초점을 맞춰서 문제를 해결하셔야 합니다. 첫 번째로 아이와 부모의 관계를 긍정적으로 바꾸셔야 합니다. 다 그런 것은 아니지만, 대체로 아이의 공부 문제를 뒤늦게 인지하는 부모님의 경우엔 아이와의 관계 역시 좋지 않습니다. 부모 자녀 관계가 긍정적인 가정의 경우 대개 아이가 학습 결손 문제를 겪진 않거든요. 학습 결손 문제가 심각해졌는데도 그런 문제를 인지하지 못할 만큼 부모 자녀 관계가 긍정적이지 못한 경우가 대부분입니다. 그런 가정의 아이는 그 나이에 가지고 있어야 할 심리사회적 능력을 잘 계발하지 못했고, 공부정서 또한 긍정적이지 않아 학습 결손이 생겼음에도 그것이 방치되었던 경우가 많습니다. 따라서 아이가 현재 공부를 못한다고 생각된다면 부모님께선 아이와 과연 긍정적인 관계를 유지하고 있는지를 점검해 보세요. 그리고 아이와의 관계를 긍정적으로 변화시키기 위해 양육에 대한 기초 지식을 최소 1년 이상 꾸준하게 학습하셔야 합니다.

　시간이 흐르면서 아이와의 관계가 부정적으로 변하는 이유는 대부분 부모님들이 양육 지식을 명확히 이해하고 있지 못하시기 때문입니다. 어떤 부모님도 아이와 관계가 망가지는 걸 원하지 않으실 겁니다. 단지 양육 지식을 제대로 배운 적이 없으시기 때문에 아이와의 관계가 망가지는 것뿐입니다. 알면 그렇게 하시지 않았을 텐데 모르니까 나의 습관대로, 나의 가치관대로 아이를 대하다가 아이가 망가지는 것입니다. 해서는 안 되는 행동을 하고, 해야 되는 행동은 안 하기 때문입니다. 하지만 이런 문제는 부모님이 양육에 대한 지식을 깊이 이해하게 될 때 대부분 해결됩니다. 부모님께서는 그저 양육에 대해 깊이 공부하시면 됩니다.

학습 결손이 있는 아이는 현재 학년이 어떻든 간에 과거에 놓쳤던 학습 내용들을 완전학습으로 다시 공부해야만 합니다. 지난 학년의 교과서들을 준비해서 현재 학교 수업에서 진도 나가는 것과 별개로 학습 결손이 난 부분들을 하나하나 메꾸는 작업을 해야 합니다. 또 아이가 고등학생이라면 엄마표 학습을 하기엔 시기적으로 너무 늦었고 엄마가 고등학교 공부를 돕는 것도 어려우므로, 그럴 때엔 완전학습을 어떻게 하는지 체계적으로 배울 수 있는 사교육 온라인 프로그램인 '스터디코드'를 활용해 보는 걸 고려해 보세요.

그러나 이 프로그램도 어느 정도 성과를 볼 수 있을 뿐이지, 최대의 성과를 보기엔 어려울 겁니다. 초중등 시절에 완전학습을 연습하지 않았고 또 학습 결손이 있는 상태라면 공부법을 배울 수 있을 정도로 지적 성장을 하지 못했을 가능성이 큽니다. 공부법 또한 학습 내용의 한 가지 종류이며 수학 공부 이상으로 추상적이고 깊은 이해를 필요로 하는 지적 기술이기 때문에 공부를 열심히 해 본 경험이 없는 학생들은 스터디코드 강좌를 수강한다 하더라도 공부법을 쉽게 이해하지 못할 것입니다.

엄마표 학습의 목표는 초등학교 기간 동안 아이의 완전학습 습관을 완성하는 것입니다. 초등학교 시절에 완전학습 수행 수준이 일정 경지에 다다른 아이들이 중고등학교 때엔 더 비상할 수 있도록 천천히, 꾸준히 완전학습을 연습하는 것이 엄마표 학습입니다. 엄마표 학습은 학습 능력과 관련해선 조기교육이라고 할 수 있는데, 그것은 중고등 시기를 대비한 부모의 선물과도 같습니다.

※ '스터디코드'는 서울대학교 합격생들을 오랜 시간 분석하여 체계적으로 정립한 고등학생 입시 전문 공부법 프로그램입니다. 이를 고등학생이 된 아이가 잘 활용할 수 있다면 어느 정도의 성과를 볼 가능성이 있습니다. 스터디코드는 학습 이론과도 잘 부합하며 수천 명의 서울대학교 합격생들의 실제 공부 사례들을 기반으로 만들어졌기 때문에 입시를 준비하는 학생들에게 권장할 만한 프로그램입니다.

엄마표 학습의 근본은
'완전학습'입니다

부모님들은 대체로 완전학습의 필요성에 대해 공감하지만 구체적으로 그것이 무엇인지는 이해하지 못하실 겁니다. 학습에 관한 이런 이론적 지식은 세상에 잘 알려지지 않은 특수한 지식이기 때문입니다. 완전학습을 할 수 있는 학생들은 지금까지 극소수였습니다. 이런 지식이 세상에 잘 알려지지 않았기 때문에 명문대에 가는 학생들이 많지 않은 것입니다. 그리고 앞으로도 그 수가 크게 늘어나지 못할 거고요. 일반적으로 초중고등학교 공교육 시스템 내에선 학생들이 완전학습을 연습하지 못하게끔 되어 있기 때문입니다. 학교에선 학생들에게 교과목을 가르칠 뿐 학습을 어떻게 수행해야 하는지는 가르쳐 주지 않습니다. 선생님들조차 완전학습을 어떻게 가르쳐야 하는지 방법을 모르는 분들이 많아요.

이어지는 내용부터는 완전학습이란 것이 과연 무엇인지, 그 개념과 학습 도구별로 또 학습 시기별로 완전학습이 어떻게 이루어져야 하는지를 다뤄 보겠습니다. 부모님께서 완전학습에 대한 개념을 정확히 이해하셔야만 아이를 제대로 도와줄 수 있을 테니까요.

완전학습이란 무엇인가

'완전학습'은 영어로 '매스터리 러닝Mastery Learning'이라고 합니다. 한국어로도 뭔가를 마스터한다는 말을 하잖아요. 따라서 완전학습이란 것은 학습 내용을 마스터한다는 것을 의미합니다. 학습이 100% 이루어지는 것이 완전학습입니다. 터무니없는 표현으로 들릴 수도 있습니다. 학습이 100% 수행되었다면 100점이 나와야 할 테니까요. 대신 완전학습은 학습이 100% 완성될 때까지, 그러니까 학습 내용이 완전히 숙달될 때까지 여러 가지 학습 활동을 수행하는 것을 말합니다.

완전학습의 개념은 블룸Bloom이라는 교육심리학자가 처음 제안한 것입니다. 블룸은 완전학습을 위해 달성되어야 하는 학습 목표를 '기억하기'부터 '창작하기'까지 총 여섯 가지 위계로 나눴습니다. 그리고 '완전학습이 이루어진다는 것'은 학습자가 기억

- 창작하기
- 평가하기
- 분석하기
- 적용하기
- 이해하기
- 기억하기

하기부터 창작하기까지의 6단계를 종합적으로 수행하는 것을 의미한다고 덧붙였습니다.

　우리가 유념해야 할 것은 이 모든 학습 활동이 '기억하기'부터 '창작하기'까지 단계적으로 진행되는 것이 아니라, 순서와 상관없이 진행될 수도 있다는 것입니다. 아이가 처음 배우는 개념의 정의를 읽은 뒤 연습 문제를 풀며 읽은 것을 '적용'해 보고, 기존에 배웠던 것들과 비교하며 '분석'해 보고, 자신의 생각을 덧붙여 '평가'해 보고, 배웠던 것들을 최종적으로 설명해 보면서 완전한 '이해'에 다다르면, 학습 내용이 자연스럽게 '기억'되는 겁니다. 상황에 따라 분석을 먼저 할 수도 있고, 적용을 나중에 할 수도 있으며, 평가를 가장 먼저 할 수도 있고, 또 이들 활동을 반복할 수도 있습니다. 중요한 것은 이 학습 활동들을 충분히 골고루 경험해 봐야 완전학습에 다다를 수 있다는 점입니다.

　이 피라미드는 아래에서 위로 갈수록 고차원적인 학습 활동을 의미합니다. '기억하기'는 가장 저차원적인 학습 활동이고, '창작하기'는 가장 고차원적인 학습 활동이죠. 고차원적인 학습 활동에 속하는 적용, 분석, 평가, 창작 활동을 많이 하면 할수록 저차원적인 학습 활동인 이해하기, 기억하기가 훨씬 수월하게 진행될 수 있습니다.

저차원적 학습 활동: 기억하기, 이해하기

학습의 가장 기본 활동은 '기억하기'입니다. 우리가 공부를 하는 일차적인 이유는 학습 내용을 기억하기 위해서예요. 내용을 기억해야 관련 문제들을 풀 수 있으니까요. 그러니 학습 내용을 기억하는 건 공부를 잘하기 위한 필수 조건 중 하나입니다.

교육학자 메릴Merrill은 우리가 기억해야 할 학습 내용의 종류로 네 가지를 제안했습니다. '사실, 개념, 절차, 원리'입니다. 교과서에 나온 학습 내용들을 살펴보면 그것들이 대부분 사실과 생각을 진술하거나, 개념을 제시하거나, 절차를 설명하거나, 원리를 설명하는 것으로 이루어져 있다는 걸 알 수 있습니다.

특히 국어나 영어 교과서는 대부분의 학습 내용이 사실과 생각으로 이루어져 있습니다. 수학 교과서에는 개념과 원리 위주의 학습 내용이 많고, 과학 교과서에는 원리와 실험 절차에 관한 내용이 많이 나오죠. 과목의 특성에 따라 중심이 되는 학습 내용은 다르지만 아이가 학교에서 배우는 것들은 대부분 이런 네 가지 종류의 지식들입니다. 네 가지 학습 종류에 따라 완전학습을 다시 정의 내리면 완전학습이란 '사실, 개념, 절차, 원리라는 학습 내용들을 적용해 보고, 분석해 보고, 평가하여 최종적으로 완전한 이해에 다다르는 것'을 의미합니다. 이렇게 완전한 이해에 다다르면 자연스럽게 기억이 되는 것이고요.

이런 맥락에서 '기억하기'라는 학습 활동은 '암기'와는 분명히 구분해야 할 필요가 있습니다. 학습 내용을 기억하는 일은 고차원적인 학습 활동을 통해 자연스럽게 이뤄져야 하는 것이지, 회독공부법처럼 여러 번 반복해서 암기하는 방식으로 기억하는 활동은 아이에게 지루하고 재미없는 공부 경험만을 남길 뿐입니다. 특히 수학이나 과학 같이 개념과 원리를 강조하는 과목은 반복을 통해 기억하기보단 철저한 이해를 통해 자연스럽게 기억되는 방식으로 공부해야 성과가 나오는 과목들이죠.

고차원적 학습 활동: 적용하기, 분석하기, 평가하기, 창작하기

그럼 고차원적 학습 활동인 '적용하기, 분석하기, 평가하기, 창작하기'는 무엇을 한다는 것인지 궁금하실 겁니다. 지금부터는 이것을 실제적인 학습 활동과 연관 지어 설명해 보겠습니다.

'적용하기'의 한 가지 예는 학습 내용에 대한 이해를 바탕으로 연습 문제를 풀어 보는 것입니다. 새롭게 배운 사실, 개념, 절차, 원리가 어떤 연습 문제를 풀 때 어떻게 적용되는가에 대한 이해를 얻는 과정을 말합니다. 초중등 과정에선 교과서와 익힘책, 과학 실험책 등을 통해 적용하기 연습을 충분히 할 수 있습니다.

이 과정에서는 문제 풀이의 양에 매달리기보다는 교과서와 익힘책에 나온 문제 정도만 잘 풀어 보는 것이 좋습니다. 여기에 대해서는 이후에 좀 더 자세히 설명하겠습니다.

개인적으로 '분석하기'는 완전학습을 구성하는 활동 중 백미라고 생각합니다. 분석한다는 것은 학습 내용들 간의 연관 관계를 찾는 활동을 의미합니다. 어떤 개념들을 서로 비교하는 일이 분석하기에 포함되는 학습 활동입니다. 초등학교 3학년 과학 시간에는 물질의 상태에 대해 배우게 되는데, 물질의 상태에는 고체, 액체, 기체 이렇게 세 종류가 있습니다. 이 세 가지 개념들이 어떻게 다르고 비슷한지 비교해 보는 것이 바로 분석하기에 해당됩니다. 또 학습 내용을 한눈에 보기 쉽게 마인드맵을 통해 구조화하는 일도 분석하기에 해당됩니다. 개념의 구조화를 통해 개념 간의 상관 관계에 대한 새로운 지식을 학습하게 되며, 개념들 간의 위계에 대해서도 이해가 깊어지죠. 그렇게 되면 교과서에는 단순하게 나열식으로 설명되었던 학습 개념들이 가시적으로 서로 어떤 관계를 이루며 존재하는지 표현됩니다. 예를 들어 소인수분해라는 개념이 여러 부개념들과 어떤 관계를 이루며, 중간에서 어떤 역할을 하는지가 더 정확히 이해되는 거죠.

마지막으로 '평가하기'는 학습 내용에 대한 자신의 판단, 생각을 표현하는 활동을 의미합니다. 평가를 한다는 것은 학습 내용을 그냥 수동적으로 받아들이는 것이 아닌, 학습 내용을 나에게 더 의미 있게 만들어 주는 능동적인 학습 활동이죠. 예를 들어 3학년 사회 과목에서 가족의 구성과 역할 변화에 대해 배우는데 이때 삼촌, 숙모와 같은 가족 호칭에 대해 나옵니다. 이런 학습 내용에 대해 그냥 무비판적으로 받아들이기보다는 한국의 이런 호칭 문화가 불편한 관습이라는 평가까지 내린다면 이 학습 내용이 나에게 더욱 의미 있게 다가오게 됩니다. 학습 내용의 이해는 물론 기억까지 훨씬 잘되겠죠.

적용하기, 분석하기, 평가하기와 같은 고차원적인 학습 활동들을 하고 나면 학습 내용이 무척 잘 이해됩니다. 그리고 이해한다는 것은 학습 내용들을 나의 언어로 설명할 수 있다는 것을 의미하죠. 사실, 개념, 절차, 원리에 대해 설명해 보는 활동은 완전학습을 구성하는 필수 활동 중의 하나이기도 하고요. 따라서 학습 내용을 아이가 잘 이해하려면 누군가에게 설명하는 학습 활동을 해 보는 것이 좋습니다. 일명 '선생님 놀이'인데, 아이가 공부한 것을 엄마 앞에서 가르치듯 설명하는 시간을 가져 보세요. 아이가 잘 설명했다면 그 내용을 잘 이해한 것입니다. 하지만 설명 중간에 머뭇거리거나 당황한다면 학습 내용을 잘 이해하지 못한 것이니 다시 공부할 수 있도록 지도해 주세요.

마지막으로 '창작하기' 부분은 우리나라 교육과정의 특성상 생략하는 것이 더 효율적입니다. 모든 수업 후에 프로젝트 방식으로 뭔가를 창작해 보는 과정이 추가된다면 정말 금상첨화겠지만 엄마표 학습에서는 현실성을 반영해 기억하기부터 평가하기까지의 학습 활동만을 완전학습의 범위로 간주합니다. 이것이 대한민국에서 학교를 다니는 아이가 혼자 할 수 있는 최대의 학습 활동이기 때문입니다.

완전학습의 꽃,
개념 학습

앞서 학습 내용의 종류엔 네 가지가 있다고 말했습니다. 사실, 개념, 절차, 원리였죠. 이 중에서 완전학습을 위해 특히 신경 써 학습해야 할 것이 바로 '개념'입니다. 개념이 사실을 만들고, 절차와 원리를 기술하는 근본이 되기 때문이죠. 개념이 이해되지 않는다면 나머지 다른 학습 내용을 이해하는 일에 어려움을 겪을 수밖에 없습니다.

개념의 정의 × 메타인지

개념은 다른 말로 하면 지식을 의미합니다. 또 개념은 자신만의 유일한 뜻이나 특성을 가지고 있어서 다른 개념들과 뚜렷하게 구별된다는 특징이 있습니다. 지식의 일반적인 단위로 볼 수 있기 때문에 저차원적인 개념도 있고 고차원적인 개념도 있죠. 게다가 개념은 각각 그 개념을 유일하게 만들어 주는 '정의'를 가지고 있습니다. 이것이 핵심입니다. 개념 학습에서 가장 핵심적인 학습 활동은 바로 '개념에 대한 정의를 이해하는 일'이거든요.

하지만 교과서에선 '이것이 개념이고, 이것이 개념의 정의입니다'라고 친절하게 기술해 주지 않기 때문에 학습자가 교과서를 보면서 '이것이 새로운 개념이구나', '이것이 개념의 정의구나' 하고 확인하면서 공부해야 합니다. 즉 개념을 구분해 내는 메타인지가 있어야 한다는 겁니다. 예를 들어 초등학교 1학년 수학에서 짝수의 개념이 처음 나옵니다. 교과서에서 짝수를 찾아 보니 '2, 4, 6, 8, 10과 같이 둘씩 짝을 지을 수 있는 수를 짝수라고 합니다'라고 설명합니다. 그러면 아이는 '이것이 짝수라는 개념을 설명하는 정의구나' 판단하고 밑줄을 치든가, 형광펜으로 표시하든가, 아니면 별표를 치든가 하는 식으로 특별히 눈을 더 크게 뜨고 봐야 한다는 거죠.

완전학습 맥락에서 '개념의 정의'라는 것은 나중에 아이가 엄마 앞에서 설명하는 학습 활동을 할 때 반드시 기억하고 있어야 하는 부분입니다. 개념의 정의를 이해하고 기억하는 것은 완전학습에서 가장 기본이 되는 학습 활동이기 때문이죠. 그 수준은 개념의 정의를 자신의 말로 표현할 수 있을 정도면 충분합니다. 하지만 이렇게 되려면 아이는 그 개념을 이해하기 위해 집중해야 하고 이를 위해 많은 시간을 투자해야 할 겁니다. 이 과정은 아이가 감당하기에 어렵고 복잡한 일이지만 끈기를 가지고 인내하여 개념 이해를 달성하는 아이들은 결국 높은 성적을 받습니다. 앞서 언급한 수능 만점자 아이를 키워 낸 어머니가 아이에게 가장 강조했던 부분이 바로 '개념 학습'이었다는 것을 기억하셔야 합니다.

개념 표현 × 한자어

그다음 아이가 교과서를 가지고 공부할 때 항상 신경 쓰고 확인해야 할 부분은 교과서 지문에 사용된 '한자어'입니다. 한국어의 약 70%는 한자어로 되어 있습니다. 이것은 우리나라의 학문이 옛날부터 중국과 밀접한 연관을 맺어 왔기 때문에 생긴 역사 문화적인 결과입니다. 현재도 우리나라 학자들은 어떤 새로운 개념을 설명할 때 우리의 고유어보단 한자어를 훨씬 더 많이 사용합니다. 개념을 표현하는 데는 한자어를 사용하는 것이 훨씬 더 명시적이고 함축적이기 때문입니다.

그런데 한자어는 공부를 하는 학생들이 받아들이기에 상당히 불편한 표현 방식입니다. 교과서에 사용되는 한자어는 우리에게 익숙하지 않은 것들이 많아 직관적으로 이해하기가 어렵거든요. 따라서 교과서 지문에 한자 용어가 나왔다면 사전이나 검색 등을 활용해 용어 자체에 대한 학습까지도 완전하게 끝내야 합니다. 예를 들어 초등학교 3학년 사회 교과서에선 가족 구성원 간에 일어나는 '갈등'을 해결하는 방법에 대한 내용이 나옵니다. 사회 교과서 집필진은 갈등이란 용어가 어려운 단어라고 판단해 용어에 대한 설명도 간략히 기술해 놓았습니다. 설명을 보니 "갈등은 서로 생각이나 마음이 맞지 않아 다투는 상황을 말한다"라고 되어 있네요. 그런데 우리는 완전학습을 한다는 관점에서 갈등이란 단어의 뜻만 이해하고 끝낼 것이 아니라, 갈등이란 한자어까지 학습해야 합니다.

국어사전을 찾아보면 '갈葛'은 칡이라는 식물을 뜻하고, '등

藤'은 등나무를 뜻함을 확인할 수 있습니다. 그리고 국어사전에서 '갈등'은 "칡과 등나무가 서로 얽히는 것과 같이, 개인이나 집단 사이에 목표나 이해관계가 달라 서로 적대시하거나 충돌하는 것 또는 그런 상태"를 의미한다고 설명되어 있습니다. 이정도 설명 이면 아이가 갈등의 뜻을 이해할 수 있을 겁니다. 그러나 우리는 완전학습을 해야 합니다. 칡과 등나무가 서로 얽혀 있는 모습을 본 적이 없는 아이에게는 이 정도의 설명으론 부족합니다. 따라 서 인터넷 검색으로 실제 칡과 등나무가 얽혀 있는 모습을 찾아 서 확인해 보는 것이 좋아요. 심지어 유튜브에는 갈등에 대해 설 명해 주는 영상이 있습니다. 이렇게 찾은 자료들을 바탕으로 갈 등이란 한자 용어에 대해 이해해 보자면, 칡은 왼쪽으로 등나무 는 오른쪽으로 감아 올라가는 특성을 가지고 있는데 이 둘이 함 께 자라게 되면 한데 엉켜 서로 풀어서 떼어 놓는 일이 너무나 힘 들어집니다. 갈등이 바로 이런 상황을 뜻합니다. 이렇게 단어의 개념을 익히면 아이는 풀기 힘든 문제가 발생했을 때 서로 생각 이나 마음이 맞지 않아 다투는 상황을 뜻하는 갈등의 의미를 절 대 잃어 버리지 않을 겁니다.

학년이 올라갈수록 아이들이 교과서를 읽는 일을 힘들어하 는 이유는 한자 용어에 대해 분명히 이해하지 않고 대충 넘어가 던 공부 습관 때문입니다. 완전하게 이해하지 않고 넘어가다 보 면 어느 시점부터 글을 읽어도 해석이 되질 않는 상황에 봉착하 죠. 그런 일을 막으려면 어렸을 때부터 교과서에 나오는 한자어 들은 물론, 국어 어휘들도 정확하게 이해하고 넘어가는 완전학습 습관을 훈련해야 합니다. 학년이 올라갈수록 교과서에 사용되는 한자어 비중은 높아지고, 이 한자어로 조합되어 새로운 개념을 만들어 낼 겁니다. 그러니 한자어를 깊이 이해할수록 어떤 과목을 공부하든 교과서 지문을 쉽게 이해할 수 있을 것입니다.

초등학생 자녀를 둔 학부모님들이 교과서로 어떻게 공부를 시켜야 하는지 모르겠다는 말씀을 많이 하십니다. 하지만 제가 알려드린 개념 이해 방식으로 교과서에 사용된 한자어만 공부해도 꽤 많은 시간이 소비될 겁니다. 교과서를 제대로 읽으려면 상당한 시간이 필요합니다. 그래서 완전학습을 하게 되면 사실 사교육에 투자할 시간 여유가 잘 나질 않는 것이 정상입니다.

개념 이해 × 문제 풀이

개념의 정의를 명확하게 인지하는 일은 문제 풀이에서도 필수적입니다. 공부 실력을 올려 주는 근본적인 학습 활동은 개념을 이해하는 학습 활동이지 문제 풀이가 아닙니다. 문제 풀이는 개념을 이해하고 응용하는 것을 평가하는 일일 뿐, 문제를 풀기 전에 반드시 선결되어야 하는 과제는 개념을 이해하는 일입니다. 문제를 푼다고 개념이 이해되는 것이 아니라 개념을 먼저 철저하게 이해해야 문제 풀이가 수월해진다는 겁니다. 문제 풀이 위주의 공부가 실패하는 이유는 문제 풀이에만 집중한 나머지 개념 이해를 등한시했기 때문입니다.

아이가 수학 교과에서 사각형이라는 개념을 처음 배웠다고 가정해 보죠. 사각형이라는 개념의 정의는 '네 개의 선분으로 둘러싸인 도형'입니다. 모든 개념은 자신을 기술하는 유일한 정의를 가지기 때문에 다른 개념들과 구별될 수 있습니다. 따라서 사각형은 그 정의에 따라 삼각형과 구별되고, 원과도 구별됩니다. 이제 사각형이란 개념의 정의를 대략적으로 이해한 상태에서 다음과 같은 문제들을 통해 적용하는 연습을 해 볼 수 있습니다. 적용한다는 것은 개념들을 분명히 구분할 수 있는지를 연습하는 것이기도 합니다. 직접 해 보시길 바랍니다.

이것은 사각형입니까?

네, 사각형이죠. 학생들도 사각형이라고 대답을 잘 합니다. 그럼 이건 어떻습니까?

이것도 사각형입니까?

이 문제에선 고민이 되죠. 사각형처럼 생겼는데 흔히 보던 사각형은 아니거든요. 그래서 대부분의 학생들은 약간 머뭇거리다가 이것 역시 사각형이라고 말합니다. 감으로 찍는 겁니다. 그런데 이것은 사각형이 아닙니다. 네 개의 선분은 존재하지만 좌측 하단에 있는 선분이 연결되지 않아 완전히 둘러싸지를 못해 사각형의 정의에 부합하지 않기 때문입니다. 이런 초등학생용 문제를 대부분의 중학생조차 맞히지 못하는 이유가 무엇이겠습니까? 개념 학습을 제대로 안 했기 때문입니다.

개념 학습의 기본은 개념의 정의를 이해하고 개념의 정의에 부합하는 사례들과 비사례들을 잘 구분하는 연습을 하는 겁니다. 이 질문에 대해 대부분의 중학생조차 정답을 말하지 못한 이유는 앞서 사각형에 대한 개념 정의를 충분히 이해하지 못해 개념을 구분할 능력이 없기 때문입니다. 아이가 개념 정의를 충분히 이해하고 있었다면 이 도형을 보자마자 이것이 사각형이 아님을 알아차렸을 겁니다.

대부분의 학생들이 개념 학습을 제대로 하지 못하는 이유는 이에 대한 메타인지가 없어서이기도 합니다. 개념 학습이 중요하다는 사실과 그걸 어떻게 해야 하는지에 대한 감각이 없기 때문에 개념을 충분히 이해하려는 활동은 하지 않고 수학 문제 풀이만 열심히 하기 때문입니다. 수학 공부를 문제 풀이 위주로 하니 실력이 오르질 않는 겁니다. 그럼 이제 다음 질문입니다.

← 이것은 사각형입니까?

일반적으로 보던 사각형의 모습이 아니기에 아이들 대부분은 사각형이 아니라고 대답합니다. 이 또한 사각형이란 개념을 이해하지 못했다는 증거예요. 이 도형은 네 선분이 존재하고 선분 간에 끊어진 곳 없이 도형을 둘러싸고 있습니다. 그래서 이 도형은 사각형의 정의에 부합하고, 따라서 이 도형은 사각형입니다. 개념의 정의를 분명하게 이해한다면 앞선 문제에서처럼 개념에 해당하는 사례들과 해당하지 않는 비사례들을 구분할 수가 있고, 이런 구분 능력은 모든 학습에서 기본 중의 기본이 되는 능력입니다.

여기에서 확인할 수 있었던 것처럼 완전학습을 구성하는 기본 학습 활동은 개념 학습이어야 합니다. 개념이 이해되어야 학습 내용의 나머지 부분들인 사실, 절차, 원리도 이해가 가능하고, 완전학습에 이르게 하는 학습 활동인 적용하기, 분석하기, 평가하기도 가능해집니다.

완전학습 전략 4

완전학습의 핵심은 개념 학습에 있다는 것을 확인했습니다. 지금부터는 어떤 전략을 활용해 개념 학습을 잘 수행할 수 있는지 고민해 봐야 합니다. 개념 학습을 잘하려면 네 가지 완전학습 전략이 필수입니다. 이 네 가지 전략을 잘 활용한다면 아이의 학습이 완전학습에 가까워지게 될 겁니다. 완전학습을 위해 학습자가 반드시 연습을 통해 습득해야 할 학습 전략은 바로 '조직화 전략, 유의미화 전략, 메타인지 전략, 예습-복습 전략'입니다.

조직화 전략

영어로는 오거나이징 Organizing, 즉 학습 내용들을 어떤 기준에 따라 적절하게 분류해서 조직하는 학습 전략을 의미합니다. 학습 내용을 조직해야 하는 이유는 우리의 뇌엔 정보를 조직해서 정리 하려는 특성이 있기 때문입니다. 학습 내용을 조직해서 기억하려 고 할 때 이해와 기억이 훨씬 잘됩니다. 여러 가지 학습 도구를 사 용하여 학습 내용을 조직화할 수 있는데, 제가 추천하는 조직화를 위한 학습 도구는 '마인드맵'입니다. 수학 교과에서 소인수분해라 는 단원에 대해 배우고 학습 내용들을 다음과 같이 마인드맵으로 정리하는 것이 바로 조직화 전략을 사용한 한 가지 예가 됩니다.

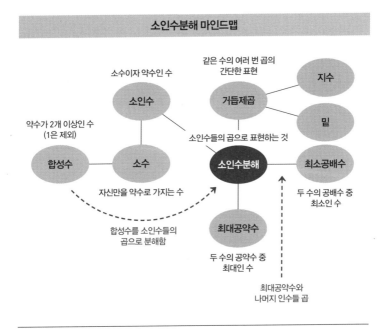

이렇게 개념들에 대한 조직화 작업을 하게 되면 개념들 간의 상관관계를 학습할 수 있고 개념들 간의 위계에 대해서도 이해가 깊어지면서 교과서에선 단순하게 나열식으로 설명되었던 학습 개념들이 가시적으로 서로 어떤 관계를 이루며 존재하는지가 표현됩니다. 즉 소인수분해라는 개념이 여러 가지 관련 부개념들과 어떤 관계를 이루며, 중간에서 어떤 역할을 하는지가 더 쉽고 정확하게 이해되죠.

이는 블룸의 학습 위계에서 '분석하기'에 해당하는 활동이기도 합니다. 분석하기 활동이 무엇이었습니까? 학습 내용들 간의 연관 관계를 찾는 활동이었습니다. 이런 분석하기 활동을 하지 않으면 고등학교에서 상위권에 올라가는 일은 불가능합니다. 고등학교 과정에선 수많은 개념들이 나오고, 그것들이 점점 확장되면서 학습 내용의 난도와 복잡성이 증가하기 때문입니다.

새로운 개념을 배운다는 것을 뇌과학적으로 설명하자면 내 두뇌 안에 있는 기존의 지식 체계에 새로운 개념을 추가해서 끼워 맞춘다는 것을 의미합니다. 새로운 물건을 사서 창고에 정리해 놓는 것과 비슷한 이치입니다. 전에 없던 새로운 물건을 창고에 넣어 함께 저장해야 하니 정리가 필요하겠죠? 나의 지식 체계가 잘 조직화되어 있다면 새로운 개념을 배우더라도 그것을 어느 위치에 끼워 맞춰야 되는지가 분명해져, 그 개념이 내 지식 체계에 수월하게 동화될 수 있습니다. 하지만 지식 체계가 조직화되어 있지 않은 사람은 새롭게 등장한 개념을 어디에 위치시켜야 하는지 판단하기가 쉽지 않아서 그 개념들이 뇌에 정착하지 못하고 둥둥 떠다니게 됩니다. 여러분이 새로운 물건을 사서 집에 들이려고 하는데 집 안이 엉망으로 어질러져 있다면 그 물건을 어디에 놓으시겠습니까? 아마 갈 곳을 찾지 못한 채 다른 물건과 섞여 버리고 말 겁니다. 애초에 집 안 정리가 잘되어 있어야 새로운 물건도 들여놓을 수 있으니까요. 이와 비슷한 맥락인 겁니다.

전략 ❷
유의미화 전략

유의미하다는 말의 반대는 무의미하다는 것이죠. 우리의 뇌는 무의미한, 그러니까 쓸데없는 정보를 기억하는 것을 싫어합니다. 그 정보가 우리에게 의미 있다고 여겨져야 이해도 잘되고 기억에도 오래 남죠.

'유의미화'라는 것은 어떤 새로운 개념을 배울 때 그것을 기존에 가지고 있었던 정보들과 연결해 보는 작업을 말합니다. 이러한 연결을 많이 할수록 새롭게 배운 개념이 훨씬 더 잘 이해되고 기억하기 쉬워집니다. 원래 우리의 뇌는 이런 원리에 따라 정보를 저장하기 때문이죠. 역으로 말해 어떤 정보가 기존의 정보들과 잘 연결되지 않으면 쉽게 사라지게 됩니다. 그것은 마치 식물의 곁가지가 줄기에서 뽑힌 후 금방 시들어 버리는 것과 비슷합니다. 지식이 우리의 뇌와 연결되지 않고 정착하지 못하면 둥둥 떠다니다 사라지고 맙니다.

새롭게 배우는 학습 내용을 유의미하게 만드는 방법 중 몇 가지는 관련된 사례들을 찾아보거나, 이미지들을 검색해 보거나, 기존에 내가 알고 있던 지식과 연결해 보거나, 그 내용에 대해 평가를 내려 보는 방법이 있습니다.

1학년 수학 교과서에선 숫자의 크기 비교에 대해 설명합니다. 그래서 숫자들의 크기 비교를 표현해 주는 수학 기호들을 처음으로 배우게 됩니다. 이 기호(>)는 '보다 작다'라는 뜻이고, 이 기호(<)는 '보다 크다'라고 말이죠. 그런데 이 개념이 내게 유의미해지려면 이 개념을 어떤 정보와 새롭게 연결해 봐야 합니다. 예를 들어 '숫자의 크기를 왜 비교할까?'라는 질문을 떠올려 보고, 이 질문에 대한 대답을 스스로 찾아보는 겁니다. 스스로 질문하고 답을 찾는 과정을 수행해 봐야 공부하는 내용을 더 깊이 이해할 수 있습니다. 이런 학습 활동은 대학 입시 전형 중 하나인 학생부 종합 전형에서 학생들을 평가하는 가장 큰 평가 기준인 '학업 역량'을 기르는 대표적인 학습 방법이기도 합니다.

학업 역량이란 학생 스스로가 어떤 것을 궁금하게 여겨 질문을 떠올려 보고 그 질문에 대한 답을 스스로 찾는 활동을 자기주도적으로 해 나갈 수 있는 능력과 밀접하게 연관되어 있습니다. 대학은 입시에서 학생이 이러한 역량을 갖고 있는지를 평가하죠. 이런 능력을 선생님이나 다른 누군가가 도와줘서 길러 주기란 어려운 일입니다. 아이가 공부 시간에 스스로 해 봐야 터득되는 것이거든요. 스스로 질문을 하고 답을 찾으려는 노력을 한다면 답을 찾지 못한다고 해도 괜찮습니다. 이 과정 자체가 아이를 공부 잘하는 학생으로 만들어 줄 테니까요.

초등학교 3학년 과학 시간에는 공기의 특징에 대해 배웁니다. 공기의 특징 중 하나는 눈에 보이진 않지만 부피가 있어 공간을 차지한다는 것이죠. 이런 공기의 성질을 이용한 제품으로 이불 압축 팩이 소개됩니다. 이와 같은 학습 개념을 배울 때 유의미화 전략을 사용한다면 여기서 단순히 학습을 끝내는 것이 아니라 이에 대한 나의 생각 혹은 판단을 내려 봐야 합니다. 예를 들어 제 경우엔 이렇게 유의미화 전략을 사용해 봤습니다.

"전 이불 압축 팩이 정말 기발하고 훌륭한 발명품이라고 생각해요. 그동안 이사를 많이 다녔는데 그때마다 겨울옷과 이불을 챙겨 가는 일이 힘들고 귀찮더라고요. 겨울옷이랑 겨울 이불은 굉장히 두꺼워서 부피가 크거든요. 그래서 옮기는 것이 힘든데, 이렇게 이불 압축 팩을 이용해 압축시키면 공기가 빠져 나가 옷을 꽉 눌러 줘요. 이것은 공기가 가지고 있는 특징 덕분에 가능한 일이죠. 공기는 눈에 보이진 않지만 부피가 있어 공간을 차지하고 있기 때문이에요."

이런 식으로 자신의 경험을 교과서에서 배운 학습 내용과 연결한다면 스스로에게 더 유의미해지고 이해도도 높아지며 기억도 더 잘됩니다. 그것이 바로 완전학습에 가까워지는 길이고요.

전략 ❸

메타인지 전략

그리스의 철학자 소크라테스는 "나는 내가 똑똑하다는 것을 안다. 왜냐하면 나는 내가 무지하다는 것을 알기 때문이다"라고 말했습니다. 소크라테스의 이 말은 완전학습에서 메타인지가 무엇인지를 한마디로 잘 압축해서 표현해 줍니다. '메타인지'는 '인지에 대한 인지'를 의미합니다. 그리고 '메타인지 전략'이란 '내가 새롭게 배운 학습 내용을 아는지 모르는지를 확인 및 점검하기 위해 사용하는 전략'입니다.

공부를 잘하는 학생들은 자신이 아는 것이 무엇인지 잘 알고 있습니다. 그리고 더 중요한 사실은 그들은 소크라테스처럼 자신이 모르는 것이 무엇인지도 잘 알고 있다는 것입니다. 이 학생들은 어떤 부분을 더 공부해야 하는지, 또 언제까지 공부해야 하는지에 대한 기준을 가지고 있죠. 학습 범위가 정해져 있기 때문에 시작과 끝맺음에 대한 기준도 있어서 시간을 효율적으로 활용할 수 있는 능력을 가지고 있습니다. 반면 이런 메타인지가 없는 학생들은 자신이 무엇을 모르는지 잘 몰라 되는 대로 공부하려는 경향이 있습니다. 그런 학생들은 책상에 앉아 교재를 펴 놓고 공부를 시작하지만 무엇을 해야 되는지에 대한 기준이 없어서 손에 잡히는 대로, 비효율적으로 공부하곤 합니다.

또 메타인지가 있는 학생들은 100% 알 때까지 학습을 지속하지만, 메타인지가 부족한 학생들은 70%나 80% 정도밖에 안 했음에도 자신이 충분히 잘 준비했다고 착각해 학습을 중단해 버립니다. 그래서 아이가 분명 시험 준비를 다 했다고 했음에도 실제 점수는 100점이 아닌 70~80점밖에 안 나오는 겁니다. 그러니 아이의 완전학습을 위해서는 메타인지 전략을 잘 활용하는 것이 무엇보다 중요합니다.

  이 메타인지 전략의 대표적인 활용법으로 제가 주로 추천하는 활동 역시 '선생님 놀이'입니다. 아이가 학교에서 배운 학습 내용을 복습하는 중에 유의미화 전략을 사용해 이를 재정리하고, 마인드맵 등을 활용해 조직화한 다음 최종적으로 엄마에게 자신이 공부한 내용에 대해서 설명해 보는 패턴의 학습 활동이죠. 선생님 놀이는 교과서의 한 단원이 끝났을 때 혹은 중단원이 끝났을 때 점검 차 시도해 보는 것이 좋습니다. 선생님 놀이를 했는데 아이가 공부한 것을 엄마에게 설명할 수 없다면 학습을 잘 이해하지 못했다는 뜻입니다. 이해한 것을 잘 기억하고 있어야 설명할 수 있으니까요. 가장 이상적인 학습은 아이가 90% 정도 학습해 놓고, 선생님 놀이를 통해 나머지 10%를 채워 100%를 완성해 가는 것입니다. 배운 것을 다른 사람에게 설명하는 과정에서 새롭게 깨닫는 것들도 많으니까요. 그리고 엄마는 선생님 놀이를 통해 아이가 제대로 완전학습을 한 것인지 점검해 줄 수 있습니다. 엄마는 아이가 개념에 대한 정의, 개념과 연관된 특성들, 개념들 간의 연계 정보를 잘 설명하는지를 확인하면서 적절한 질문을 건네고, 그에 관한 피드백을 줘야 합니다. 그리고 아이가 설명을 잘 못하고 완전학습이 미진한 것 같다는 판단이 서면 완전학습이 될 때까지 다시 공부하도록 지도해 주셔야 합니다. 물론 피드백을 줄 땐 아이가 그것을 비난으로 여기지 않도록 부드럽게 권유하는 방식을 사용해야 하고요.

완전학습을 하는 최상위권 학생들의 두드러진 특징 하나는 학습을 굉장히 깊게 한다는 겁니다. 100% 완벽히 알 때까지 학습하다 보니 교과서에 나오는 개념이나 원리를 완전히 기억할 때까지 깊게 공부합니다. 그런데 중위권 이하 학생들은 메타인지가 부족해서 공부를 대충 하거든요. 학습 내용들을 전부 살펴보긴 하지만 수박 겉핥기식이라서 이들의 학습에는 깊이가 없습니다. 최상위권 학생들처럼 학습을 깊게 하는 방법은 '이게 왜 그런 거지?' 하고 궁금해하면서, 항상 가슴에 '왜'를 품고 공부하는 겁니다. '왜'를 해결하려고 노력하다 보면 학습이 깊어질 수밖에 없습니다. 학습 내용을 수동적으로 받아들이지 않고 왜 그러한지를 깐깐히 따져 보는 공부가 아이들을 완전학습으로 이끌어 줍니다.

전략 ❹
예습-복습 전략

지금까지 배운 학습 전략들인 조직화 전략, 유의미화 전략, 메타인지 전략을 잘 사용했다 하더라도 우리는 망각의 동물인지라 배운 내용들을 쉽게 잊습니다.

헤르만 에빙하우스Hermann Ebbinghaus의 「망각곡선」에 의하면 1시간만 지나도 기억의 약 50%가 사라진다고 합니다. 그리고 하루가 지나면 약 70% 이상이 사라지고, 한 달이 지나면 배운 내용이 거의 생각나지 않습니다. 무언가 대책을 세우지 않으면 공부한 보람 없이 아무것도 기억하지 못한다는 말입니다.

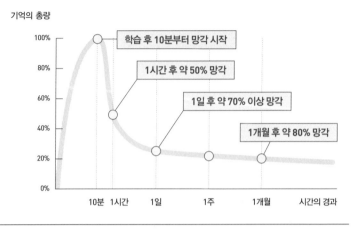

에빙하우스의 '망각 곡선'

기억의 총량

- 학습 후 10분부터 망각 시작
- 1시간 후 약 50% 망각
- 1일 후 약 70% 이상 망각
- 1개월 후 약 80% 망각

100%
80%
60%
40%
20%
0%

10분 1시간 1일 1주 1개월 시간의 경과

　여기 배운 것을 지키기 위한 가장 쉬운 방법이 있습니다. 아마 지금까지 언급된 다른 학습 전략들처럼 복잡하지 않으면서 정말 손쉽게 성적을 올릴 수 있는 방법일 겁니다. 바로 '복습'입니다. 학교 수업 시간에 배웠던 내용을 다시 보면서 완전학습을 해 보는 것이죠. 복습하는 방법은 지금까지 다루었던 세 가지 학습 전략들을 활용해서 교과서를 기반으로 공부하되, 복습 횟수는 일정한 시간 간격을 두고 최소한 3번 이상은 진행한다는 생각으로 하는 겁니다. 예를 들면 그날 배운 것은 그날 저녁에 복습하고, 주말에는 그 주에 배웠던 것을 총복습합니다. 단원평가를 본다면 그 시험 전에 또 단원 총복습을 하는 식입니다. 이런 식으로 복습 전략의 원칙은 적어도 3번 이상 하는 것이고, 만약 배운 내용이 잘 이해되지 않거나 어렵다면 시간이 허용되는 대로 더 많이 복습하는 것이 좋습니다. 공부했던 내용을 반복해서 보다 보면 처음엔 보이지 않던 혹은 이해하지 못했던 내용이 더 명확하게 보이게 되고 명확해지니 해당 내용이 장기 기억으로 저장됩니다. 완전학습에서는 새롭게 배우는 것보다 배운 것을 잊지 않는 것이 훨씬 더 중요합니다.

요즘 초등학생들은 자기들이 선행한다는 사실을 교실에서 자랑스럽게 이야기한다고 합니다. 5학년 아이들이 본인이 중학교 1학년 과정을 공부하고 있다고 뽐내듯 이야기한다는 거예요. 그런데 과연 이 아이들이 현재 학년까지의 학습 내용들을 완전히 이해했을까요? 복습을 충실하게 해서 학습 개념들과 원리들을 기억하고 있겠습니까? 대부분 그렇지 않을 거라고 확신합니다. 아마 진도를 위한 진도를 나가는 데 급급했을 테니까요. 초중등 과정에선 먼저 배우는 것이 중요한 게 아니라 반복적인 복습을 통해 배운 내용을 완벽하게 이해하고 기억하는 것이 훨씬 중요합니다. 그럼에도 불구하고 정말 많은 아이들이 선행학습을 하고 있다는 사실이 안타깝습니다. 아이들이 선행을 하게 된 이유는 분명합니다. 부모님들의 선택이었을 거예요. 요즘은 학원에서도 선행을 너무 당연시하고 있기 때문에 무시할 수도 없었을 겁니다. 그러나 부모님께서는 중심을 잡고 아이가 복습 위주의 완전학습을 할 수 있도록 지도해 주셔야 합니다. 그것이 훗날 입시라는 게임에서 아이에게 유리함을 안겨 줄 테니까요.

복습 활동이 원활하게 이루어지기 위해선 학교에서 배운 수업 내용이 어느 정도 잘 이해된 상태여야 합니다. 이것을 비율로 표현하면 수업 시간에 50%를 이해하고, 복습을 통해 나머지 50%를 채워서 100% 완전학습을 이루는 것입니다. 그런데 수업 시간을 통해 50%가 아니라 어떤 원인으로 인해 30% 혹은 20% 수준까지밖에 이해하지 못했다면 복습하는 일이 어렵고 고통스러워집니다. 또 수업 내용이 전반적으로 이해되지 않은 상태에서 복습하는 것이 비효율적이기도 하고요.

따라서 수업 내용을 일정 수준 이상 이해할 수 있도록 예습을 하는 것이 필요합니다. '예습'이란 수업에서 무엇을 배울 것인지에 대해 잠깐 동안 살펴보는 것입니다. 수업 시간에 무엇을 배울지에 대한 사전 정보가 없다면 수업에 수동적으로 끌려가게 되고 개념 이해도가 떨어질 수밖에 없습니다. 오늘 수업에서 배울 내용에 대해 예상 가능할 때 학습에 대한 통제권을 쥘 수 있고, 수업 시간에 집중도도 높아져 주도적으로 학습을 수행할 수 있습니다. 그래서 학생들은 학교 수업에 들어가기 전에 '예습'을 해야 합니다. 이번 시간에 배울 내용을 교과서를 통해 잠깐 동안 확인하는 작업만 하면 되는데, 이 작은 습관이 굉장히 큰 차이를 만들어 냅니다.

전 학창 시절에 예습을 해 본 적이 없습니다. 예습은 별로 힘들지도 않고 시간이 많이 걸리는 활동도 아닌데, 당시엔 그게 필요하다는 생각 자체를 해 본 적이 없었죠. 완전학습에 대한 메타인지가 없었기 때문에 예습을 하지 못했다는 것이 더 정확하겠네요. 수업 내용을 예상하지 못한 상태로 수업을 받게 되니 잠깐만 딴생각을 해도 앞부분의 내용을 놓쳐 개념 간의 연결 관계를 파악 못 하게 되고, 그로 인해 개념 이해가 안 되는 경우가 비일비재합니다. 이 패턴이 오랜 시간 반복되니 제 공부는 매우 비효율적이었죠. 따라서 수업을 잘 소화할 수 있으려면 예습은 필수입니다. 무방비 상태로 수업에 참여하는 것보다는 예습을 통해 오늘은 무엇을 배우게 될지, 수업 시간을 통해 궁금한 내용들을 어떻게 해결해 나갈지 고민할 수 있는 심리적인 준비 상태를 갖춘다면 수업 시간에 더 집중할 수 있을 것입니다.

정리하자면 아이는 수업 전에 '예습'을 한 뒤 '수업'에 적극적으로 참여하고, 그날 배운 내용은 집에 와서 '복습'함으로써 완전학습을 달성할 수 있게 됩니다. 이걸 '예수복(예습-수업-복습) 사이클'이라고도 부르는데, 아이가 초등학교에 다니는 동안 이 예수복 사이클을 잘 지킬 수 있도록 지도해 주신다면 아이가 중고등학생이 되어서도 학습에서의 균형과 리듬감을 잃지 않고 공부할 수 있을 것입니다.

시기별
완전학습

초등학생들은 1학기와 2학기 그리고 여름방학과 겨울방학을 보내고 나면 한 학년이 끝나게 되죠. 아이들은 각 학기와 방학을 어떻게 보내야 하는지, 또 어떻게 완전학습을 수행해야 하는지를 배워야 합니다. 그래야 나중에 중고등학생이 되어도 자신의 학습을 시기별로 어떻게 운용해야 하는지에 대한 리듬감을 가질 수 있습니다.

학기 중 완전학습: 시험 기간과 시험이 아닌 기간

학기는 크게 '시험 기간'과 '시험이 아닌 기간'으로 나뉩니다. 그래서 시험 기간일 때와 시험 기간이 아닐 때를 구분해서 자신의 공부 방식에 변화를 주는 법을 배워야 하는데요. 현재 초등학교는 시험이 없는 학교로 운영되고 있기 때문에 공식적인 시험이 없습니다. 심지어 중학교 1학년 땐 자유학년제가 시행되어 아이가 초등학교에 입학하고 나서 중학교 1학년까지 공식적으로 7년 동안 시험이 없는 학교 생활을 보내게 됩니다. 그랬던 아이들이 중학교 2학년 때부터 본격적으로 중간고사, 기말고사라는 시험에 맞닥뜨리게 됩니다. 중학교 2학년이 되어 첫 시험을 본 아이들은 크게 당황하죠. 본인에게 학습 결손이 있는지 없는지 확인해 본 적이 없다가 처음으로 중학교 2학년 1학기 중간고사 시험 성적을 봤는데, 그 결과가 처참하다면 얼마나 놀라겠습니까? 성적표를 받아 본 부모님은 더 놀라시고요.

따라서 초등학교 과정에서는 최소한 '단원평가' 정도를 시험으로 간주해 아이에게 시험 기간에 공부하는 방식과 평소에 공부하는 방식이 다르다는 것을 인지시켜 주는 것이 좋습니다. 만약 수업에 단원평가가 없다면 엄마와 아이가 상의해 집에서라도 중간고사, 기말고사를 보는 것도 좋은 방법입니다. 이렇게 시험에 대해 꾸준히 연습한 아이와 시험 한번 보지 않고 중학교 2학년 때 처음 중간고사를 본 아이는 성적에서 큰 차이를 보입니다. 시험은 자신의 학습 수준을 파악하게 해 주는 하나의 도구라 잘 활용한다면 학습에 많은 도움이 됩니다. 특히 개념 학습이 강조되기 시작하는 초등학교 3학년부터는 자신이 배웠던 것들을 평가받는 과정이 아이의 공부 스케줄에 포함될 수 있도록 부모님께서 조율해 주시면 좋습니다.

엄마표 학습에선 시험 기간이 아닐 때 하는 학습을 '기반학습', 시험 기간에 하는 학습을 '시험학습'이라고 부르겠습니다. 시험 기간이 아닐 땐 평소처럼 완전학습을 수행하면 됩니다. 완전학습을 통해 학습의 기반을 잘 닦는 거죠. 그런데 시험 기간엔 방식을 바꿔야 합니다. 평가 범위에 대한 총복습 및 문제 풀이 위주로 공부해야 합니다. 학교에 따라, 선생님의 재량에 따라 단원평가 방식은 다르겠지만, 시험 일자가 공지되면 시험일에서부터 대략 5일 전, 혹은 최소 3일 전부턴 시험학습에만 집중하는 겁니다. 교과서를 다시 읽고, 그동안 완전학습을 수행하면서 작성했던 마인드맵을 살피며 모든 개념들을 다시 한번 체크합니다. 또 선생님 놀이를 통해 개념을 간결하고 짧게 설명하는 연습도 해 보고요. '곧 시험'이라는 적잖은 긴장감을 경험하면서 시험에 좀 더 집중하도록 하는 겁니다.

그리고 자체 시험을 봤든 단원평가를 봤든 틀린 문제는 반드시 점검하고 왜 틀렸는지에 대한 분석을 해야 합니다. 예를 들어 틀린 문제 옆에 아이가 다음과 같은 문장을 스스로 쓸 수 있도록 지도해 주면 됩니다.

"나는 마름모와 평행사변형의 개념 정의를 구분하지 못해서 이 문제를 틀렸다."

무엇 때문에 내가 이 문제를 풀 수 없었는지, 틀렸는지를 성찰하고 자신의 부족한 능력을 되짚어 보는 과정을 갖게 하는 겁니다. 바로 이것이 최상위권 아이들만 활용하는 메타인지 전략입니다. 공부를 못하는 학생들은 문제를 틀렸을 때 자신이 실수했기 때문이라고 말합니다. 그 실수가 무엇인지를 구체적인 언어로 설명하지 않고, 그냥 실수였다고 말하죠. 그 아이들의 부모님들께선 아이의 실수를 어떻게 줄여 줄 수 있을지를 늘 궁금해하십니다. 그러나 문제를 틀리는 이유는 실수가 아닙니다. 실력이 부족해서 틀린 겁니다. 더 구체적으로 말하자면 학습 역량이 부족해서 틀린 거고요. 아이가 문제에 개념과 원리를 제대로 적용하지 못해서 틀렸거나, 문제 해석을 올바로 하지 않아 틀렸거나, 계산 시 집중하지 않았기에 틀린 겁니다. 그렇다면 내가 무엇 때문에 틀렸는지 그 원인을 찾아 한 문장으로 표현해 보고, 비슷한 상황에 직면했을 때 이전과 다르게 행동하면 되는 겁니다. 무엇 때문에 틀렸는지 다음엔 틀리지 않기 위해 무엇을 보완해야 하는지에 대한 전략을 세우는 경험, 이것이 시험의 긍정적인 효과이기도 합니다. 부모님께서는 아이가 틀린 문제에 대해 부정적으로 느끼지 않게, 오히려 틀린 문제를 통해 실력을 더 성장시킬 수 있다는 것을 긍정적인 피드백을 통해 일깨워 주셔야 합니다.

마지막으로는 방학 기간 총복습을 위해 다 푼 시험지를 아이가 잘 모아 둘 수 있게 해 주세요. 나중에 이 시험지로 선생님 놀이를 해 보는 것도 좋습니다. 이 문제를 왜 틀렸던 건지 아이가 설명해 보는 겁니다. 원인을 분석한 뒤 한 문장으로 표현하게끔 도와주시고, 이 문제를 다시는 틀리지 않기 위해 무엇을 보완해야 하는지에 대한 전략도 아이가 <u>스스로</u> 짜 보도록 합니다.

방학 중 완전학습: 학습 결손을 메우는 총복습의 시간

방학은 공부머리를 타고나지 않은 학생, 또 사교육에 큰 돈을 쓸 수 없는 학생들이 학력을 쌓을 수 있는 아주 좋은 기회입니다. 그러면 방학을 어떻게 활용해야 할까요?

엄마표 학습의 목표는 아이로 하여금 완전학습 방법을 습득하게 하는 것이고, 그 완전학습의 핵심은 복습 활동에 있다고 했습니다. 이런 맥락에서 방학을 학기 중에 배웠던 것을 다시 한번 복습하게 하는 총복습의 기회로 활용하는 것이 정석입니다. 방학엔 선행을 해야 하는 것이 아닙니다. 방학은 특히 학기 중에 미진했던 부분, 부족했던 부분을 분석해 그것을 메우는 기회로 삼아야 합니다. 학습 결손을 채우는 시간으로 알차게 활용해야지 선행이나 특강, 문제 풀이 등으로 허비해서는 안 됩니다.

초등학교 4학년 진학을 앞둔 딸과 엄마표 학습을 꾸준히 하셨던 서연 엄마는 엄마표 학습개론을 보고 나서 스마트패드 인터넷 강의, 학습지, 문제집들을 모두 끊으셨습니다. 그리고 겨울방학 때 1, 2, 3학년 수학 교과서들을 준비해 처음부터 복습하는 느낌으로 아이와 함께 교과서 공부를 시작하셨습니다. 서연이는 더 이상 울면서 공부하지 않아도 된다는 사실에 기뻐했습니다. 학습 내용이 이해 안 되고 문제도 안 풀리는데, 공부는 계속해야 한다는 압박을 느낄 때마다 늘 울었던 아이였거든요. 하지만 교과서 위주의 공부는 모녀에게 한 줄기 빛이 되어 주었습니다. 어렵고 이해 안 되는 인터넷 강의, 문제집들을 걷어 내고 나니 공부량이 줄고 학습 난도가 낮아져 아이가 느끼는 공부 부담감이 확연히 감소했기 때문입니다. 그리고 더 놀라운 사실은 아이가 다 알고 있으리라 생각했던 지난 초등학교 수학 개념 원리들을 실은 자세히 모르고 있었다는 것입니다. 서연 엄마는 아이가 왜 공부를 힘들어했는지 이제 알고 계십니다. 앞으로 아이 공부에 변화를 줄 수 있겠다는 용기가 생겼고, 더 이상 아이와 실랑이를 벌일 필요도 없어졌죠. 그래서 그들은 앞으로 방학을 교과서들을 가지고 부족한 부분들을 메우는 시간으로 활용하기로 결심했습니다.

학습 도구를
똑똑하게
활용해야 합니다

많은 학습 도구들 중 어떤 것을 활용해야 완전학습을 효율적으로 또 효과적으로 완성할 수 있을까요? 엄마표 학습에서 제안하는 학습 도구는 학교 수업, 교과서, 문제집, 그리고 사교육입니다. 이어지는 내용에선 이 도구들을 완전학습에 어떻게 활용할 수 있는지에 대해 설명하겠습니다.

학교 수업을
활용한다는 것

학교 수업이 학습 도구인가요? 그렇죠, 학교 수업도 완전학습을 완성시키는 데 필요한 학습 도구입니다. 수능 만점자들의 인터뷰에서 항상 나오는, 사람들이 잘 믿지 못하는 그 말 있지 않습니까?

"단지 학교 수업에 열중하고 교과서 중심으로 공부했을 뿐이에요."

학생이라면 무조건 학교 수업에 참여해야 합니다. 선생님께서 수업을 잘 진행해 주시든 못해 주시든 간에 어쨌든 나는 그 수업에 참여해야만 합니다. 그러니 학생들은 최대한 수업에 잘 참여하고 집중해서 개념의 전반적 이해라는 소기의 목표를 달성해야 합니다. 학교 수업을 통해 학습 내용을 어느 정도 잘 이해해 놓아야 복습의 효과를 볼 수 있는 것이고, 그로 인해 사교육의 필요성을 줄일 수 있어 시간적인 여유와 자유도 누릴 수 있게 되니까요.

제 고등학교 시절, 성진이란 이름의 친구가 있었습니다. 성진이는 꽤 특이한 친구였습니다. 공부를 거의 안 했거든요. 성진이는 학교 자율학습 시간에 소설책을 읽거나, 소설을 쓰거나, 만화를 그렸습니다. 심지어 고등학교 3학년 시절에도 마찬가지였죠. 이 친구랑은 3년 내내 같은 반이었기 때문에 그 친구의 그런 학교 생활을 3년 내내 옆에서 목격했습니다. 그 친구의 내신 성적은 당연히 안 좋았습니다. 저희가 고등학교 3학년이 되었을 때 친구들은 모두 입시생 모드로 변했고, 다들 자의 반 타의 반으로 학교에 남아 장시간 공부를 해야 했습니다. 하지만 성진이는 이런 분위기에도 자율학습 시간엔 여전히 소설책을 읽거나 만화를 그리는 일을 멈추질 않았어요. 그런데 성진이의 행동 중 한 가지 바뀐 것이 있었습니다. 그건 수업 시간에 엄청나게 집중하고, 열정적으로 참여하기 시작했다는 것이었습니다. 선생님 질문에는 무조건 대답했으며, 선생님께서 수업 시간에 요구하는 것은 120% 수행하려고 노력했습니다. 수업 때만큼은 정말 진지하게 집중하는 모습을 보였습니다. 그리고 여전히 자율학습 시간엔 소설책을 읽거나 만화를 그렸죠. 저는 성진이의 행동이 궁금해서 직접 물어보았습니다.

"야, 넌 수업 시간에 왜 그렇게 열심히 참여하냐? 자율학습 시간에는 공부도 안 하면서?"

"공부할 시간이 수업 시간밖에 없거든. 난 자율학습 시간엔 책 읽고 만화를 그려야 하는데, 그러면 공부할 시간이 수업 시간밖에 없어서 그래."

지금 떠올려 봐도 성진이의 생각은 정말 남달랐던 것 같습니다. 성진이의 목표는 건국대였는데, 수능 점수가 잘 나와서 고려대에 갔습니다. 특히 국어는 전교에서 유일하게 만점을 받았습니다.

제가 지금 말씀드린 이야기에서 시사하는 바가 무엇인지 알아채셨습니까? 바로 학교 수업 참여도의 중요성입니다. 당시 저희 학교 선생님들은 결코 잘 가르치시는 분들이 아니었습니다. 그러나 성진이는 수업의 질이 어떻든 간에 수업 시간은 절대로 놓치지 않겠다는 일념으로 모든 수업 시간에 100% 집중했고, 전교에서 가장 쇼킹했던 아웃라이어가 되었습니다. 이렇게 사교육 없이 자율학습 시간에 공부를 안 해도, 지방 일반고 내신 4등급이어도 고려대에 들어갈 수 있다는 걸 몸소 보여 주었으니까요.

교과서는
월드클래스

교과서가 중요한 이유는 교과서에 들어 있는 학습 내용들이 곧 시험 범위에 속하기 때문입니다. 내신이든 수능이든 논술이든 시험 범위는 교과서입니다. 수능 만점자들이 입버릇처럼 이야기하는 '교과서 중심으로 공부한다'라는 말이 결코 허무맹랑한 것은 아니란 겁니다.

그런데 저도 학창 시절엔 교과서로 공부를 안 했습니다. 교과서가 중요하다는 메타인지가 없었기 때문에 교과서를 굉장히 등한시했고, 문제집이 더 중요하다고 생각했습니다. 그러나 학교 수업도 교과서를 중심으로 진행되고, 복습도 교과서로 하는 것이기에 교과서가 사실 완전학습에서 가장 핵심적인 학습 도구라고 해도 과언이 아닙니다.

완전학습의 가장 기본은 개념 학습이라고 했습니다. 교과서는 교과 과정에서 학생들이 꼭 이해해야 하는 개념들을 비교적 잘 설명해 주고 있습니다. 초등학교 주요 과목들의 교과서를 살피면 국어 과목은 '국정 교과서' 그리고 나머지 과목들은 '검정 교과서'를 사용하는 추세입니다. 교과서의 종류엔 크게 국정 교과서와 검정 교과서 그리고 인정 교과서가 있는데, 이에 대해 처음 들어 보시는 분들도 많을 겁니다.

  '국정 교과서'는 국가에서 정한 교과서란 뜻으로 국가가 교과서에 대한 저작권을 가지고 있습니다. 다양성보단 통일성이 더 강조되는 초등학교 국어 교과에는 현재 국정 교과서를 사용하고 있습니다. 그러나 국정 교과서는 점점 줄어드는 추세입니다. 그동안에는 학생들의 기초 기본 능력, 문화적 정체성과 바른 인성을 함양하기 위해 초등학교 기본 교과의 교과용 도서는 국정체제를 유지해 왔지만 최근 다양성, 창의성의 중요성이 대두되면서 교사의 수업 재구성과 학생 활동 중심 수업을 지원하는 검정 교과서 체제로 변하고 있는 추세입니다.
  '검정 교과서'는 검사를 통해 정해진 교과서란 뜻인데요. 저작권은 출판사가 갖고, 한국평가원에서 심사하여 통과되면 사용할 수 있는 교과서입니다. 그리고 '인정 교과서'는 검정 교과서와 비슷하지만 심사 주체가 교육감이라는 것이 검정 교과서와 다른 점이고요. 현재 교과서를 출판하는 출판사는 굉장히 많습니다. 각 과목별로 적게는 다섯 종류, 많게는 열 종류 이상이 되는데, 이 교과서들을 학습에 활용하는 것만으로도 부족함이 없을 겁니다.
  최근에 개정된 초등학교 교과서들의 수준은 상당합니다. 선생님들이 수업에서 일방적인 주입식 교육을 하지 않도록 토론,

협동, 탐구, 창의적으로 수업 활동을 진행할 수 있게 노력한 흔적들이 많이 보이고, 또 완전학습에 도움을 주는 여러 가지 장치들이 심어져 있더군요. 예를 들면 과학 교과의 실험 관찰책에서 단원을 정리하는 부분에 '생각그물'이란 파트가 있습니다. 이건 완전학습 전략 중의 하나인 조직화 전략에 해당하는 것이죠. 아이들은 교과서와 익힘책, 국어 활동책, 실험 관찰책만 충실하게 공부해도 학습 결손에 대해 걱정할 필요가 없습니다.

더군다나 요즘엔 디지털교과서를 무료로 이용할 수 있습니다. 디지털교과서는 종이책으로 되어 있는 교과서들을 디지털화해서 태블릿이나 컴퓨터로 교과서를 볼 수 있게 만든 디지털 형태의 교과서를 의미합니다. 디지털교과서엔 기본적으로 종이 교과서에 포함된 모든 내용이 담겨 있고, 이외에도 여러 가지 다양한 자료들과 기능들이 담겨 있습니다. 제 생각에 디지털교과서의 가장 좋은 장점은 멀티미디어 자료들이 포함되어 있어 학습을 풍부하게 만들어 준다는 겁니다. 과학 실험 과정들을 애니메이션이나 영상, 내레이션과 함께 자세히 구체적으로 보여 주거든요. 그렇게 실험 과정들을 영상으로 본 뒤 실험에 관한 설명 지문을 읽으면 이해가 훨씬 잘됩니다. 하나의 개념을 설명하는 데 다양한 정보들이 연계되어 구체성이 증가되기 때문입니다. 그리고 공부란 이렇게 구체적으로 해야 되는 것이니까요.

정리하자면 완전학습에서의 핵심 학습 도구는 교과서이고, 따라서 교과서를 중심으로 복습 활동을 해야 하며, 학습 결손이 있다면 더욱더 교과서들을 활용해서 구멍 난 부분을 채워야 합니다. 여기에 디지털교과서를 적극 활용해 완전학습을 더 풍부하게 수행할 수 있도록 부모님께서 도와주시기 바라고요.

아이가 교과서를 학교에 두고 다닌다면 한국검인정교과서협회 웹사이트에서 추가로 필요한 교과서들을 주문하시면 됩니다. 큰 비용을 들이지 않고 교과서 중심의 완전학습을 수행하는 데 편리함을 누릴 수 있을 겁니다. 마지막으로 엄마표 학습을 한다는 것은 엄마도 아이가 초등학교 과정에서 배우는 교과 학습 내용들을 함께 완전학습해 봐야 한다는 걸 의미합니다. 완전학습을 모르는 엄마가 아이에게 완전학습을 어떻게 가이드해 줄 수 있겠습니까? 엄마도 따로 자신의 교과서를 구매해 아이와 같이 공부한다는 동료애를 느끼며 엄마표 학습을 수행한다면 아이의 긍정적인 공부정서 함양과 성적 향상에 큰 도움이 될 겁니다.

문제집의 필요

시중에 나와 있는 문제집, 엄청나게 많지 않습니까? 그래서 그런지 많은 엄마들이 짜 놓은 아이 학습 스케줄을 보면 대부분 문제집을 푸는 일들로 채워져 있습니다. 아마 문제를 많이 푼 경험이 공부 실력을 높여 줄 거라고 생각하시는 거겠죠.

전 고등학교 3학년 때 두꺼운 수학 문제집 13권을 풀었습니다. 제 입시 전략은 단순 무식했거든요. 가능한 한 많은 문제들을 풀어 보는 것이 수학 점수를 높이는 가장 효과적인 방법이라고 생각했어요. 대부분의 엄마들과 비슷한 생각을 했습니다. 그리고 결과적으로 수능에서 수학만 망했습니다. 실제 수능 수학 시험에선 제가 풀었던 패턴의 문제들은 야속하게도 정말 하나도 안 나왔죠. 수능 출제위원들이 시중에 있는 수학 문제집들을 모두 살펴보고 그곳에 나온 유형의 문제들은 의도적으로 빼 버린다는 사실을 몰랐던 거죠. 누가 당시 제게 그 사실을 알려 줬더라면 참 좋았을 거예요. 아무튼 저는 수능에선 생전 처음 보는 신유형의 문제들을 풀어야만 했습니다. 개념 학습을 제대로 하지 않고, 문제를 어떻게 푸는지에 대한 스킬만 연습했던 터라 개념 이해와 개념 응용을 집요하게 추궁하는 문제들에는 손을 댈 수조차 없었습니다. 식은땀이 나며 망연자실해졌죠. 이렇게 수학 시험에서 망했다는 생각이 들자 전 심리적으로 위축되었고 과학, 사회, 영어 과목들에도 자신감이 뚝 떨어졌죠. 결과적으로 평소 실력보다 모두 낮은 점수가 나올 수밖에 없었습니다.

　현재 학부모님들이 문제 풀이 위주의 학습 방식에서 여전히 벗어나지 못하고 있는 이유는 과거의 저처럼 문제 풀이 위주의 공부가 높은 성적으로 연결되지 않는다는 사실에 대해 미처 성찰해 보지 못했기 때문입니다. 저도 제가 학습에 대해 공부하지 않았더라면 왜 수학에서 실패했는지에 대한 원인을 영원히 알지 못했을 것입니다.

　공부는 문제 풀이 위주로 하는 것이 아닙니다. 완전학습은 교과서를 활용해서 개념 학습 중심으로 하는 겁니다(물론 고등학교 과정에선 문제 풀이를 해야 합니다. 그러나 이 책에서 주로 다루는 것 초등 과정입니다.). 특히 초등학교 과정에선 따로 문제집을 사서 안 풀어도 됩니다. 보통 문제 풀이를 가장 필요로 하는 과목은 수학인데, 초등학교 과정에선 수학 교과서로 완전학습을 수행하되 익힘책을 풀기만 해도 충분합니다. 단원평가를 할 때에도 익힘책을 여러 번 반복해서 푸는 것이 나아요. 문제집을 통해 새로운 문제들을 많이 푼다고 해서 수학 실력이 올라가진 않습니다.

어떤 문제를 풀어 낼 수 있다는 것은 문제 해결 능력이 있다는 것을 뜻하고, 문제 해결 능력은 많은 문제들을 풀어서 생기는 것이 아니라 문제에서 물어보는 개념들을 완전히 이해해야 나오는 것입니다. 문제 풀이 자체가 아이들이 가지고 있는 문제 해결 능력의 그릇을 키워 주진 않는다는 것을 기억하셔야 합니다. 물론 아이의 수준에 따라 문제집이 도움이 되는 경우도 있습니다. 초등학생들이 수학을 공부할 때 어려움을 겪지 않으려면 수 감각이 있어야 하는데, 유독 수 감각이 없는 아이들이 있습니다. 이런 아이들은 수학 연산 문제집을 통해 수 감각을 연습하면 좋습니다. 그래야만 큰 어려움 없이 초등학교 수학 과정을 마칠 수 있기 때문이죠.

또 시중엔 사고력 수학, 창의 수학 같은 이름으로 된 문제집들도 있습니다. 우선 사고력 수학이란 쉽게 말해 배배 꼬아 놓은 어려운 문제들을 의미합니다. 그런데 수학은 문제 풀이가 중심인 과목이 아니라 일차적으로 개념들을 철저하게 이해해야 하는 과목이기 때문에 사고력 수학은 우리나라 수학 교육의 방향성과 너무도 맞지 않습니다. 그리고 사고력 수학은 교육부에서 정식 과정으로 만든 게 아니라 사교육 업체들이 만들어 낸 하나의 브랜드입니다. 이름은 정말 잘 지었습니다. 사고력 수학을 해야만 사고력이 길러질 것처럼 이름을 지었잖아요. 그러나 이런 문제집이 아이의 수학 역량을 길러 주진 않습니다. 비슷한 맥락에서 창의 수학은 더 엉터리라고 말할 수 있습니다. 수학 공부엔 창의성이 들어올 부분이 없기 때문이죠. 사고력은 그나마 그럴듯한데 수학에 창의성을 갖다 붙이는 건 수학이란 과목의 특성을 대중이 잘 모르니까 그냥 붙여 본 말 같습니다. 이는 수학을 연구했던 수많은 학자들, 예컨대 뉴턴이나 가우스 같은 대학자들이 연구해 놓은 수학의 업적들을 무시하고 학습자가 창의적으로 뭔가 새롭게 해 보자는 뜻이 됩니다. 그런데 수학을 공부한다는 것은 수학자들이 미리 정리해 놓은 수학적 사실들, 이론들, 공식들을 그대로 잘 이해하고 받아들여 잘 적용해 본다는 것을 의미하거든요. 학습자는 수학 교과서에 정리되어 있는 내용을 있는 그대로 받아들여 이해하고 그걸 기반으로 문제들을 풀어야 합니다. 수학 문제는 학생들의 응용력을 테스트하는 것이지 창의력을 테스트하는 것이 아니라는 사실을 기억하시기 바랍니다.

학습지는 어떻습니까? 학습지는 문제집과 방문교사의 관리가 결합된 교육 서비스입니다. 학습지 선생님이 집으로 찾아와 아이의 학습 스케줄을 관리해 주시죠. 그럼 학습지를 하는 것은 완전학습에 도움이 될까요? 아니, 안 하는 것이 좋습니다. 어디까지나 교과서를 중심으로 공부하는 것이 완전학습의 기본이니까요. 학습지는 여기에 포함되어 있지 않습니다. 개인적으로 전 일부 학습지 선생님들에 대해 부정적인 편입니다. 그분들이 엄마들에게 자주 하는 이야기 하나가 "다른 아이들은 이 정도 수준을 다 하고 있어요. 어머니 아이는 이걸 안 하면 뒤처질 수 있어요"와 같은 말이거든요. 뒤처진다는 말은 두려움을 불러일으키고, 두려움은 다급함과 조급함을 느끼게 하죠. 아이가 뒤처질지도 모른다는 두려움을 느끼는 엄마들이 중간에 학습지를 그만둘 수 있겠습니까? 학습지는 과감하게 안 하셔도 됩니다. 게다가 학습지 비용이 싼 것도 아니잖아요?

국어 독해 문제집은 어떤가요? 초중등 과정에선 국어 독해 문제집도 불필요합니다. 국어 독해 문제를 풀어야 독해력이 올라가는 것이 아니기 때문이죠. 국어 독해 문제집은 제가 고등학생이었을 때 입시를 준비할 때만 볼 수 있었던 문제집이었는데, 초등학생용으로도 나온다는 걸 최근 알게 되었습니다. 수학 문제를 많이 푼다고 수학 역량이 오르는 것이 아닌 것처럼 국어 독해 문제를 아무리 많이 풀어 봤자 독해력이 계발되진 않습니다. 사실 전 입시 때 국어 독해 문제집을 엄청나게 풀었습니다. 그러나 점수가 오르지 않더군요. 한계가 있었습니다. 독해력은 문제 풀이로 올리는 것이 아니었으니까요. 독해력을 어떻게 올리는지에 대한 설명은 이후 국어 완전학습법에 대해 설명할 때 더 자세히 다루겠습니다.

완전학습에서 필요한 문제집과 관련해 정리하자면 초등학교 과정에서 필요한 문제집은 수학 연산 문제집 정도밖에 없습니다. 중학교에서도 문제집이 아닌 교과서 중심의 완전학습이 중심이 되어야 하고요. 부디 문제집의 홍수 속에서 부모님께서 중심을 잘 잡으시고 아이들을 올바른 길로 인도해 주시기를 바랍니다.

사교육과 선행학습 꼭 해야 할까?

사교육 활용 기준

사교육은 되도록 활용하지 않는 것이 좋습니다. 사교육을 받는다는 것은 학교 수업 시간에 해결했어야 할 학습을 반복하는 거라 아이가 사용하지 않아도 될 시간을 써야 한다는 거거든요. 그리고 사교육은 EBS 무료 인터넷 강의를 제외하고선 비용이 발생하니 경제적으로도 부담이고, 학원을 갈 경우 학원에 가는 시간 더하기 학원 숙제도 해 가야 하는지라 아이에게 심리적인 부담이 갈 수밖에 없습니다.

이러한 사교육의 단점에도 불구하고 활용할 수밖에 없는 상황은 딱 두 가지뿐입니다. 첫 번째는 아이가 '학교 수업을 통해 개념 학습을 충분히 하지 못할 때'입니다. 쉽게 말해 학교 수업만으로 아이가 혼자서 복습을 할 수 있을 정도의 개념 이해를 하지 못한다는 판단이 들면 사교육을 이용하는 것이 나쁜 선택은 아닙니다. 그런데 이 경우에 제가 권해드리는 사교육은 EBS나 인터넷 강의 같은 종류의 사교육이지, 오프라인 학원 수업은 아닙니다. 대부분의 학원 수업은 교과서가 아닌 자체 교재로 진도를 나갑니다. 또 별도로 학원 숙제가 생기기 때문에 학교와 학원 생활을 병행하는 일은 아이에게 시간적으로나, 체력적으로 꽤나 부담이 됩니다. 이로 인해 아이의 공부정서가 나빠질 수도 있고요. 단지 학교 수업이 좀 부실하다면, 부실한 부분만 선택적으로 인터넷 강의를 통해 보충하는 형식으로 공부하는 것이 가장 효율적입니다.

사교육을 활용할 수밖에 없는 두 번째 경우는 '학습 결손이 있을 때'입니다. 학교에선 학습 결손 구멍을 메워 주지 못합니다. 결국 사교육을 활용해 구멍을 메울 수밖에 없습니다. 학습에 구멍이 난 아이들은 대개 학습을 어떻게 하는지 모르는 아이들입니다. 이 아이들에게 적합한 사교육의 방식은 일대일 과외입니다. 학원은 영리업체이고 그룹 수업을 원하는 조직이기에 학습에 구멍이 난 내 아이만을 위한 수업을 할 수 없습니다.

인터넷 강의 활용법

인터넷 강의도 마찬가지죠. 학습 결손이 있는 아이들이 인터넷 강의만으로 자신의 구멍 난 부분을 스스로 메우기란 어렵습니다. 이 아이들은 학습 역량이 부족해서 학습 결손이 온 것이니까요. 당연히 인터넷 강의라는 학습 도구를 활용해서 개념 학습을 수행하는 법을 잘 모릅니다. 여기에 딱 적합한 말이 하나 있는데 "소 귀에 경 읽기"라는 속담이죠. 모니터 화면을 통해 강사들이 열심히 설명해도 아이는 그 수업 내용을 결코 소화하지 못합니다.

그리고 인터넷 강의 자체의 수업 방식에도 문제가 있습니다. 가장 큰 문제점은 개념 설명에 사용되는 시간이 부족하고, 아이들의 머릿속에 개념이 뿌리내릴 수 있게 강사들이 도와주지 않는다는 점입니다. 개념 이해가 안 된 상태에서 바로 문제 풀이로 들어가 문제를 어떻게 푸는지 설명하는 것이 대부분의 인터넷 강의 방식이잖아요. 게다가 인터넷 강의를 통해 문제 풀이에 대한 설명을 듣는 일은 정말 고통스럽습니다. 누군가의 설명을 듣는다는 건 원래부터가 쉽지 않습니다. 인지부하가 걸리는 일이기 때문이죠. 우리 뇌가 그렇게 만들어져 있습니다. 지금 여러분도 이 글을 읽으면서 머릿속과 마음이 아주 편하진 않으실 겁니다. 내가 잘 모르는 분야의 설명을 읽거나 듣는 일은 뇌의 에너지를 많이 써야 하는 일이기 때문입니다.

그럼 우리가 인터넷 강의를 잘 활용할 수 있는 방법은 무엇이겠습니까? 수학 과목으로 예를 들어 보겠습니다. 인터넷 강의에서 개념 설명 부분만 듣고, 문제 풀이 설명 부분은 과감하게 잘라 버리세요. 문제 풀이 부분은 보지도 듣지도 않는 겁니다. 개념 설명 부분만 본 뒤 교과서를 가지고 개념을 더욱 단단하게 다지는 학습 활동을 하고, 문제는 교과서와 익힘책을 통해 스스로 풀어 보는 거죠.

이런 식으로 인터넷 강의를 활용한다면 문제 풀이 설명을 듣지 않아도 돼 개념 학습에 더 집중할 수 있는 에너지가 생길 겁니다. 학습 역량 자체를 올리는 데 더 큰 효과를 볼 수 있습니다.

일대일 과외 활용법

학원과 인터넷 강의의 단점들로 인해 결국 일대일 과외가 그나마 적합하다는 결론에 이르게 됩니다. 일대일 과외에선 선생님이 아이를 관찰하며 하나하나 세심하게 부족한 부분을 보충해 줄 수 있습니다. 가르치는 것과 코칭이 동시에 가능하기 때문입니다. 하지만 과외를 통해 학습 결손을 잘 메우려면 과외 선생님을 잘 선택해야 합니다. 서울대학교에 재학 중인 대학생보다 오랜 시간 과외를 해 온 30대 이상의 전업 과외 선생님이 더 낫습니다. 대학생들은 일단 경험이 적고, 전업으로 가르치는 선생님들에 비해 헌신하는 정도가 다르기 때문이죠.

여러분이 생각하기에 아이에게 과외가 낫겠다는 판단이 서면, 전업으로 아이들을 가르치는 선생님을 구하는 것이 좋고, 더 중요한 것은 문제 풀이가 아닌 교과서 중심으로 개념 학습을 가르칠 수 있는 선생님을 구하셔야 한다는 겁니다. 그리고 과외 수업을 할 때 아이에게 학습 결손이 일어난 부분을 찾아서 거기에서부터 학습을 시작할 수 있어야 합니다.

선행학습을 해야 할까?

이제 선행학습에 대해 고찰해 보는 시간을 갖겠습니다. 먼저 자문해 봅시다. 초등학교 과정에서 우리 아이가 과연 선행을 할 필요가 있을까요? 결론부터 말씀드리면 불필요합니다. 초등학교 과정은 중학교 과정을 위한 준비 기간이고, 중학교 과정은 고등학교 과정을 위한 준비 기간입니다. 고등학교 과정에서는 입시 준비를 잘하기 위해 입시 전형의 종류에 따라 상황에 맞게 선행을 할 수도 있습니다. 하지만 학업의 가장 기초 과정에 해당되는 초등학교 과정에서의 선행은 무의미합니다. 같은 맥락에서 중등 과정의 선행도 무의미하고요.

초등 과정에서의 선행은 득보단 실이 많을 수 있습니다. 본격적인 경쟁은 고등학교 과정부터인데 얼마나 빨리 앞서가겠다고 그렇게 일찍 선행을 시작하려는 걸까요? 입시는 12년간의 마라톤인데, 어떤 마라토너가 초반부터 페이스를 올려서 전력으로 달립니까? 초반에 너무 달리면 나중에 체력이 모자라 끝까지 완주할 수 없습니다. 입시도 마찬가지예요. 초등학교 과정은 나중에 중고등학교 과정에서 체력이 떨어지지 않고 더 뛰어나갈 수 있도록 학업의 기초 체력과 완전학습 습관을 만드는 시간이 되어야 합니다. 학습 내용을 1~2년 더 빨리 배운다고 진짜로 빨리 가는 게 아니란 것이죠. 입시는 고등학교 3학년 때까지 학습을 100% 완성하면 승리하는 게임입니다. 먼저 달려간다고 이기는 게임이 아닙니다. 속도의 경쟁이 아니라 완성도의 경쟁이란 말입니다. 초등학교 과정에서는 빨리 달려 봤자 도움도 되지 않으며 단점만 많습니다. 초등 선행학습의 단점 몇 가지만 알려드리겠습니다.

첫 번째 단점은 아이가 '자신이 남들보다 많이 알고 있다는 착각에 빠진다는 것'입니다. '너보다 내가 더 많이 안다'와 같은 논리죠. 그런데 입시에서 중요한 것은 많이 아는 겁니까, 깊게 아는 겁니까? 당연히 깊게 아는 겁니다. 입시란 것은 범위가 어느 정도 정해져 있는지라 많이 아는 게 별로 도움이 되지 않습니다. 그리고 그렇게 선행을 하는 아이들은 대부분 완전학습을 안 합니다. 학기 내내 남들보다 앞서 있다는 착각에 빠져 살다가 학습 난도가 높아지는 고등학생 되어서야 성적이 뚝 떨어지는 경험을 하게 되는 거죠.

두 번째 단점은 아이가 '현행 학습을 소홀히 여기게 된다는 것'입니다. 아이가 학교 수업을 듣는데, 그 내용이 이미 학원에서 배운 것이라면 아이가 수업 시간에 집중할 수 있을까요? 아이가 심리적으로 집중할 수 있는 인지적 동기부여가 불가능해집니다. 아이가 선행을 미리 해 버려서 현행 수업 시간에 건성건성 참여하고 집중하지 않는 공부 습관을 가지게 된다면 공부 효율이 떨어집니다. 선행을 한다는 건 학교 수업 시간으로도 해결할 수 있는 개념 학습을 한 번 더 한다는 뜻이거든요. 여러분은 이제 완전학습의 중심은 복습 활동에 있다는 사실을 이해하실 겁니다. 복습 활동은 아이가 스스로 혼자서 해야 되는 능동적인 학습 활동입니다. 그리고 해 보면 아시겠지만 완전학습 활동엔 시간이 꽤 많이 소비됩니다. 그런데 선행학습을 하느라 복습 시간이 줄어들게 되면 완전학습을 100% 수행하기가 어려워집니다. 완전학습을 하려면 아이가 복습할 수 있는 시간이 충분히 확보되어야 합니다. 선행을 하더라도 현행 학습 내용의 복습이 먼저 이루어져야 한다는 걸 기억하셔야 합니다.

세 번째 단점은 '아이의 자유 시간이 줄어든다는 것'입니다. 선행을 하게 되면 학원에서 숙제를 내 줍니다. 그러면 여유 없고 바쁜 생활을 할 수밖에 없게 되죠. 주위를 둘러보면 안쓰러운 사교육 키드가 참 많습니다. 선행을 하지 않고 완전학습을 하게 되면 아이에게 자유 시간이 확보되고, 그 시간에 자신이 하고 싶은 것들을 마음껏 할 수 있어요. 이것이 부모님들께서 아이들을 위해 만들어 주셨으면 하는 양육 시스템입니다. 규율 아래에서 아이가 자유로움을 느끼게 하는 것은 참 좋은 시스템이거든요. 초등학교 시절엔 아이에게 선행학습 대신 완전학습을 연습시켜서 아이가 자유 시간을 가급적 많이 갖게 해 주세요. 아이의 학창 시절이 공부만 하다 끝나면 너무 억울하지 않겠습니까? 공부 말고 다른 경험도 많이 해 보고, 그저 놀아도 보고요. 적어도 초등학생 시절은 그렇게 보낼 수 있어야 한다고 생각합니다.

완전학습
바이블

3부

MASTERY LEARNING BIBLE

개념과 원리 이해가 우선

과목별
완전학습법 I
:수학 · 과학 · 사회

01

수학
완전학습법

수학이라는
과목

학부모님과 아이들이 사교육에 가장 많이 휘둘리는 과목이 바로 수학입니다. 모든 과목들 중에 난도가 가장 높거든요. 그래서 엄마표 영어는 성공 사례가 많지만 엄마표 수학은 성공했다는 이야기를 듣기가 어렵습니다.

물론 엄마표 학습이 엄마가 아이에게 학습 내용을 가르치는 개념은 아니지 않습니까? 부모가 수학을 전공했다고 해서 아이에게 직접 수학을 가르친다면 그것은 엄마표 학습이 아닙니다. 수학은 대한민국 고등학교 2학년 학생 중 60%가 공부를 포기한 과목입니다. 그렇다고 나머지 40%가 수능 전까지 완전학습을 다 하는 것도 아니에요. 이 중 약 10%만 시험 범위 내의 수학 진도를 끝낼 수 있기 때문에 학생 대다수에게 실패를 안겨 주고 좌절을 겪게 만드는 과목입니다.

그런데 대다수의 학생들에게 실패를 안겨 주는 과목을 왜 배워야만 할까요? 학창 시절에 수학 공부를 포기했다는 좌절의 경험은 성인이 되어서도 쉽게 지워지지 않습니다. 심지어 그 학생들이 결혼하고 부모가 되면 양육에까지 영향을 끼칩니다. "제가 학창 시절에 수학을 정말 못했거든요. 아이가 저를 닮을까 봐 너무 걱정돼요" 하고 초조해하시죠. 이렇듯 수학 교육은 언제나 실패해 왔는데 왜 바뀌질 않을까요? 수학을 공부하기 싫으면, 학교에서 수학 대신 다른 걸 배우면 되잖아요. 학교에서는 왜 이런 걸 허용해 주지 않을까요? 바로 우리나라 교육의 중요한 역할 중 하나는 선발에 있기 때문입니다. 평가를 통해 그럴듯한 정규분포곡선을 만들어 내는 것이 교육부의 중요한 목표이기 때문에 수학 과목을 그대로 두는 것이 아닐까 전 해석합니다. 수학만큼 공부 잘하는 학생과 못하는 학생을 변별하기 쉬운 과목이 또 없기 때문이죠.

지금부터는 다섯 가지 수학 완전학습 전략들을 설명할 것입니다. 이 전략들에 대한 설명을 반복적으로 읽어 보시고, 실제 수학 공부에 적용해 연습한다면 어느 순간부터 '아, 수학은 이렇게 공부하는 거구나' 하는 깨달음을 얻을 수 있을 거예요.

수학 완전학습
전략 5

전략 ❶
수 감각을 키운다

수학에선 개념과 원리를 익히는 것이 공부의 80% 이상을 차지한다고 해도 과언이 아닙니다. 개념과 원리에 집중할수록 상위권에 가까워진다는 걸 기억하셔야 합니다. 그러나 초등 수학에서는 이것이 꼭 들어맞는 말은 아닙니다. 말 그대로 초등 수학은 초등학생을 위한 수학이니까요. 중고등 수학 과정을 잘 공부하라고 준비시키는 단계잖아요.

초등 수학에서 가장 중요한 것은 '숫자에 대한 감각'을 키우는 일이라는 사실을 명심하셔야 합니다. 숫자에 대한 감각을 '수 감각number sense'이라고 부르는데, 이는 숫자를 자유자재로 다룰 수 있는 직관력을 의미합니다. 예를 들어 연산 문제집으로 세로셈 풀이를 반복적으로 연습했던 아이에게 '18+9'를 계산하라고 하면 어떻게 될까요? 아마 이 아이는 종이에 숫자를 적어 세로셈으로 계산하려고 할 겁니다. 기계적으로 문제 풀이를 하는 데만 급급했을 테니까요. 하지만 수 감각이 있는 아이는 머릿속으로 수를 구조화해 '20+7'로 바꿔 계산합니다.

미주리대학교 심리학 교수인 데이비드 기리David Geary의 연구에 따르면 수학 과목에서 어려움을 겪는 아이들의 근본 원인은 수 감각이 부족하기 때문이라고 합니다. 수 감각이 부족한 아이들은 숫자 간의 관계와 연산에 대한 센스가 없어 초등 저학년 수학 과정에서 어려움을 겪다가 초등 고학년부터 자연스럽게 학습 결손에 빠지게 됩니다. 반대로 수 감각이 좋다는 것은 18 / 24 / 30 과 같은 숫자들의 약수가 바로 머릿속에 떠오른다는 것을 의미합니다. 그래서 아이가 이 각각의 수들을 2×9, 3×6 / 2×12, 3×8, 4×6 / 2×15, 3×10, 5×6과 같이 분해해서 표현할 수 있습니다.

이렇듯 어떤 숫자가 어떤 수들의 곱으로 이루어져 있는가를 직관적으로 아는 아이들을 수 감각이 있다고 말합니다. 수 감각은 숫자들을 자유자재로 분해했다 합쳤다 하는 직관적인 능력입니다. 이렇게 숫자를 분해하는 능력은 나중에 소인수분해, 인수분해, 이차방정식 등을 해결하는 데 중요한 기반 능력이 되기 때문에, 초등 수학 과정에서 훈련을 통해 반드시 수 감각을 습득해야합니다.

수포자의 길로 들어선 중학교 1학년 여학생 연경이를 가르친 적이 있습니다. 이 아이는 수학의 개념과 원리에 대한 공부를 할 준비가 전혀 안 되어 있었죠. 중학교 1학년인데 아직 분수 연산조차 잘하질 못했으니까요. 게다가 연경이는 수 감각이 없어서 18이란 수의 약수가 1, 2, 3, 6, 9, 18이라는 것이 바로 떠오르지 않아 그걸 일일이 종이에 적고 있더라고요. 종이에 1, 2, 3, 4, 5 이런 식으로 숫자를 하나씩 적어 가면서 그 수들로 18이 나누어지는지 안 나누어지는지를 확인하고 있었습니다. 그 모습을 보고 있으면 속이 답답해지죠. '아니, 저게 머릿속에서 바로 안 나오나?' 하고 전 너무도 의아해했습니다.

진도를 나가기 전 수 감각을 키워 주는 것이 시급했습니다. 교과서를 가지고 여러 종류의 연산 원리를 설명하고, 또 그런 연산을 연습해 볼 수 있는 연산 문제집으로 그 아이를 꾸준히 연습시켰습니다. 결코 쉬운 작업은 아니었어요. 이렇게 학습 결손이 큰 아이들은 대개 공부정서가 안 좋거든요. 연경이는 수학 자체를 싫어했기 때문에 비교적 쉬운 연산 연습에도 스트레스를 받았습니다. 가까스로 몇 번의 고비를 넘기며 몇 개월 꾸준히 연산 연습을 시키고 나니, 그제야 수 감각이 생기더군요. 가끔씩 실수를 하긴 했지만 무리 없이 모든 연산을 수행할 수 있을 정도로 말이죠.

타고난 성격이나 지능 때문에 수 감각 익히기를 유독 어려워하는 아이들이 있습니다. 따라서 아이가 교과서만으로는 능숙한 연산 수행이 되지 않는다고 판단되면 아이와 합의하여 따로 연산 문제집을 사서 여러 종류의 연산 패턴을 연습해 보길 바랍니다. 이는 중등 수학에 들어가기 전에 필수적인 수학 기초를 탄탄하게 쌓는 일입니다. 제가 연경이를 가르칠 때만 해도 시중에 괜찮은 연산 문제집들이 별로 없었는데, 요즘은 체계적으로 연산 연습을 수행할 수 있도록 도움을 주는 문제집들이 정말 많아요. 올바른 문제집 선택, 시간 확보, 그리고 아이와 합의만 잘된다면 수 감각을 키우는 데 큰 어려움이 없을 겁니다.

개념과 원리를 학습한다

많은 부모님들이 수학 공부에 대해 잘못 생각하는 사실 하나는 수학 공부를 잘하려면 문제 풀이를 많이 해야 한다는 것입니다. 이것이 문제가 된다는 것을 모르시는 거죠. 사실 수학 공부에선 문제 풀이가 문제거든요. 수학을 잘하려면 문제 풀이가 어느 정도 필요한 것은 사실이지만 그것이 수학 실력을 높여 주진 않습니다. 문제 풀이는 개념과 원리의 이해도를 더 높여 주고 응용력을 키워 주는 역할을 할 뿐이지, 수학 실력 자체를 향상시키는 데 근본적인 역할을 하진 않아요.

수학은 무엇을 공부하는 과목입니까? 이 기준이 분명하다면 부모님도 아이도 그렇게 고생할 이유가 없습니다. 수학은 '약속을 공부하는 과목'입니다. 아이들은 수학의 여러 가지 개념들과 그런 개념들을 수학적으로 표현하는 걸 배울 때 '왜 그런 개념들을 이렇게 쓰지?' 하며 온전히 이해하지 못할 때가 많습니다. 그리고 그걸 이해하지 못하면 문제를 풀 때마다 헷갈리고 틀리게 됩니다. 예를 들어 대분수라는 개념을 배우는데, 대분수 $3\frac{1}{3}$에서 자연수 3 옆에 왜 분수를 붙이는지 궁금해하는 아이들이 있습니다. 아이가 이렇게 질문하면 엄마들은 최선을 다해서 설명해 주려고 하죠. 그런데 엄마도 개념과 원리를 헷갈려 하는 경우가 많지 않습니까? 그럴 땐 잠시 설명 욕구를 누르시고 아이와 함께 교과서에서 답을 찾아 보세요. 엄마가 개념과 원리를 100% 확실하게 알지 못한 상태에서 설명한다면 아이의 머릿속이 뒤죽박죽되고 말 겁니다. 엄마는 "엄마는 교과서에서 이렇게 찾았고, 이렇게 이해했는데 넌 어떠니?" 하고 물으며 완전학습을 완성해 가는 파트너이자 코치 역할을 해 주시는 것이 좋습니다. 그리고 100% 안다고 해도 설명해 주지 마세요. 교과서와 같은 학습 자원을 통해 아이가 모르는 걸 직접 찾아보라고 하는 편이 훨씬 낫습니다. 수학은 대충 공부하면 안 되는 과목이니까요.

대분수를 그렇게 쓰는 이유는 애초에 왼쪽 부분을 자연수로 표현하자고 수학자들이 약속했기 때문에 그런 것입니다. 자연수를 이용해 대분수라는 개념을 만든 것이고, 대분수는 '자연수＋진분수'로 표현하자고 약속한 거예요. 이렇게 수학은 약속을 배우는 과목이라는 것을 아이가 이해하게끔 도와주면 좋습니다. 수학을 공부하는 것이 약속을 공부하는 것이란 사실을 좀 더 확장해 보면 수학은 개념과 원리를 정확하게 이해해야 하는 과목임을 깨달을 수 있습니다.

저는 고등학교 때 문과를 선택했고 대학에서는 어학을 선택했습니다. 그 후 편입으로 공대에 들어가게 되었는데요. 공대에 갔더니 수학 기초 강좌를 들으라는 겁니다. 말이 기초지 고등학교 때 이과 수학을 배우지 않은 저로서는 수업을 따라가는 것만으로도 버거웠습니다. 그런데 당시 수학 교수님께선 새로운 개념을 가르치실 때마다 그 개념과 관련 있는 수학적 개념을 학생들에게 질문하곤 하셨습니다. 당시 40명 정도의 학생들이 그 수업을 같이 들었는데, 그중 두세 명 정도가 고등학교 이과 수학에서 배웠던 개념을 들어 대답을 잘하더라고요. 그들은 수업을 그다지 열심히 듣는 것 같진 않았는데, 시험을 보면 항상 점수를 잘 받았습니다. 반 평균이 50점대면 그 학생들은 90점이 넘었죠. 전 그들을 보고 "아니, 어떻게 저 점수가 나올 수 있는 거지?" 하며 궁금해했었습니다. 해답은 이겁니다. 수학 실력은 그 학생들처럼 개념을 얼마나 정확하게 이해하고 있느냐에 따라 결정된다는 거죠. 그 학생들이 문제 풀이를 많이 해서 수학을 그렇게 잘하는 것이 아니었다는 겁니다. 따라서 초등 수학부터 문제 풀이로 달리지 말고 개념과 원리 위주로 공부하는 습관을 들여야 합니다.

수학 개념을 공부한다는 것은 무슨 의미입니까? 수학 개념의 정의를 이해하는 학습 활동을 뜻합니다. 교과서에 수학 개념이 설명되는 부분이 나오면 눈을 부릅뜨고 집중해서, 필요하다면 형광펜으로 별표나 밑줄을 치는 등 개념을 이해하는 데 초점을 맞출 수 있는 메타인지가 있어야 한다는 겁니다. '아, 여기가 개념의 정의 부분이니까 중요한 거야' 하고 직관적인 생각을 할 수 있어야 합니다.

수학의 개념들은 한자어로 되어 있는 경우가 많으므로 각각의 뜻을 깊게 파고드는 활동도 해 봐야 합니다. 이등변은 길이가 동일한 변이 두 개 있다는 뜻이니까 '길이가 동일한 두 변이 있는 삼각형'이라고 이등변삼각형이란 용어를 해석할 수 있습니다. 비슷한 맥락에서 기약분수라는 개념에 대해 배울 때 한자어 기旣는 '이미'란 뜻이고, 약約은 '나누어졌다'는 뜻이죠. 이렇게 기약분수가 '이미 약분이 된 분수'라는 한자어 뜻을 가지고 있다는 것을 알게 되면 그것이 분모와 분자의 공약수가 1뿐이라서 더 이상 약분이 되지 않는 분수라는 개념적인 의미를 더욱더 잘 이해할 수 있게 됩니다. 개념 학습과 관련된 핵심은 한자어로 된 수학 용어를 한 글자씩 분해해서 각각의 한자어가 가진 뜻과 개념 정의를 비교하여 개념을 더욱 깊게 이해해 보는 것입니다.

개념과 쌍벽을 이루는 또 하나의 학습 내용은 '원리'입니다. 앞서 교육학자 메릴은 학습자가 학습해야 할 학습 내용의 종류를 네 가지로 분류했다고 했습니다. 기억하십니까? 사실, 개념, 절차, 원리이죠. 원리라는 것은 개념을 기반으로 어떤 것이 왜 그렇게 되는지에 대한 설명을 의미합니다. 예를 들어 보겠습니다. 두 자릿수의 크기를 비교할 때의 절차는 먼저 10의 묶음 개수를 서로 비교해 보고, 10의 묶음 개수가 더 크거나 작은 쪽이 더 큰 수이거나 혹은 더 작은 수가 된다고 판단합니다. 만약 10의 묶음 개수가 같다면 낱개를 비교해서 낱개가 크거나 작은 쪽이 더 큰 수 혹은 작은 수가 된다고 판단하는 거고요. 그리고 왜 이런 절차대로 하게 되었는가를 설명하는 것이 바로 원리입니다. 아이는 이런 원리를 자신의 언어로 표현할 수 있어야 합니다.

초등 수학에서의 목표 하나가 능숙한 연산 감각을 얻는 일이긴 하지만 수많은 종류의 연산 풀이 방법을 기계적으로 공부하게 되면 수학 실력이 늘지 않습니다. 다양한 연산 패턴을 연습해 수 감각을 익혀야 하는데, 수많은 아이들이 세로셈이 가장 편하다는 이유로 세로셈으로만 연산을 하고 있죠. 그보다는 여러 종류의 덧셈, 뺄셈, 곱셈, 나눗셈을 배울 때 계산 방법을 무작정 외우는 것이 아니라 왜 그렇게 계산하는 것인지 원리를 파악하고 설명할 수 있어야 합니다. 특히 분수, 소수 연산은 전부 원리로 설명할 수 있어야 합니다. 그림을 그리든 교구를 이용하든 이런 연산들의 원리가 머릿속에 뿌리 잡고 있어야 수많은 종류의 분수, 소수의 연산들을 풀 때 괴로움을 겪지 않게 됩니다.

즉, 어떤 연산 문제를 풀 수 있는지가 중요한 것이 아니고, '그 연산 문제를 왜 그런 식으로 푸는 걸까?'라는 질문에 아이들이 대답할 수 있어야 합니다. 이것을 대답할 수 있느냐 없느냐에 따라 훗날 수학을 잘하느냐 못하느냐, 1등급에 도전할 자격이 생기느냐, 자격조차 생기지 않느냐는 차이가 발생합니다. 예를 들자면, '4.2÷3'을 계산하는 데는 세 가지 방법이 있고, 그 방법을 설명으로 풀어낼 수 있을 정도로 원리에 대한 학습 내용을 이해하고 기억하고 있어야 한다는 거예요. 첫 번째로 자연수처럼 계산하고 소수점을 맞춰 주는 방법이 있고, 두 번째로 4.2를 10을 분모로 하는 분수로 바꾸어서 분수 나눗셈으로 푸는 방법이 있으며, 세 번째로 세로로 계산하는 법이 있다는 것이 머릿속에 있어야 한다는 겁니다.

공식 성립 원리를 파악한다

여러 종류의 다각형 넓이를 구하는 방법을 배울 때도 넓이 공식을 무작정 외워서 푸는 것이 아니라 어떤 원리에 의해 그런 공식이 유도된 것인지 설명할 수 있어야 합니다. 전 초등학교 때 사다리꼴 넓이 구하는 공식을 무작정 외워서 풀었습니다. 그런데 수학을 잘하려면 이렇게 풀면 안 됩니다. 공식은 개념과 원리 학습을 깊이 반복하는 가운데 자연스럽게 외워져야 하는 것이고, 언제든지 필요한 경우엔 원리를 기반으로 공식을 유도할 수 있어야 합니다.

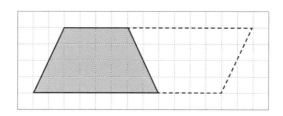

사다리꼴의 넓이 공식은 '(윗변 길이＋아랫변 길이)×높이 ÷2'입니다. 이 공식이 왜 이렇게 나왔는지 원리를 설명할 수 없으면 수학 학습이 완전히 이루어진 것이 아닙니다. 이 공식이 왜 이렇게 나왔는지 그 원리를 공부해야 완전학습에 다다를 수 있습니다. 이 공식의 원리는 사다리꼴을 180도 돌려서 옆으로 이어 붙이면 평행사변형이 되는데, 사다리꼴이 넓이가 이렇게 만들어진 평행사변형의 절반이라는 것을 유추할 수 있습니다. 평행사변형의 넓이 공식은 '밑변 길이×높이'잖아요. 이때 밑변은 사다리꼴의 윗변과 아랫변을 더한 것이므로, 이 사다리꼴의 넓이는 '(윗변+아랫변)×높이÷2'라는 공식이 나오게 됩니다. 이런 공식의 성립 원리를 알아내는 것은 교과서에 나온 개념을 익히는 것만으로도 충분히 할 수 있습니다.

유의미화 전략을 활용한다

공부한 내용이 이해도, 기억도 잘되려면 내게 의미가 있어야 한다고 했습니다. 나에게 무의미하면 이해하고 싶지도 않고 기억하고 싶지도 않기 때문이죠. 그래서 학습 내용을 나에게 인위적으로라도 의미 있게 만들어서 공부하는 것이 유의미화 학습 전략입니다. 수학 공부에서는 다음의 두 가지 유의미화 전략을 활용해 볼 수 있습니다. 한 가지는 구체적인 실물을 적극적으로 활용해 수학 개념이 나에게 더 유의미하게 이해되도록 하는 전략입니다.

예를 들어 이등변삼각형에 대해 배울 때 이 삼각형의 특성 중 하나가 양 밑각이 동일하다는 것이라고 배웁니다. 예전에 학생들은 '이등변삼각형의 특성 하나는 양 밑각이 동일한 것이다'라는 사실을 그냥 외웠습니다. 의미 없이 암기만 한 것이죠. 그런데 수학을 이 정도로 공부하고 끝내면 나에겐 별로 의미가 없어 내용이 머릿속을 둥둥 떠다니다가 쉽게 사라집니다. 따라서 이 학습 내용을 나에게 더 의미 있게 만들고 싶다면 직접 종이로 이 등변삼각형을 만들고, 진짜로 양 밑각이 동일한지 종이 삼각형을 반으로 접어 손과 눈으로 직접 확인해 보세요. 이렇게 실물을 활용해 직접 양변의 밑각이 진짜로 동일한지 확인하고 나면 이등변 삼각형이란 학습 개념이 나에게 유의미해지기 때문에 추상적인 수학의 개념을 좀 더 직관적으로 이해할 수 있습니다. 추상적인 개념에 의미가 붙어 실제성이 느껴지는 것입니다.

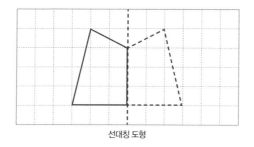

선대칭 도형

또 다른 예를 들어 보겠습니다. 초등학교 5학년 수학에서는 선대칭 도형과 점대칭 도형에 대해 배웁니다. 선대칭 도형은 직선을 따라 접었을 때 완전히 겹쳐지는 도형을 말합니다. 굳이 만들어 보지 않아도 쉽게 상상이 되죠.

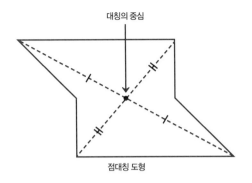

대칭의 중심

점대칭 도형

    하지만 점대칭 도형은 상상이 쉽지 않습니다. 점대칭 도형은 어떤 점을 중심으로 180도 돌렸을 때 처음 도형과 완전히 겹치는 도형을 의미합니다. 그런데 공간지능을 타고나지 않은 아이들에겐 도형을 180도 돌린다는 것이 무슨 말인지 잘 이해가 되질 않을 거예요. 머릿속에서 시뮬레이션이 안 되거든요. 이런 학생들이 무척 많아요. 심지어 저 역시도 점대칭 도형을 머릿속에서 이리저리 돌려 보는 시뮬레이션을 잘 못합니다. 그렇다면 점대칭 도형들을 종이로 만들어 보고 실제로 손과 눈을 사용해 180도 돌려 보는 활동을 해 보면 됩니다. 그러면 실제로 대칭 중심으로 돌려 본 경험을 갖게 되므로, 이것이 나에게 유의미하게 이해되고 따라서 블룸 교수가 제안했던 완전학습의 필요 학습 활동인 기억하기, 이해하기가 수월해집니다.

    두 번째 유의미화 전략은 한자어로 표현된 수학 개념들을 공부할 때 한자어를 해석해 보고, 그 수학 개념을 자기 스타일로 해석해서 새롭게 이해해 보는 겁니다. 이것을 교육학에선 '지식의 재구성'이라고 표현합니다. 대부분의 선진적인 교육 프로그램들은 지식을 학습자의 머리에 주입하는 것이 아니라, 학습자가 스스로 지식을 재구성할 수 있도록 도와주는 활동이 중심이 되도록 설계되어 있습니다. 그래서 이런 교육 방식은 학습자가 지식을 잘 구성할 수 있도록 도와준다고 하여 구성주의 Constructivism 라고도 부릅니다.

예를 들어 진분수眞分數와 가분수假分數라는 개념을 배울 때 이 개념들이 한자어로 표현되어 있지 않습니까? 그러니 한자어의 뜻을 하나하나 해석해 보는 겁니다. 한자의 의미대로 직역해 보면 진분수는 '진짜 분수'라는 뜻이고, 가분수는 '가짜 분수'라는 뜻이죠. 진분수라는 개념의 정의는 분모가 분자보다 큰 분수, 가분수는 분자가 분모보다 큰 분수입니다. 여기서부터는 이제 내 식대로 재해석해 보는 겁니다. 재해석에 정해진 답은 없습니다. 지식의 재구성이라는 개념 자체가 주관적인 것이니까요. 개념을 왜곡하지만 않는다면 어떻게 재구성을 하든 여러분의 자유입니다. 제 경우엔 다음과 같이 지식의 진분수와 가분수의 개념적 의미를 재구성해 봤습니다.

'분모는 엄마를 의미하고, 분자는 아들을 의미하는데 분수는 엄마가 아들을 위로 업고 있는 것이거든요. 엄마가 아들을 키우는 거니까요. 그래서 진짜 분수는 아들이 엄마보다 커서는 안 돼요. 아들이 엄마보다 크면 엄마가 아들을 머리 위에 올리고 있기가 너무 힘들잖아요. 만약 아들이 엄마랑 크기가 같거나 엄마보다 크다면 그런 분수는 가짜 분수입니다. 아들이 엄마보다 커서도 안 되고, 같아서도 안 되니까요.'

이런 활동을 했을 때 이 개념들이 자신에게 더 유의미하게 다가오고, 자기 방식대로 지식이 새롭게 구성됩니다. 이해도 훨씬 잘되고 기억에도 잘 남게 되는 겁니다. 아이들은 상상력이 뛰어나기 때문에 수학 개념들을 자기만의 방식으로 상상해서 재해석해 보는 활동을 놀이처럼 해 보게끔 지도해 주신다면 딱딱한 수학 개념을 조금이나마 말랑말랑하게 받아들이는 데 도움을 줄 수 있습니다.

조직화 전략을 활용한다

수학 과목은 특히 조직화 활동을 철저하게 해야만 하는 과목입니다. 학년이 올라갈수록 개념의 수가 늘어나는데 조직화를 잘 해 놓지 않으면 이것들이 머릿속에서 뒤죽박죽 섞입니다. 그렇게 되면 이해가 모호해지고, 이해가 모호해지면 나중에 모호한 점수가 나오게 되죠. 개념들은 우리 머릿속에서 명확하고 분명하게 분류되어야 하고, 서로 잘 연계되어 있어야 합니다.

수학에서 조직화 전략을 절대적으로 잘 활용해야 하는 이유는 다른 과목들에 비해 학습 내용의 계통성이 아주 많이 강조되는 과목이기 때문입니다. 우리가 국어나 영어 과목은 한동안 등한시하더라도 다시 공부를 시작하면 어느 정도 쉽게 따라잡을 수가 있습니다. 그래서 여러분 중에도 국포자나 영포자는 많지 않았을 거예요. 그런데 수학은 어떻습니까? 수학 과목엔 수포자들이 너무나 많습니다. 수학은 한번 놓치면 영원히 놓치게 됩니다. 어느 부분에서 공부를 안 했다, 막혔다 싶으면 그 뒤부터는 계속 막히는 과목이죠. 수학은 앞부분을 이해하지 못하면 뒷부분을 절대 이해할 수 없는 과목이기 때문이에요. 대한민국 고등학생 중 수포자가 60%나 나오는 이유는 현 교육 시스템에서 수학은 잘할 수 있는 확률보다 못하게 될 확률이 훨씬 높기 때문입니다.

앞서 수 감각에 대해 이야기했습니다. 수 감각이 약하면 숫자를 합쳤다 분해하는 자유로운 직관적 감각 능력이 떨어지고, 그러다 보면 소인수분해를 못 하게 되고, 또 분수 연산을 못 하게 되고, 결국 인수분해를 못 하게 되어 이차방정식마저 못 풀게 되죠. 그 결과 완전제곱식을 활용한 근의 공식을 스스로 유도해 낼 수가 없게 됩니다. 이것이 무슨 의미냐면 수학은 계통적으로 각 학습 내용들이 서로 연계되어 묶여 있기 때문에 앞에서 제대로 하지 않으면 뒤에 있는 것들은 사실 할 필요가 없다는 이야기입니다. 이해가 안 될 테니 공부를 해도 이해하지 못하는 게 당연하죠.

대략 84%의 아이들이 현행 수업을 못 따라가는데, 그 아이들이 현행을 못 따라가면 후행을 할 수 있도록 제도적인 지원이 필요하지 않나 싶습니다. 아이들마다 배우는 속도, 이해 속도가 다를 테니 자신의 수준에 맞춰서 수학 진도를 나갈 수 있도록 해주면 참 좋을 텐데 이런 학습적인 도움을 국내 교육 시스템에선 기대하기 어려우므로 우리는 알아서 잘할 수밖에 없고, 이런 맥락에서 조직화 전략을 똑똑하게 잘 사용하는 것이 좋습니다. 조직화 전략의 방법은 이렇습니다.

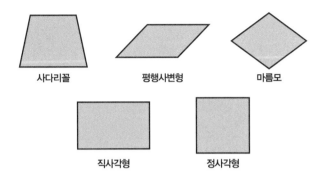

초등 수학에선 다섯 종류의 사각형에 대해 배웁니다. 각각 사다리꼴, 평행사변형, 마름모, 직사각형, 정사각형이죠. 이들 도형에 대해 배울 때는 개념만 이해하고 끝내는 것이 아니라 조직화를 통해 개념들 간의 연계 정보를 파악하는 학습 활동을 반드시 해야 합니다. 이들에 대한 조직화를 하지 않으면 다음과 같은 질문들에 명확하게 대답하기 어려울 겁니다. 여러분도 다음 질문들에 한번 답해 보시길 바랍니다. 정답은 이후 조직화를 어떻게 했는지 설명하면서 알려드리겠습니다.

1 평행사변형은 사다리꼴인가요?

2 사다리꼴은 평행사변형인가요?

3 마름모는 평행사변형인가요?

4 마름모는 정사각형인가요?

5 직사각형은 마름모인가요?

이 다섯 가지 사각형은 모두 사각형에 속하는 도형들이지만 위계가 존재합니다. 어떤 개념이 다른 개념들보다 위계가 높다면 다른 개념들을 포함하고 있다는 뜻입니다. 마치 아시안이란 개념이 일본 사람, 중국 사람, 한국 사람 모두를 포함하고 있어서 위계가 더 높은 개념인 것과 마찬가지입니다.

먼저 평행사변형과 사다리꼴의 위계를 비교해 보죠. 평행사변형의 정의는 '마주 보는 두 쌍의 변이 서로 평행한 사각형'입니다. 사다리꼴은 '마주 보고 서로 평행한 변이 한 쌍이라도 있는 사각형'이고요. 그렇다면 어느 사각형이 더 위계가 높은 개념이겠습니까? 사다리꼴이 평행사변형을 포함하고 있기 때문에 위계가 더 높은 개념이죠. 따라서 사각형이라는 가장 높은 위계의 개념과 이들의 위계를 조직화해 보면 다음과 같이 표현할 수 있습니다.

사각형의 위계가 가장 높고, 그다음에 사다리꼴, 그다음에 평행사변형이 오는 겁니다. 그럼 다음과 같이 위계를 확인할 수 있습니다. 평행사변형은 사다리꼴이고, 사다리꼴은 사각형이죠. 그러나 사각형은 반드시 사다리꼴이 아니고, 사다리꼴도 반드시 평행사변형은 아닙니다. 그러면 첫 번째 질문인 '평행사변형은 사다리꼴인가요?'라는 질문에 대한 답은 '그렇다'이겠네요. 두 번째 질문인 '사다리꼴은 평행사변형인가요?'라는 질문의 답은 '그렇지 않다'는 것이고요.

그럼 다음엔 마름모와 평행사변형의 위계를 조사해 보죠. 마름모의 정의는 '네 변의 길이가 같은 사각형'입니다. 그리고 마름모는 '마주 보는 두 쌍의 변들이 모두 평행'합니다. 즉, 마름모는 평행사변형의 정의에도 부합하는 도형입니다. 다시 말해 평행사변형이 마름모를 포함하는 더 높은 위계의 개념이라는 것이죠. 따라서 조직도를 확장해서 다음과 같이 마름모를 추가할 수 있습니다.

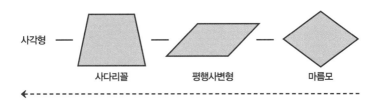

그럼 세 번째 질문인 '마름모는 평행사변형인가요?'라는 질문에 대한 답을 할 수가 있죠. '그렇다'입니다.

마름모와 정사각형의 위계를 알아볼 차례입니다. 정사각형은 '네 변의 길이와 네 각이 모두 같은 사각형'이죠. 정의에 따르면 정사각형은 마름모의 특성을 포함하고 있어요. 즉, 정사각형은 마름모인 거죠. 마름모가 정사각형보다 더 높은 위계의 개념이라는 것입니다. 따라서 조직도를 다음과 같이 더 확장할 수 있습니다. 네 번째 질문인 '마름모는 정사각형인가요?'라는 질문에 대한 답은 '아니요'이고요.

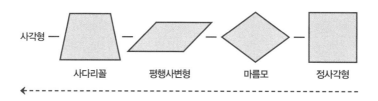

이제 마지막 직사각형만 남았습니다. 이 직사각형을 이 조직도 중 어디에 붙일 것인지를 알아내는 것이 난도가 가장 높습니다. 제가 여러 중학생들을 가르치면서 이걸 시켜 봤는데 제대로 조직도를 그려 내는 아이는 단 한 명도 없었습니다. 그러나 이제 여러분은 이해하실 겁니다. 이렇게 학습 개념들을 낑낑대면서 조직화하려는 노력을 기울일 때 완전학습이 점점 완성된다는 사실을 말이죠. 머리가 고생한 만큼 우리 뇌가 점점 정교화되는 겁니다. 직사각형과 마름모의 위계부터 살펴보죠. 직사각형은 '네 각이 전부 직각인 사각형'을 말합니다. 그렇다면 직사각형과 마름모는 서로를 포함하는 개념이 아니에요. 직사각형은 마름모가 아니고, 마름모도 직사각형이 아닙니다. 개념 학습의 기본 중 하나는 이렇게 개념들 간의 비교 및 구분을 명확하게 해야 한다는 것입니다. 이걸 하지 못한다면 학습이 제대로 된 것이 아니니 명확해질 때까지 학습해야 합니다. 이번에는 직사각형을 사다리꼴과 비교해 보죠. 직사각형은 사다리꼴입니다. 사다리꼴이 직사각형보다 더 높은 위계의 개념이라는 거죠. 그러면 직사각형은 평행사변형인가요? 그렇네요. 직사각형 두 쌍의 변이 모두 평행하니까 직사각형은 평행사변형입니다. 마지막 정사각형과 비교해 보죠. 직사각형은 정사각형이 아니지만 정사각형은 직사각형입니다. 직사각형이 정사각형보다 더 높은 위계의 개념이라는 거예요.

그렇다면 직사각형은 위계상 평행사변형과 정사각형의 중간에 와야 되는 것이 맞지만, 마름모와는 관련이 없기 때문에 독립적으로 존재해야 한다는 것을 알 수 있습니다. 따라서 다음과 같이 직사각형을 조직도에 붙일 수가 있겠네요.

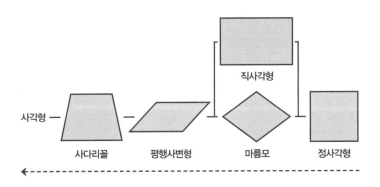

드디어 조직도가 완성되었습니다. 이렇게 조직화 전략을 이용해 학습 개념들을 조직화하면 개념들 사이의 위계가 분명해지기에 모호함이 사라지고 선명함만 남습니다. 개념들 사이의 구분이 분명해져서 개념 구분의 모호함으로 인한 혼돈을 겪지 않게 되는 겁니다. 그리고 이렇게 공부하는 것은 소위 공부 잘하는 학생들의 두드러진 특징이기도 합니다. 그 아이들에겐 모호함이 없습니다.

지금까지 했던 학습 활동과 비슷한 맥락에서 최대공약수, 약분, 최소공배수, 통분이란 개념들이 서로 어떻게 연계되는지에 대한 정보를 찾고 확인하는 것도 역시 조직화 전략의 예입니다. 학습 개념들을 공부할 때는 직관적으로 그것들을 조직해야겠다는 느낌이 들어야 합니다. 특히 수학을 공부할 때엔 조직화 전략을 잘 활용해서 학습 개념들 사이의 위계 및 연계 정보를 확인하고 분명히 이해하는 작업을 반드시 해야 한다는 걸 기억하시길 바랍니다.

02

과학
완전학습법

과학 공부를
한다는 것

여러분은 학창 시절에 과학 공부를 좋아하셨나요? 전 과학을 안 좋아했습니다. 차라리 과학이 수학처럼 문제를 푸는 공부면 좀 나았을 텐데요. 과학은 수학과 비슷하면서도 또 많이 달랐습니다. 당시 누군가 제게 과학 공부법을 알려 주었더라면 그래도 재미있게 공부할 수 있었을까요?

고등학교 과정으로 올라가면 과학은 지구과학, 물리, 화학, 생명과학이라는 꽤나 골치 아픈 과목들로 분화됩니다. 성격적으로 과학을 좋아하게끔 타고난 소수의 아이들을 제외하고는 대다

수 아이들은 과학을 별로 안 좋아합니다. 따라서 여러분의 아이가 과학을 안 좋아하는 성격을 가지고 태어났다면, 최소한 과학을 어떻게 공부하는지에 대한 방법을 잘 코칭받을 수 있어야 합니다. 그렇지 않으면 과학 공부가 시작되는 초등학교 3학년부터 고등학교 졸업까지 약 10년 동안 고통받으면서 학교를 다녀야만 할 수도 있으니까요. 아이가 과학 완전학습법을 잘 배워 과학 공부를 좋아하진 않더라도 못하지는 않게 부모님께서 잘 도와주셔야 합니다.

과학 공부의
큰 그림 그리기

과학 공부를 잘하려면 먼저 과학이 어떤 학문인지 기본 속성을 이해할 필요가 있습니다. 과학은 자연에 있는 현상과 원인을 설명하는 학문입니다. 수학은 수학적 약속과 증명의 학문이라 인위적인 느낌이 강한 학문이라면, 과학은 자연에 나타나는 현상을 관찰하고 그런 현상이 왜 나타나는지에 대한 원인을 규명하는, 즉 자연에 대해 연구하는 학문이에요.

어떻게 보면 과학은 자연스러운 학문이라고 말할 수도 있습니다. 그래서 사회과학과 대비되는 말로 자연과학이란 용어를 사용하기도 하잖아요? 자연 현상을 관찰하면서 '왜 저러지?' 하고 고민하고 나름대로의 설명을 내 놓는 과정에서 탄생한 학문이 과학이며, 사실상 역사가 가장 긴 학문 중 하나이기도 합니다. 사과가 나무에서 떨어지는 것을 보고 뉴턴이 "사과가 왜 떨어지는 거지?" 하고 궁금해하다가 만유인력의 법칙을 발견한 것이 대표적인 과학의 학문적 성과라고 할 수 있습니다. 그리고 과학 교과서는 이러한 자연 현상들과 그 원인들을 모아 설명하는 해설 모음집인 셈입니다. 자연 현상들을 설명하는 실험에 대한 내용들이 가득 담겨 있죠.

과학 공부를 한다는 것은 특정 자연 현상이 일어나는 원인을 과학자와 같은 마인드로 이해해 보기 위해 여러 가지 학습 활동을 수행한다는 걸 의미합니다. 하나의 자연 현상의 원인에는 또 다른 원인이 있을 수 있고, 그 원인에는 또 꼬리에 꼬리를 무는 또 다른 원인들이 있습니다. 예컨대 생태계에서 일어나는 수많은 자연 현상들이 그러합니다. 이렇게 복잡하고 연쇄적인 원인과 현상으로 이어지는 관계들을 전체적으로 이해할 수 있어야 과학 교과에서 좋은 성적이 나올 수 있습니다.

그래서 과학 공부를 잘하려면 인과관계를 이해하는 학습 활동을 충실히 해야만 합니다. '왜 그런 현상이 발생한 걸까?' 하는 호기심이 있다면 금상첨화죠. 그리고 자연 현상을 잘 관찰할 수 있어야 합니다. 자연 현상과 원인을 이어 주는 인과관계를 발견하는 시작점은 호기심을 갖고 잘 관찰하는 것에서부터 시작되기 때문입니다. 물론 교과서는 이미 과학자들에 의해 관찰된 자연 현상들을 자세히 설명해 주고 있습니다. 그렇게 기술된 부분들을 세심하게 잘 읽고 공부하면 됩니다. 그리고 그런 자연 현상이 왜 일어나게 되었는가에 대한 원인을 이해하는 활동이 과학 공부를 위한 큰 그림을 그리는 과정입니다. 초등 과학 공부는 따로 문제집을 사서 풀 필요는 없습니다. 과학 교과는 수학보다 개념 학습 비중이 더 높은 과목이라 문제 풀이 위주의 학습은 별로 도움이 되질 않습니다. 교과서만 가지고도 충분히 완전학습을 수행할 수 있죠.

과학 공부의 목표는 현상과 원인 사이의 인과관계를 잘 이해하는 것이라고 했습니다. 따라서 이어지는 내용에선 이를 수월하게 학습하게 해 주는 과학 완전학습 전략 여섯 가지를 제안하려고 합니다.

과학 완전학습 전략 6

용어를 정교화한다

과학 교과에선 과학적 개념을 설명할 때 한자어를 빈번하게 사용합니다. 따라서 교과서를 기반으로 개념 학습을 진행할 때 용어에 대해 철저하게 학습하는 일은 과학 완전학습을 위한 가장 기본적인 활동이라고 할 수 있습니다.

교과서에 한자어 용어가 나오면 그걸 피상적으로 받아들이지 말고 좀 더 정교하게 학습해 보는 거죠. '지표地表'라는 개념을 공부할 땐 그것의 한자어가 지닌 뜻, 즉 '지구의 표면'이라고 풀어 보면 이런 개념들이 낯설게 느껴지지 않을뿐더러 점점 친숙해집니다.

과학 교과의 용어를 한자어 뜻과 함께 학습하게 되면 개념을 이해하는 데 도움이 되기도 합니다. 예를 들어 '물체物體'를 한자어로 풀어 보면 '몸을 가지고 있는 물건'이란 뜻입니다. 과학 교과서에선 물체의 정의를 '모양이 있고 공간을 차지하고 있는 것'이라고 기술합니다. 이렇게 물체라는 한자어 자체의 뜻과 개념적인 정의를 동시에 학습하게 되면 이 개념이 종합적으로 이해됩니다. 그런 물체를 만드는 재료를 '물질物質'이라고 하고, 물질은 '물체의 기초를 이루는 바탕'이라는 한자어 뜻을 가지고 있다는 걸 이해하게 되면, '물질은 물체를 이루고 있는 알맹이구나' 하고 재해석할 수도 있습니다. 초등학교 5학년 과학 교과서에서 다음과 같은 내용을 접했다고 해 봅시다.

'지구는 태양계에 속해 있습니다. 태양계는 태양과 태양의 영향을 받는 천체들 그리고 그 공간을 말합니다.'

이런 지문을 읽게 되면 완전학습에 대한 메타인지가 있어서 어느 용어들에 내가 더 집중해야 하는지가 직관적으로 느껴져야 합니다. 별도로 개념 이해를 할 용어를 찾아내는 연습을 해야 완전학습에 가까워집니다. 여기에서는 태양계, 천체 정도일 거예요. 아이가 처음 접하는 개념들일 테니까요. 그러면 이 용어들에 대한 정의가 교과서 어디에 나와 있는지 계속 찾아봅니다. 태양계의 정의는 지문에 설명되어 있습니다. '태양계는 태양과 태양의 영향을 받는 천체들 그리고 그 공간을 의미한다'라고 되어 있네요. 그러면 읽고 넘어가는 게 아니라 국어사전에서 태양계라는 용어를 찾아 한자의 뜻을 하나하나 살펴보는 겁니다. '태양계太陽系'라는 용어에서 계系는 '이어 매다', '묶다'는 뜻을 가지고 있습니다. 따라서 '태양계란 태양을 중심으로 이어 매져 있고 묶여 있는 어떤 것들을 의미하겠구나, 교과서 설명에 의하면 그것은 태양의 영향을 받는 천체들과 공간인 것이다' 하고 더 정교화시킬 수 있습니다. 태양계라는 용어를 좀 더 자세하게 재구성해서 이해하는 것이죠.

'천체天體'도 지금까지 했던 방식대로 정교화해서 재구성해 볼까요? 교과서엔 천체가 '우주에 있는 별, 행성, 위성, 소행성 등을 모두 가리키는 말'이라고 기술되어 있습니다. 별, 행성, 위성, 소행성 등 이 모든 용어들 또한 처음 들어 보는 말이라면 이들도 정교하게 학습해야 한다는 걸 염두에 두고 일단 넘어갑니다. 사전을 찾아보니 천체는 '하늘에 있는 몸 혹은 물체'라는 뜻이랍니다. 물체라는 개념에 대해선 이미 3학년 과학 교과서에서 배웠기 때문에 과거에 배웠던 학습 내용이 지금 배우는 것과 연계되면서 잘 이해될 겁니다. 그래서 '천체는 하늘에 있는, 우주에 있는 물체들'이라고 정교화하고 재해석하여 이해할 수 있게 됩니다.

6학년 과정에선 지구의 자전에 대해 배우는데, 교과서에선 지구의 자전을 '지구가 자전축을 중심으로 하루에 한 바퀴씩 서

쪽에서 동쪽으로 회전하는 것'이라고 정의하고 있습니다. 그런데 학습을 여기서 끝내면 안 되겠죠? 한자어 뜻을 살펴보고 정교화해 보아야 합니다. '자전自轉'이라는 용어에서 자自라는 글자의 한자 뜻은 '스스로', '몸소', '저절로', '자연히'입니다. 전轉이라는 글자의 한자 뜻은 '구르다', '회전한다', '돈다'이고요. 한자 뜻만으로 의미를 재구성하여 표현하자면 '스스로, 저절로, 자연스럽게 혼자서 구르거나 회전하거나 도는 것'이라고 해석할 수 있습니다. 이렇게 정교화하는 학습 활동을 수행하면 지구의 자전이라는 개념이 더 구체적으로 이해됩니다.

과학 교과서로 공부할 땐 지금까지 살펴본 것처럼 용어들을 정교화해 정리하는 학습 활동이 습관처럼 수행되어야 한다는 걸 기억하시길 바랍니다.

전략 ❷
개념과 원리를 학습한다

과학 과목도 개념 학습을 철저히 해야 성적이 잘 나오는 과목입니다. 개념 학습이란 그 개념이 무엇인가를 철저히 이해하고, 그 개념이 다른 개념들과 어떻게 다른지 구별하는 학습 활동이라고 했었죠. 초등학교 5학년 때 태양계에 대해 배우게 되면 태양계를 이루고 있는 구성원들 중에 태양, 행성, 위성, 소행성, 혜성 등이 있다는 걸 알게 됩니다. 그래서 제가 중학교 1, 2학년 아이들에게 이렇게 물어보았습니다.

"밤하늘에 떠 있는 저 밝고 둥근 달은 별이니? 지구와 가까이 있는 화성은 별이니? 태양은 별이니?"

아이들이 잘 대답했다면 초등학교 과정에서 학습 결손 없이 학습을 잘 수행해 왔다고 생각할 수 있을 겁니다. 그러나 대부분의 중학생들은 이런 초등학교 수준의 질문에도 대답을 못 했습니다. 긴가민가해합니다. 밤하늘에 떠 있는 달은 밝게 빛나니까 어찌 보면 별 같기도 하고, 아닌 것 같기도 하잖아요. 이런 질문들에 명확하게 답을 할 수 있으려면 개념을 분명하게 이해하고 있어야 하고, 개념들 간의 차이도 설명할 수 있어야 합니다. 이것이 바로 개념 학습을 한다는 것의 구체적인 의미입니다.

'화성火星'은 행성입니다. 행성은 태양의 주위를 도는 둥근 천체를 의미합니다. 교과서에서 설명된 개념적인 뜻과 한자어의 뜻을 비교해 봤습니다. '행성行星'은 한자 뜻으로 보면 돌아다니는 별이라고 해석되지만 과학의 개념적 관점에선 진짜 별은 아니라는 걸 확인할 수 있습니다. '위성衛星'은 행성 주위를 도는 천체를 의미합니다. 예를 들어 달은 지구의 위성이죠. 위성이란 용어에서 위衛라는 한자어는 '지킨다'는 뜻을 가지고 있어서 행성을 지키는 별이라고 해석할 수도 있습니다.

'별'은 뭘까요? 별은 스스로 빛을 내는 천체를 의미합니다. 태양 같은 것이 별이죠. 따라서 밤하늘에 떠 있는 달은 별이 아닌 위성이고, 화성은 별이 아닌 행성이며, 태양은 별입니다. 이렇게 개념들을 구분해 낼 수 있는 능력은 개념 학습의 기본이며, 이를 위한 학습 방법은 개념적 정의를 교과서에서 철저하게 찾고 이해하는 활동을 수행하는 것입니다.

　과학은 수학과는 또 다르게 원리에 대한 이해가 훨씬 더 강조되는 과목입니다. 수학 공부는 수학자들이 정해 놓은 인위적인 약속들을 공부하는 것이지만 과학은 자연 현상을 관찰하고 저 현상이 왜 일어나는지, 그 원인을 공부하는 것이기 때문이에요. 따라서 과학 공부를 할 땐 기본적으로 개념을 이해하고, 왜 그런 현상이 발생하는가에 초점을 맞춰 원리를 파고들어 이해하려는 노력을 기울여야 합니다. 이것이 과학이라는 학문의 본질과 잘 맞는 것이기도 하고요.

　예를 들어 지구에 지층이 만들어졌습니다. 이건 관찰에 의해 확인된 자연 현상이죠. 그럼 이런 현상이 왜 생겼냐는 거죠. 그 '왜'에 대한 설명이 원리이고, 이 원리를 학습하는 것이 과학 교과 완전학습의 핵심입니다. 지층의 생성 원리를 학습해 보죠. 물이 운반한 자갈, 모래, 진흙 등이 쌓이고 쌓이면 먼저 쌓인 것들이 위에 쌓인 것들의 무게로 인해 눌리게 됩니다. 그래서 아주 오랜 시간이 지나면 쌓인 것이 굳어 단단한 지층으로 만들어집니다.

　이슬과 안개라는 자연 현상이 발생하는 이유는 공기 중 수증기가 물방울로 변하는 '응결' 때문이라고 설명할 수 있어야 합니다. 하루 중 낮과 밤이 생기는 이유는 지구가 하루에 한 바퀴씩 '자전'하기 때문이고, 따뜻한 목욕물이 담긴 욕조에 들어갈 때 윗부분에 있는 물이 아랫부분에 있는 물보다 더 따뜻한 이유는 온도가 높아진 물은 위로 올라가고 위에 있던 물은 아래로 밀려 내려오는 '물의 대류 현상' 때문이라고 그 원리를 설명할 수 있어야 하고요.

실험 과정을 공부한다

　과학 과목의 두드러진 특징 하나는 실험 과정을 많이 다룬 다는 것입니다. 그럴 수밖에 없는 것이 과학 연구에서 실험은 과 학적인 사실, 원리를 설명하기 위해 실행해야 하는 아주 일반적 인 활동이기 때문입니다. 실험은 과학 연구 활동에서 기본 중의 기본이라고 할 수 있습니다.

　그런데 여러분은 학교 다닐 때 실험 좋아하셨습니까? 전 실 험이 정말 싫었습니다. 전 실험을 해서 뭔가 원리를 파헤치는 그 런 활동에서 재미를 느끼는 성격이 아니거든요. 그런 걸 왜 하 나 싶었습니다. 그래서인지 과학 성적도 좋지 않았죠. 오랜 세월 이 흐른 후 생각해 보니 과학도 완전학습법대로 공부했으면 재미 있었을지도 모르겠다는 생각이 듭니다. 원래 공부라는 게 이해가 되면 재미가 있을 수밖에 없어요. 이해가 100% 되었는데 재미를 못 느끼는 경우는 거의 없거든요. 많은 아이들이 공부를 싫어하 는 이유는 학습 내용이 잘 이해되지 않기 때문입니다.

　과학 교과의 학습 내용이 잘 이해되려면 실험 과정을 올바 로 학습하는 일이 필수입니다. 실험을 보고 이것이 어떤 개념과 원리를 다루는 실험인지 알아채지 못하면 좋은 성적이 나올 수가 없죠. 특히 초등 과학에선 거의 모든 학습 내용이 실험으로 시작해서 실험으로 끝난다 해도 과언이 아니기 때문에 실험 과정을 학습하는 것이 곧 과학 공부의 전반이라는 점을 아셔야 합니다.

실험 과정은 교육학자 메릴이 학습자가 기억해야 할 학습 내용으로 분류해 놓은 네 가지 중에 '절차'에 해당됩니다. 개념과 원리와 더불어 중요한 학습 내용이라고 할 수 있는데, 과학 교과에선 이런 절차에 관한 메타인지를 가질 필요가 있습니다. 교과서에서 실험에 대해 기술하는 그림과 지문이 나왔다면 '이 부분은 내가 잘 이해해야겠구나' 하는 메타인지를 가져야 한다는 겁니다. 실험 과정에 대해 학습할 땐 이 실험이 어떤 과학적 개념과 원리를 설명하기 위해 만들어진 것인지에 초점을 맞추고, 실험과 개념, 원리를 서로 잘 연결시켜야 합니다. 실험을 보고 개념과 원리를 설명할 수 있어야 하며, 역으로 개념과 원리를 어떻게 설명할 수 있는지 질문을 받으면 실험으로 대답할 수 있어야 합니다.

정리하자면 실험 과정을 공부하는 방법은 실험의 절차 하나하나를 확인하면서 이 실험을 통해 어떤 과학적 개념과 원리를 확인하려는 것인지에 초점을 맞춰 공부하는 것입니다. 반대로 개념과 원리는 어떤 실험을 통해 확인할 수 있는지를 자신의 말로 설명할 수 있을 정도로 공부하면 됩니다.

디지털교과서를 적극 활용한다

과학 교과에서 디지털교과서를 활용할 수 있다는 것은 축복과도 같습니다. 공교육 시스템엔 여전히 문제들이 많지만, 디지털교과서를 만든 것만은 큰 업적이라고 생각합니다. 제가 학생이었을 때 디지털교과서가 있었더라면 과학 공부가 좀 더 쉬웠을지도 모릅니다. 전 추상적인 걸 잘 이해하지 못하는 성격이라 과학의 추상적인 개념들이 머릿속에 잘 그려지지 않았거든요. 교과서에 기술되는 실험 과정도 이해하기 쉽지 않았습니다. 그래서 과학 공부가 지루하고 어렵고 고통스러웠던 거죠.

과학 공부의 실험 절차는 글과 이미지보다 애니메이션이나 동영상으로 전달해야 훨씬 효과적으로 이해됩니다. 실험 절차는 기본적으로 사람의 움직임이나 상태의 변화가 언제나 수반되는 학습 내용이기 때문입니다. 여러분은 혹시 이케아 같은 가구점에 가서 가구를 사다가 조립을 해 본 적이 있으십니까? 이케아는 소비자가 직접 가구를 조립하는 걸로 유명한 가구 브랜드죠. 이케아의 가구 제품 안엔 조립설명서가 들어 있고, 사용자는 그 설명서를 보고 조립할 수 있습니다. 그런데 이케아 제품의 함정은 스스로 조립을 할 수는 있지만 그것이 결코 쉽지 않다는 겁니다. 부피가 크고 복잡하고 비싼 제품일수록 DIY(Do It Youself, 혼자서 조립하기)가 너무 어렵습니다. 가구 조립 같은 절차적인 지식을 잘 전달하려면 누군가 직접 조립하는 모습을 보여 주는 것이 가장 좋습니다.

가구 조립과 마찬가지로 실험 절차도 절차적인 지식에 속하는지라 내용을 잘 전달하려면 이미지와 글보다 애니메이션이나 영상으로 보여 주는 것이 좋습니다. 물론 학습자가 실험을 직접 해 볼 수 있게 하는 것이 가장 좋지만 교과서에 나오는 모든 실험들을 지원하는 일은 물리적으로 어렵죠. 대신 디지털교과서에서 지원되는 멀티미디어 자료들을 활용해 간접적으로나마 실험 절차를 수행해 보면 됩니다. 이것은 완전학습 측면에서도 많은 도움이 되는 일이고요.

저는 지구의 자전이나 공전과 관련된 개념이 잘 이해되지 않았습니다. '지구가 어떻게 자전을 하면서 공전을 할 수 있는 거지?', '지구가 자전을 하면 왜 낮과 밤이 생기는 거지?' 이와 관련된 개념들을 교과서에 쓰여 있는 글과 이미지만으로 이해하려니 상상이 잘 안 되었고, 그래서 억지로 이해하려고 했죠. 무작정 암기해 머릿속에 이 내용들을 구겨 넣으려고 했었습니다.

그런데 디지털교과서에선 지구의 자전과 공전의 개념을 설명하면서 애니메이션으로 그 개념과 원리를 함께 보여 주니 직관적으로 이해가 됩니다. 애니메이션이나 영상으로 학습하게 되면 지구가 태양 주위를 어떻게 자전하면서 공전하는 것인지를 억지로 이해하려고 노력할 필요가 없는 것이죠. 이해에 대한 부담이 확연히 줄어드는 겁니다.

과학 공부에서 중요한 핵심이 개념과 원리 그리고 실험 절차에 대한 학습이라고 했습니다. 이것들을 디지털교과서에 들어 있는 동영상, 애니메이션 등의 다양한 멀티미디어 자료를 활용해서 학습한다면 학습 내용을 이해하는 일이 훨씬 쉬워지니, 과학 공부를 위해 디지털교과서를 적극 활용하는 것이 좋겠습니다.

전략 ⑤
유의미화 전략을 활용한다

과학은 자연 현상을 관찰하고 탐구하고 원리를 밝혀 내는 학문이기 때문에 유의미화 전략을 사용했을 때 이해가 한층 더 잘되는 과목이기도 합니다. 그래서 과학 개념과 원리를 학습했을 때 이것을 내게 더 의미 있게 만들기 위해 내가 경험한 것들과 서로 연결해 보면 완전학습 수행에 큰 도움이 되죠. 그러면 과학 교과에서 배운 학습 내용이 내게 더 의미 있어지기 때문에 이해도 잘되고, 기억도 더 잘됩니다.

예를 들어 공기의 성질이란 학습 내용을 제게 유의미하게 만들기 위해 다음과 같이 제 개인적인 경험과 공기의 성질이란 개념을 서로 연관지어 보았습니다.

"공기가 눈에 보이진 않지만 공간을 차지하고 있고 이동할 수 있다는 성질이 있어. 이를 이용한 제품 중에는 이불 압축 팩이 있지. 이사할 때 이불과 옷들을 전부 이불 압축 팩에 넣었더니 이불과 옷들이 마른 오징어처럼 납작해지더라고. 그때엔 그게 아주 신기하고 편리하다고 생각했는데, 지금 과학 교과서에 나온 개념들을 보니까 이불 압축 팩이 공기에 부피가 있다는 성질, 그리고 공기가 이동이 가능하다는 성질을 이용해서 만든 제품이었구나 싶어. 일단 이불 압축 팩에 이불을 넣으면 이불과 공기가 섞여 있어서 처음엔 부피가 매우 크지만 진공청소기로 공기만 쭉 빨아들이면 압축 팩에서 공기만 빠지니까, 즉 공기가 이동을 하기 때문에 이불 압축 팩이 확 쪼그라드는 거지.”

어떻습니까? 제 머릿속 사고의 흐름을 느끼실 수 있으셨나요? 제가 어떻게 경험을 과학 개념과 연결했는지 이해할 수 있으실 겁니다. 이런 식으로 개인적 경험과 과학 교과에서 배운 개념 원리들을 연결해 보세요. 개인적 경험이 학습 내용과 연결되었을 때 그 학습 내용에 의미가 생기고, 이해와 기억도 훨씬 더 잘될 겁니다.

전략 ❻
생각그물을 통한 개념 정리로 마무리한다

과학 교과서는 모든 교과서들 중에서 유일하게 ‘조직화 학습 활동’을 담고 있습니다. 제가 교과서들을 살펴보며 예전과는 달리 많이 발전되었다는 점을 여러 군데에서 느꼈는데, 그중 하나가 과학 교과서에서 학습자가 조직화 전략을 사용할 수 있도록 공식적으로 지원해 준다는 점이었어요.

과학 교과서의 단원 마지막 부분에서는 단원 정리를 조직화되어 있는 상태로 보여 줍니다. 그리고 과학 교과서에 딸려 있는 실험 관찰 책에서는 '생각그물'이란 이름으로 학습자가 단원에서 배운 학습 내용들을 조직화해 보도록 권하고 있어요. 그래서 교과서를 가지고 충분히 학습 활동을 수행한 다음에 이제 학습 내용들을 최종적으로 정리한다는 느낌으로 생각그물을 만들어 볼 수 있습니다. 단원 내용 전부가 교과서에 이미 조직화되어 정리돼 있었더라도, 이번엔 내가 생각그물이란 형태로 스스로 학습 내용을 조직화해 보는 것이죠. 자신이 만든 생각그물을 참고해 '선생님 놀이'를 해 보면 더욱 좋습니다. 부모님께선 아이의 설명을 들으면서 단원의 학습 목표들을 아이가 제대로 성취했는지 점검해 주실 수 있습니다.

과학 교과서엔 어떤 학습 목표들을 성취해야 하는지에 대한 기준을 알려 주는 '스스로 확인하기'와 같은 부분이 있습니다. 이걸 기준으로 아이가 단원에서 요구하는 학습 목표들을 제대로 성취했는지 확인하시고, 개념과 원리를 잘 이해했는지, 실험 과정을 잘 설명할 수 있는지, 개념 원리와 실험 과정을 잘 연결했는지를 점검해 주시면 됩니다.

이해가 미진한 부분이 있다면 아이에게 보완할 시간을 주세요. 아이는 무엇이 부족한지 부모님께 피드백을 받았기 때문에 그 부족한 부분을 메우려고 더 집중해서 노력할 겁니다. 그리고 다시 부모님 앞에서 선생님이 되어 완전학습을 수행했는지 확인을 받으면 됩니다. 최종적으로 아이가 설명을 잘했으면 격려와 칭찬을 해 주시고, 이제 아이는 단원 마무리 확인 문제를 가볍게 풀어 본 뒤 공부를 마치면 됩니다. 이후부터는 온전히 아이의 자유 시간이 되는 것이고요.

03

사회
완전학습법

사회 공부를
한다는 것

사회학이라는 학문은 크게 두 가지로 나뉩니다. 하나는 '사회과학'이라는 영역이 있고, 또 하나는 '인문사회'라는 영역이 있습니다. 고등학교 과정에서 사회과학 과목들은 예컨대 '사회문화, 한국지리, 경제, 정치와 법' 같은 과목들로 나뉩니다. 인문사회엔 '생활과 윤리, 국사, 세계사' 같은 과목들이 있고요.

초등 사회 과정에선 이 모든 사회학 학문들을 하나의 교과서에 담아 초등학교 수준의 사회학 기초 지식들을 가르칩니다. 그러나 사회학은 훗날 이렇게 크게 두 가지 영역으로 나뉘기 때문에 배우는 학습 내용이 사회과학 쪽이냐, 아니면 인문사회 쪽이냐에 따라 그에 맞는 학습법을 적절히 잘 활용해서 공부해야 합니다. 우선 사회과학 학문들은 사회학이긴 하지만 과학적인 연구 방법을 통해 연구되는 학문입니다. 그래서 자연과학과 대비하여 사회과학이라고 부르는 것입니다. 따라서 사회과학 공부도 과학 공부와 본질적으로는 꽤 비슷합니다. 과학이라는 학문이 자연 현상에 대한 원인을 밝히고 설명하는 학문이라면, 사회과학은 사회 현상에 대한 원인을 밝히고 설명하는 학문입니다. 따라서 사회과학 공부도 자연과학을 공부하듯이 하면 됩니다. 대신 사회과학에선 실험 과정이 없고 원인과 결과를 이어 주는 복잡한 인과 관계도 없습니다. 개념을 이해하는 일이 수학이나 과학 교과에 비하면 단순한 편이죠. 대신 교과서에서 읽어야 하는 지문의 양이 많습니다. 사회학이라는 학문에선 연구 내용을 글로 기술하는 측면이 많기 때문입니다. 그래서 사회 교과서로 공부를 할 때엔 독해를 잘해야 하고, 한자어로 된 용어들을 익히는 일에 더 많은 시간을 투자해야 합니다.

반면 역사, 철학, 윤리와 같은 인문사회 과목들은 과거나 현재 있었던 실제 사실이나 사상에 관한 학문들입니다. 이런 학문들의 목적은 사실과 사상 안에 숨겨진 의미, 시대적 배경, 원인을 탐구해서 현재를 살아가는 지혜를 얻기 위함입니다. 즉, 인문사회를 공부한다는 것은 역사적 사실 혹은 사상 안에 숨겨진 원인, 배경, 속뜻을 파악하는 일이라고 할 수 있습니다.

사회 완전학습
전략 5

용어를 정교화한다

    사회 교과서는 국어 교과서와 비슷하게 지문이 깁니다. 긴 지문은 사회 과목의 두드러진 특징이고, 따라서 사회 교과는 학습자에게 어느 정도 이상의 독해력을 요구하는 과목이기도 하죠. 사회 교과서를 잘 읽기 위해서는 지문에 사용된 한자어로 된 용어들을 정교하게 학습하는 일이 필수입니다. 사회 교과에서 배우는 사회과학이나 인문사회학과 관련된 내용은 나중에 고등학교에 진학해 공부해야 하는 국어 비문학 독해에서도 피와 살이 되는 소중한 지식이기 때문에 아이들이 교과서에 나오는 용어만이라도 꾸준히 학습한다면 국어 과목에서 필수적인 기본 독해력을 기르는 데 많은 도움이 될 겁니다.

    사회 교과서의 지문이 길다는 것은 학습해야 할 용어가 많다는 걸 의미합니다. 그래서 아이들은 교과서 지문을 읽어 보면서 우선적으로 용어를 자세하게 학습할 필요가 있습니다. 예를 들어 결혼 풍습이란 개념을 배울 때 '풍습風習'이란 용어가 무슨 의미인지 명확하게 이해하는 겁니다. 국어사전을 찾아보면 '풍風'은 바람이란 뜻이고, '습習'은 습관이란 뜻임을 알 수 있습니다. 그래서 풍습은 '습관이 바람에 날렸다'고도 해석할 수 있죠. 따라서 풍습이란 '이 사회의 모든 사람들이 습관적으로 지키는 사회문화적인 습관이라고 할 수 있다. 습관이 바람에 날렸기 때문에 모든 사람들이 가질 수 있게 된 것이 아닌가?' 하고 제 나름대로 지식을 재구성하여 해석해 봤습니다. 이렇게 공부하는 것이 유의미화 전략을 활용하는 것임을 기억하시겠습니까?

결혼식에 대한 지문에선 '하객賀客'이란 말이 나옵니다. 하객이 무슨 뜻인가요? 하객이란 용어에서 '하賀'는 축하한다는 뜻이고, '객客'은 손님을 뜻합니다. 따라서 하객은 결혼식에 와서 결혼을 축하해 주는 손님들이란 뜻입니다. 엄마들에게 하객이 무슨 뜻인지 아시는지 물어봤습니다. 그랬더니 "그냥 결혼식에 온 손님 아닌가요?" 하고 답하십니다. 그래서 하객은 정확하게는 그런 뜻이 아니라, 개념적으로는 축하해 주러 온 손님이라고 설명해 드리니 깜짝 놀라십니다.

또 결혼식에는 '주례主禮'가 있습니다. 주례는 한자어로 중심이 되는 예식, 예절이라고 해석할 수 있습니다. 그래서 주례란 결혼식과 같은 예식을 진행하는 일, 혹은 그런 일을 하는 사람을 의미합니다. 결혼식을 진행하는 것, 혹은 결혼식을 진행하는 사람이라는 뜻이죠.

'폐백'이란 용어도 나옵니다. 폐백은 신부가 처음으로 시부모를 뵐 때 큰절을 하고 올리는 물건, 또는 그런 일이라고 합니다. 폐백幣帛은 한자어로 비단이란 뜻인데 옛날엔 신부가 시댁에 가서 신랑 부모님과 시댁 어른들에게 인사를 드리면서 비단을 선물로 드렸다는 것에서 유래된 단어죠. 그런데 지금은 신부가 친정에서 준비해 온 대추·밤·술·안주·과일 등을 상 위에 올려 놓고 큰절을 한 뒤 술을 올리는 것으로 풍습이 바뀌었습니다. 폐백에 관한 이런 정보들은 제가 검색을 통해 찾은 추가적인 내용입니다. 이와 같은 방식으로 교과서에 나오는 한자어 용어들을 국어사전은 물론이고 필요하다면 인터넷 검색을 통해 좀 더 자세하게 살펴보는 활동은 완전학습을 하는 하나의 과정이 됩니다.

전략 ❷

개념과 원리를 학습한다

사회 교과에서도 개념과 원리 학습이 중요합니다. 옛날에는 많은 가족 구성원들이 같이 모여서 한 집에 살았는데, 이처럼 결혼한 자녀와 부모가 함께 사는 가족을 '확대 가족'이라 한다고 교과서에 나옵니다. 확대 가족이 하나의 개념이죠. 그다음 원리 학습이 바로 연계되어 수행되어야 합니다. 옛날에는 왜 확대 가족 형태로 사람들이 살았는가에 대한 이유를 설명하는 것이 바로 개념과 연관된 원리입니다. 옛날에 확대 가족이 많았던 이유는 옛날엔 주로 농사를 지어 일손이 많이 필요했기 때문이었죠. 이것이 확대 가족이란 사회 현상이 생기게 된 원리입니다. 확대 가족과 반대되는 개념이 오늘날의 '핵가족'인데, 핵가족이란 개념의 정의는 '결혼하지 않은 자녀와 부모가 함께 사는 가족이다'라고 교과서의 지문을 보고 정리할 수 있어야 하고요. 그다음 왜 오늘날에는 가족 형태가 핵가족이 되었는지 설명할 수 있어야 합니다. 그래야 원리를 이해했다고 할 수 있으니까요. 교과서의 지문을 분석해 보자면, 오늘날 가족 형태가 핵가족이 된 이유는 결혼을 한 후에 직장이나 자녀 교육 등 여러 가지 이유로 부모님과 따로 떨어져 사는 경우가 많기 때문이라는 겁니다. 옛날엔 집안일은 주로 여자가 하고 바깥일은 주로 남자가 했습니다. 현재에도 남편이 보통 밖에서 돈을 벌고 아내는 집에서 살림하면서 아이들을 돌보는 경우가 많습니다.

그런데 이런 남녀의 역할 구분이 점점 없어지고 있습니다. 아내가 밖에 나가서 돈을 버는 경우가 많고, 남편이 집에서 살림하며 아이를 돌보고 아내가 밖에서 일하는 경우도 심심치 않게 볼 수 있는 사회가 되었습니다. 이것이 바로 하나의 사회 현상이라는 거죠. 왜 이런 현상이 생겼는지 그 원인을 이해하는 것이 사회 과목을 완전학습 하는 방법 중 하나입니다. 그러면 이제 그 원인을 교과서에서 찾아봅니다. 남녀 역할 구분이 점점 없어지는 사회 현상에 대한 원인은 오늘날에는 교육받을 기회가 늘어나면서 여성이 사회에 진출할 수 있는 기회들이 많아졌기 때문입니다. 그리고 남녀가 평등하다는 의식이 높아졌기 때문이지요. 이렇게 사회 현상에 대한 원인을 이해하는 학습 활동을 수행하는 걸 바로 원리학습이라고 합니다.

또 다른 예를 들어 보겠습니다. 강화도 조약은 우리나라가 외국과 맺은 최초의 근대적 조약이었지만 조선에 불리한 불평등 조약이었다고 교과서에서 설명합니다. 그것이 왜 불평등한 조약이었는지를 이해하는 활동이 바로 원리학습입니다. 다음과 같이 교과서의 내용을 계속 분석해 봅니다. 강화도 조약의 일부를 살펴보면 이렇게 되어 있습니다.

1 조선은 자주적인 나라로 일본과 평등한 권리가 있다.
2 조선의 해안을 일본이 자유로이 측량하도록 허가한다.
3 개항한 항구에서 일본인이 죄를 지어도 조선 정부가 심판할 수 없다.

완전학습을 한다는 것은 강화도 조약이 왜 불평등한 조약이었는지를 나의 언어로 설명할 수 있을 만큼 교과서 지문의 내용을 하나하나 확인해 보는 활동을 수행하는 겁니다. 강화도 조약의 1번은 언뜻 보기엔 두 나라가 평등함을 기술하는 것 같지만 일본 측에서 조선에 대한 청나라의 간섭을 막기 위해 만든 조항입니다. 2번 조약은 터무니없는 조항입니다. 이 조항은 생판 모르는 사람이 우리 집 안으로 들어와서 숟가락, 젓가락이 몇 개 있는지 조사해도 상관없다는 것과 똑같은 조항입니다. 3번은 더 말이 안 되는 조항입니다. 강화도에선 일본인이 조선인을 때리고, 물건을 빼앗고, 심지어 살인을 해도 조선 정부가 아무것도 할 수 없다는 의미가 됩니다.

이런 식으로 강화도 조약이 왜 불평등한 조약이었는지를 교과서를 통해 정리하고 설명할 수 있을 정도로 학습하는 것이 사회 과목의 개념과 원리를 학습하는 것이라고 말할 수 있습니다.

전략 ③
디지털교과서를 적극 활용한다

　사회 과목도 디지털교과서를 절대적으로 활용해야만 하는 과목입니다. 제가 만약 학생이었을 때 디지털교과서를 활용할 수 있었다면 그렇게 재미없고 지루하게 사회 공부를 하진 않았을 것 같습니다. 아직도 제 머릿속에 기억나는 고등학교 시절 과목 하나는 세계사인데, 세계사 교과서는 정말 끔찍했습니다. 엄청난 두께에 그림도 거의 없고 흑백 인쇄라 거의 지문들로만 꽉 채워져 있었거든요. 그래서 전 세계사 수업을 듣는 일도 힘들었고, 세계사 책을 가지고 공부하는 것도 곤혹스러웠습니다. 오스만 튀르크가 어쩌고저쩌고, 이런 내용들을 보고 읽어도 상상이 되질 않았습니다. 상상이 안 되니 개념들이 머릿속에 착 달라붙는 게 아니라 그냥 둥둥 떠다니는 느낌이었습니다.

　오스만 튀르크는 옛날 터키 제국을 말하는 건데, 그럼 최소한 교과서에서 터키 사람 얼굴이라도 보여 주거나, 오스만 제국 사람들의 생활 모습을 좀 다양하게 그림으로라도 보여 줬다면 그나마 공부가 수월했을 겁니다. 그런데 역사를 글로만 공부해야 하니 상상도 안 되고, 상상이 안 되니 의미도 없고, 의미가 없으니 이해도 안 되고, 이해가 안 되니 기억도 안 되고…. 제 세계사 점수가 어땠을지는 여러분 상상에 맡기겠습니다.

　이런 맥락에서 디지털교과서는 완전학습을 위해 매우 좋은 학습 도구입니다. 왜냐하면 디지털교과서엔 풍부한 사진과 이미지 자료뿐만 아니라 애니메이션에 영상 자료까지 풍부하게 들어 있어서 상상력이 풍부하지 않은 저 같은 학생들에겐 너무도 좋은 학습 자원이기 때문입니다.

예를 들어, 정약용 선생님이 수원 화성을 건설했을 때 교과서에선 새로운 과학기술을 활용해 건설했다고 단순하게 글로만 설명합니다. 이렇게 글로만 기술하면 의미 있게 이해되지 않아 성적도 안 나오고 공부가 재미없습니다. 그러나 디지털교과서에선 수원 화성을 건축할 당시에 사용되었던 거중기나 녹로가 어떤 기술을 이용한 건축 도구였는지 애니메이션을 통해 직접 보여 줍니다. 수원 화성 건축이 어떤 과정으로 진행되었고, 거중기나 녹로가 왜 혁신적인 과학 기술이었는지 더욱 구체적으로 의미 있게 이해됩니다. 그걸 우리 눈으로 직접 볼 수 있으니까요. 사회 교과 학습 내용들을 이해하려면 학습 개념들과 관련된 것들을 직접 보는 것이 무척 중요합니다. 이미지든, 애니메이션이든, 영상이든 그걸 직접 볼 수 있어야 유의미해지기 때문입니다. 글로만 되어 있는 정보는 이해하기 쉽지 않아서 의미가 생기기 어렵습니다.

전략 ④
유의미화 전략을 활용한다

사회 과목은 어떤 다른 교과보다도 학습 내용과 개인적 경험을 연결하기가 수월한 과목입니다. 사회학은 우리가 사회에서 일상 생활을 하면서 보게 되는 현상이나 사건들에 대해 연구하고 기술하는 학문이기 때문입니다.

예를 들어 인권이라는 개념에 대해 배울 때 인권침해라는 부개념에 대해서도 함께 배웁니다. 그래서 완전학습을 위해 인권 침해란 개념을 개인적 경험과 서로 연결해 보는 학습 활동을 수행해 보는 겁니다. 제 경험을 한번 연결해 보겠습니다. 학교에서 신체 검사를 할 때 보통 몸무게를 측정합니다. 제가 고등학생 때 체육 선생님 주관으로 신체 검사를 했었고, 선생님께선 학생들의 신체 정보를 직접 기록하는 게 귀찮으셨는지 신체 검사 결과를 생활기록부에 아이들이 직접 기록하게 하셨습니다. 그런데 문제는 당시 생활기록부는 한 반의 모든 학생들의 기록이 같이 묶여 있는 구조로 되어 있었기 때문에 자기 것을 기록하면서 다른 아이들의 신체 검사 정보까지 볼 수 있다는 것이었어요. 남학생들은 여학생들의 몸무게를 궁금하게 여겼고, 그 여학생들의 몸무게를 몰래 봤습니다. 저도 그 자리에 있었기 때문에 같이 보게 되었는데, 이것이 인권침해에 해당하는 행동이었구나 하고 지금 반성하게 됩니다. 타인의 개인정보를 동의 없이 보는 것은 인권을 침해하는 행동이니까요.

개인적 경험을 학습 내용과 연결하는 것과 더불어 학습 내용에 대한 개인적 평가를 내려 보는 것도 완전학습을 위해 필수적인 활동입니다. 완전학습 개념을 제안한 블룸 교수가 완전학습을 위한 학습 활동 여섯 가지를 제안했는데, 이 중에서 매우 고차원적인 학습 활동이 '평가하기'였습니다. 학습 내용에 대해 평가를 하게 되면 완전학습에 더 가까워진다는 것입니다. 어떤 학습 내용에 대해 평가를 할 수 있으려면 일단 그 내용을 구체적으로 이해하고 있어야 합니다. 알지 못하는 것에 대해 평가를 할 수는 없으니까요. 그리고 평가를 내리는 일엔 우리의 감정이 연관됩니다. 평가라는 것은 긍정적이냐, 부정적이냐로 나누는 가치 판단에 가깝습니다. 긍정적인 판단은 좋게 생각한다는 뜻이고, 부정적인 판단은 나쁘게 생각한다는 뜻이죠. 즉, 이것은 평가가 우리의 감정과 연관되어 있다는 것이고, 따라서 평가라는 활동을 하게 되면 학습적인 측면에선 기억하는 일에 아주 큰 도움이 됩니다. 내가 평가 내린 것은 잘 까먹지 않는다는 말입니다.

예를 하나 들어보겠습니다. 강화도 조약에 대해 배웠다고 합시다. 그러면 강화도 조약에 대해 평가를 내려 보는 겁니다. 이 역사적 사건에 대한 나의 의견을 기술해 보는 것이죠. 저는 강화도 조약에 대해 다음과 같이 평가해 보았습니다.

'흥선대원군이 왕권을 강화하는 일에 몰두한 나머지, 주위 세상이 빠르게 변하고 발전해 가고 있을 때 외국과 교류하지 않고 고립된 채 우물 안 개구리처럼 나라를 운영했다. 나라를 지키는 데 필수적인 군사력 키우기를 등한시했고, 결과적으로 군사력이 월등히 우월한 일본과 이런 말도 안 되는 불평등한 강화도 조약을 맺게 되었다. 나라에 힘이 없을 때 이런 치욕스러운 일을 당하게 되는 거구나. 나라를 운영하는 국정 책임자의 역할이 이 얼마나 중요한가. 나라의 힘을 키우는 일이 이 얼마나 중대한가. 강화도 조약 같은 치욕을 다시는 당하지 않기 위해 우린 어떤 노력을 기울이고 있는가? 우리는 현재 힘이 있는가?'

제가 내린 평가에 감정이 많이 섞여 있음이 느껴지나요? 감정과 지식이 서로 연계되면 이해도 잘되고 기억도 잘되는 법입니다. 평가 활동을 하게 되면 누가 강요하지 않아도 자연스럽게 완전학습이 됩니다. 자신의 경험과 학습 내용을 잘 연결해 보고, 학습 내용에 대한 주관적인 평가를 내려 학습 내용이 나에게 더욱 유의미해지게 만드는 것입니다. 이를 통해 우리는 완전학습에 훨씬 더 가까워지게 됩니다.

전략 ⑤
생각그물을 통한 개념 정리로 마무리한다

조직화 전략을 사용해야 한다는 것은 사회 교과에서도 완전학습을 위한 동일한 원칙입니다. 과학 교과의 실험 관찰 책에서 '생각그물'이라는 재미있는 도구를 제안했었죠. 마찬가지로 사회 교과에서도 생각그물이란 도구를 활용해 학습 내용들을 그물처럼 차곡차곡 조직화해 볼 수 있습니다. 예를 들어 초등학교 3학년 과정의 가족 형태와 역할 변화에 대한 개념과 원리를 학습한 후 학습 내용들을 생각그물 형태로 조직화해 보는 것이죠. 우선 다음과 같이 가장 큰 개념 위주로 조직화합니다.

가족의 형태로 처음 배운 것이 확대 가족과 핵가족이었어요. 그래서 다음과 같이 개념들을 조직화해 주었습니다.

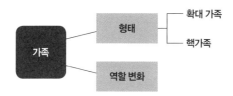

가족의 형태로서 확대 가족이 있었던 이유는 옛날엔 농사를 지어 일손이 많이 필요했기 때문이었고, 현재 핵가족 형태가 된 이유는 직장 및 자녀 교육 등의 이유로 인해 결혼 후 자신의 부모와 떨어져 살게 되었기 때문이었죠. 그래서 다음과 같이 조직화해 보았습니다.

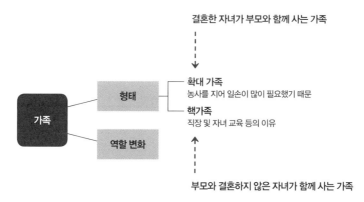

그다음 역할 변화에선 예전엔 남녀의 역할 구분이 분명했는데 오늘날에는 남녀의 역할 구분이 없어졌다고 했어요. 그 이유는 교육받을 기회가 늘어나 어느 정도 동등해졌고, 그래서 여성의 사회 진출이 활발해졌으며, 또 남녀가 평등하다는 의식이 높아졌기 때문이었어요.

다양한 가족 형태에는 부모님 중 한 분이 외국인인 가족, 부모님이 서로 재혼한 가족, 아이를 입양한 가족, 어머니나 아버지 중 한 분이 없는 한부모 가족, 할머니나 할아버지와 사는 조손 가족, 반려동물 가족 그리고 이산가족도 있었습니다. 이를 다 포함하여 생각그물을 그려 보았습니다.

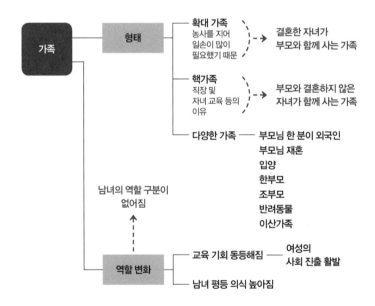

사회 과목은 교과 특성상 교과서의 지문이 길기 때문에 이처럼 반드시 학습 개념들을 체계적으로 조직해야 긴 지문들 속에서 내가 무엇을 배웠는지 핵심 위주로 기억할 수 있고, 개념을 구분할 수 있습니다. 학습 내용의 조직화는 완전학습을 위해 반드시 수행해야 하는 학습 활동입니다. 이렇게 생각그물을 완성한 다음 아이가 부모님 앞에서 선생님 놀이를 하면서 점검을 받고 완전학습이 잘되었다면 그것에 대해 부모님께서 칭찬해 주고 끝내면 되겠죠?

완전학습
바이블

4부

독해력이 힘!

과목별
완전학습법 II
:국어·영어

01

국어
완전학습법

국어 공부와
정서지능의 관계

국어는 정말 묘한 과목입니다. 사실 국어인 한국어를 잘 못하는 한국인들은 거의 없죠. 한국 사람이면 한국말을 잘하고 글도 문제없이 잘 읽습니다. 그런데 국어 점수는 다 잘 나오는 건 아니란 말이죠. 수학이나 과학은 개념과 원리를 이해 못 하면 점수가 나오지 않습니다. 그런데 국어 과목에선 복잡한 개념이나 원리 같은 걸 학습하진 않거든요. 그래서 애매하다는 겁니다. 한국어를 못하는 것도 아니고, 글을 못 읽는 것도 아닌데 점수가 잘 안 나올 수 있으니까요.

수능 시험을 몇 개월 앞두고 전 고민이 생겼습니다. 모든 과목들 중에서 국어 점수만 오르지 않았거든요. 국어 문제집들을 여러 권 사서 열심히 풀어 보고 오답 체크도 하며 나름대로 열심히 노력했지만 점수가 안 올랐습니다. 그래서 국어 선생님께 방법을 여쭤 보았지만 안타깝게도 국어 선생님마저 국어 공부를 어떻게 하는지 모르셨습니다. 선생님께선 제게 그냥 열심히 하라는 말만 해 주시고 상담을 마치셨습니다.

맞습니다. 국어 공부라는 것은 국어 선생님도 잘 모를 정도로 공부법이 애매합니다. 수학, 과학, 사회 같은 과목들은 개념과 원리 공부만 충실히 하면 성적이 무조건 올라갑니다. 이 과목들의 문제는 난도가 높아 봤자 개념과 원리를 응용하는 문제들이기 때문에 개념 원리 학습만 충실히 한다면 점수가 안 나올 수가 없어요. 그리고 결정적으로 이 과목들은 시험 범위가 분명히 정해져 있습니다.

그런데 국어는 그렇지 않거든요. 수능 같은 경우 시험 범위도 명확하게 정해져 있지 않고, 열심히 한다고 해서 점수가 나오는 그런 과목이 아니죠. 그래서 수학을 정말 잘하는 학생들도 국어는 도대체 어떻게 공부해야 하는지 모르겠다면서 하소연하는 경우도 많았습니다. 국어 공부는 과연 어떻게 해야 하는 걸까요?

국어 완전학습의
큰 그림

국어를 완전학습 하려면 어떤 과목인지부터 알아야겠죠. 국어는 무엇을 배우는 과목일까요? 국어는 '소통의 과목'입니다. 국어는 사람들 사이의 소통을 위한 도구적인 학문이죠. 쉽게 말해 국어는 상대방이 무슨 말을 하는지, 무슨 내용의 글을 썼는지를 잘 알아듣기 위해 공부하는 과목입니다. 이는 상대방이 무슨 말을 하는지 정확하게 알아듣지 못하거나 해석하지 못한다면 국어 시험에서 절대로 좋은 점수가 나올 수 없다는 뜻이기도 합니다.

인간은 다른 사람과 소통하는 일에서 항상 실패합니다. 인간의 커뮤니케이션 중 약 70%에서 오류가 발생합니다. 난 이런 의도를 가지고 이런 메시지를 전달했는데, 내 말을 듣거나 내 글을 읽은 많은 사람들은 내 의도를 잘 이해하지 못하고 심지어 곡해하기도 합니다. 제가 국어 시험 출제자로서 어떤 문제들을 어떤 학생들에게 냈는데 제 말을 못 알아듣거나 곡해하면 그 학생들은 제가 출제한 문제들을 맞힐 수 없을 거예요. 그 학생들은 저와 소통하는 일에서 실패했기 때문이죠.

이처럼 국어 과목의 핵심은 소통입니다. 소통을 잘하면 점수가 잘 나올 것이고, 소통을 못 하면 점수가 안 나올 거예요. 소통하는 걸 배우는 것이 국어를 공부하는 것이라고 이해해도 무리가 없습니다. 국어 과목에서 소통을 잘하는 힘을 '독해력'이라고 합니다. 물론 잘 듣고 해석하는 능력인 청해력도 중요하지만, 국어 공부 측면에선 독해가 더 많이 강조되죠. 또 청해력도 독해력을 기반으로 하기 때문에 독해력의 향상을 국어 공부의 근본 목표라고 간주해도 틀리지 않을 겁니다.

독해력이란 글을 읽고 뜻을 잘 이해하는 능력입니다. 그러나 단순히 글을 읽는 것 이상의 능력을 말합니다. 글을 쓴 사람이 어떤 목적으로 글을 썼는지, 무슨 메시지를 전달하려고 한 것인지를 파악하는 고차원적인 능력을 포함합니다. 인간이 만물의 영장이라고 불리는 것도 바로 독해력을 가지고 있기 때문입니다. 독해력은 인간의 고등 정신 능력이기 때문이죠. 그렇다면 독해력은 어떻게 키울 수 있을까요? 이 질문에 대한 답을 찾기 전에 독해력이 왜 길러지지 않는지에 대해 먼저 생각해 보면 의외로 쉽게 독해력 향상 방법에 대한 답을 얻을 수 있습니다.

고등학교 3학년이 된 다인이에게 "넌 국어 시험에서 장문의 긴 지문들을 읽으면 이해가 잘되는 편이니?"라고 물어 보았습니다. 그러자 "아니요, 지문들을 읽긴 다 읽는데 읽고 나면 뭘 읽었는지 모르겠고, 그냥 머리가 멍한 느낌이에요"라고 말하더군요. 이런 예가 바로 독해력이 부족한 경우입니다. 글을 읽고 해석을 못 했으니까요. 그럼 글은 무엇으로 이루어져 있습니까? 글은 문단으로 이루어져 있으며, 문단은 문장으로 이루어져 있고, 문장은 어휘들과 각종 어법, 수사법으로 이루어져 있습니다. 그래서 독해력이 부족하다는 건 문장을 이루고 있는 기본 단위들인 어휘나 어법, 수사법 같은 국어적 지식에 대한 이해가 부족하다는 겁니다. 다인이는 어휘, 어법, 수사법 같은 독해에 필요한 지식을 학습하지 않았던 것입니다.

그리고 독해력이 부족한 또 다른 이유는 본인이 가지고 있는 사고의 회로 때문입니다. 이것을 보통 선입견 혹은 고정관념이라고 부르는데요. 본인의 성격, 부모의 양육 방식, 그로 인한 성장 환경과 같은 경험들 때문에 쓰여 있는 글을 있는 그대로 받아들이거나 이해하지 못하고 본래 내용을 왜곡하거나 잘못 이해하는 경우가 많습니다. 이런 학생들은 필자의 의도를 무시하고 자기 마음대로 글을 해석해 버립니다. 국어 과목에서 좋은 성적을 얻으려면 필자가 쌀이 쌀나무에서 열린다고 썼을 때 일단 그 사실을 있는 그대로 받아들여야 합니다. 필자가 잘못된 정보를 전달했다 하더라도 필자의 의도와 중심 생각을 잘 읽어 내는 것이 독해력의 기본이기 때문입니다. 국어 시험에는 나의 생각을 물어보는 문제가 나오지 않습니다. 사실 나의 주관적 생각은 국어 시험에선 전혀 중요하지 않죠. 오히려 나의 생각은 국어 시험을 볼 때 비판적 사고 활동을 방해할 때가 많습니다.

비판적 사고의 가장 기본이 되는 능력은 필자가 말한 사실과 사실이 아닌 것을 구분하는 능력입니다. 이것이 필자가 말한 것인가 아닌가, 필자가 말했지만 사실 여부는 알 수 없는 것인가, 필자가 직접 말하진 않았지만 필자가 말한 것들로 유추해 보았을 때 그것은 필자의 중심 생각과 부합된다고 말할 수 있는가 등을 판단하는 능력이 비판적 사고력입니다. 국어 시험에선 필자가 전달한 사실이 객관적으로 틀렸거나, 혹은 필자가 전달한 메시지가 가치중립적이지 않다 해도 필자의 중심 생각을 제대로 해석해 주는 것이 올바른 독해입니다.

그런데 나의 주관이 너무 강하면 비판적 사고를 방해하게 되고, 필자가 전달하려는 메시지를 곡해하게 됩니다. 필자는 그런 이야기를 한 적이 없는데, 그런 이야기를 했다고 착각하게 되어 출제자가 파 놓은 함정에 걸리게 되죠. 따라서 나의 생각은 객관적인 독해 활동에 방해되지 않도록 자제해야 합니다. 나의 주관적인 생각이 비판적 사고를 방해하지 않도록 일부러라도 내 생각을 눌러야 한다는 거죠. 내 생각을 눌러야만 필자가 쓴 글을 읽고 필자가 과연 어떤 메시지를 전달하려고 했는가를 제대로 읽어 낼 수 있기 때문입니다.

독해력과
인성의 관계

여러분도 아이를 키울 때 내 감정과 생각을 억눌러야 할 때가 많으셨을 거예요. 아이의 감정을 읽기 위해 그렇게 하셨을 겁니다. 마찬가지 맥락에서 독해력은 놀랍고 신기하게도 겸손이라는 인성적인 부분이 밑바탕으로 잘 깔려 있어야 최대로 만개할 수 있는 능력이기도 합니다. 국어 과목만큼은 인성적으로 겸손한 사람이 더 잘할 수 있는 과목이라는 뜻입니다. 겸손한 사람은 자신의 생각을 일단 누르면서 상대방의 이야기를 끝까지 들어 주는 특성이 있기 때문이죠. 그래서 국어를 잘하는 학생들을 보면 신기하게도 모난 친구들이 많이 없습니다. 대부분 생각이 올바르고, 인성도 괜찮고, 성실합니다. 이걸 반대로 해석해 보면 머리가 좋다고 하더라도 겸손하지 않고 인성이 별로인 친구들은 국어 과목에서만큼은 높은 성적을 기대하기가 어렵다는 거예요. 앞서 초등학교 입학 이전에 아이의 기본적인 인성 계발이 완성되어야 한다는 말을 계속해서 강조해 왔던 것 기억하십니까? 그것이 단지 도덕적으로 그래야만 하니까, 당위적인 이유로 그런 것이 아니라 학업 성취도에서 실제로 큰 영향을 주기 때문입니다.

제가 고등학생이었을 때 수학을 특히 잘하던 친구가 있었어요. 수학만큼은 전교생 600명 중에서 가장 잘한다는 소리를 듣는 친구였는데, 그 친구가 가장 못했던 과목이 바로 국어였어요. 그럼 그 친구의 인성은 어땠을지 예상되십니까? 별로 좋지 않았어요. 자존심도 강하고, 자기 주관도 확실하고, 고집도 센 친구였거든요. 별로 친해지고 싶지 않은 그런 친구였습니다. 그 친구는 고등학교 1~2학년 때까지는 국어 성적을 어느 정도 받았지만, 3학년 때부터 성적이 떨어지기 시작해 수능에서는 국어를 망쳤습니다. 결국 재수를 선택하더라고요. 전교에서 공부로는 세 손가락 안에 들던 친구였는데, 국어 때문에 그렇게 씁쓸하게 입시에서 실패를 맛본 것입니다.

제가 교육학을 전공하고 자녀 교육에 대해서만 12년 넘게 조사해 보니까, 과거에 경험했던 것들이 왜 그랬었는지가 너무 잘 이해되더라고요. 수학을 그렇게 잘하던 그 친구가 유독 국어는 왜 그렇게 못했는지, 당시에는 도무지 이해할 수가 없었거든요. 그 친구는 겸손하지 않았기 때문에 독해력을 키울 수가 없었던 겁니다.

유아를 키우는 많은 부모님들은 미처 여기까지는 생각을 못 해 보셨거나 들어 본 적이 없기 때문에 아이들의 지식 교육을 우선시하는 경우가 많은 것 같습니다. 그런데 숫자를 좀 늦게 배우거나 한글을 좀 늦게 떼면 어떻습니까. 그런 지식 교육보다는 다른 사람의 이야기를 끝까지 들어 줄 수 있는 능력을 키워 주는 인성 계발이 먼저여야 합니다. 다시 한번 강조하자면 이것이 당위적이라서 그런 것이 아니라 아이가 나중에 받게 될 국어 성적과 직접적으로 관련이 있기 때문입니다.

독해력 만개를 위한
두 가지 방법

아이의 독해력을 최정점으로 끌어올리는 두 가지 방법을 알려 드리겠습니다. 이 두 가지 부분을 부모님께서 잘 도와주신다면 아이의 국어 성적은 물론이고 행복지수가 높은 사람으로 성장시킬 수 있다고 확신합니다.

독서하기

첫 번째 방법은 독서입니다. 부모님들께서는 이미 독서의 중요성을 인지하시고 자녀 교육에서 매우 중요한 부분이라고 생각하실 겁니다. 약 3700명의 부모님들에게 아이의 독서 교육에 대해 어떻게 생각하는지 물어보았습니다. 그랬더니 87%의 부모님들이 독서가 자녀 교육에서 중요하다고 응답했고, 11%는 반드시 독서를 하진 않아도 되지만 독서는 유익하다고 응답했죠. 그러니까 98%의 부모님들이 독서에 대해 긍정적으로 생각하고 있었어요.

독서 활동이 국어 성적에 긍정적인 영향을 미치는 이유는 국어 시험이 본질적으로 글을 읽고 문제를 푸는 형식으로 되어 있기 때문입니다. 글을 읽는 일에 친숙한 아이일수록 국어 시험에서 유리한 것이죠. 제 친구 성진이 기억하시나요? 전교 600명 중에서 이 친구만 유일하게 수능 국어 시험에서 만점을 받았습니다. 그 친구가 자습 시간에 했던 것은 책 읽기, 소설 쓰기, 만화 그리기였습니다. 물론 전 그 친구가 글과 아주 친숙하고 문해력이 좋다는 건 어렴풋이 느끼고 있었지만, 실제 시험을 잘 볼 거라는 기대는 없었습니다. 사실 성진이가 시험을 잘 보면 안 된다고 생각했어요. 전 자습 시간에 공부를 열심히 했고, 그 친구는 안 했으니까요. 하지만 실제 수능에서 성진이는 대박을 쳤죠. 국어 점수가 만점이 나오니 굉장한 플러스가 되어서 성진이의 최종 점수는 상위 1%대가 나왔습니다.

성진이는 마음이 착했던 친구라 공부 안 했던 자신이 점수가 잘 나온 것에 대해 오히려 친구들에게 미안해했습니다. 이 이야기를 통해 자녀 교육 측면에서 우리가 배울 수 있는 적용점은 독서 활동이 국어 공부에 분명 도움이 된다는 점입니다. 긴 글을 읽어 내는 능력, 글에서 깨달음과 재미를 얻는 능력, 글의 흐름에 익숙해지는 것, 글을 읽는 속도가 빨라지는 것, 배경지식을 얻고 어휘력을 늘리는 것 등 독서를 통해 학습적인 측면에서 얻을 수 있는 능력이 많다는 것은 사실입니다.

초등학교 교사이자 EBS에서 초등 국어 강의를 하시는 선생님 한 분은 중학교 3학년 겨울방학 때 다른 친구들이 학원에서 국어 독해 문제집을 푸는 동안, 『태백산맥』이나 세계문학전집, 한국문학전집을 읽었다고 해요. 그리고 고등학교에 들어가서 첫 모의고사를 치렀는데 국어 120점 만점에 117점이 나왔고, 국어 점수만은 전교 1등을 했다고 합니다.

또 어떤 분은 초등학생 때 집 바로 옆에 도서관이 있어서 학교 마치면 도서관에서 대부분의 시간을 보냈다고 해요. 그분은 초등학교에 가서 4년 정도 집중해서 책을 읽었고, 중학교 입학 후에 본 모의고사와 수능국어 시험에선 거의 만점에 가까운 점수를 받곤 했답니다. 그래서 그분에게 국어 점수는 거저 얻은 점수였다고 하네요. 다른 학생들에게 국어 과목은 수학과는 또 달리 넘어서기 힘든 마의 과목인데 말이죠.

사실 이런 예들은 아마 여러분 주위에서도 어렵지 않게 찾아볼 수 있는 사례일 거예요. 따라서 아이가 학교를 다니는 중에도 독서만큼은 즐겁게 할 수 있도록 부모님께서 환경을 잘 꾸며 주시면 아이의 국어 공부에 분명히 도움이 될 것입니다.

정서지능 계발

독해력 만개를 위한 두 번째 방법은 아이의 정서지능을 잘 계발해 주는 겁니다. 국어 공부에 갑자기 웬 정서지능이냐고요? 정서지능이 낮으면 다른 사람들의 이야기에 공감하기 어렵고, 공감을 할 수 없으면 어떤 글을 읽고 필자의 정서와 의도를 읽어 낼 수가 없습니다. 여기서 정서지능이란 무엇일까요? 나의 감정을 섬세하게 이해하고, 따라서 다른 사람의 감정도 섬세하게 이해할 수 있는 능력을 의미합니다. 정서지능은 인간이 가지고 있는 보편적 정서를 읽어 내는 능력이라고 표현할 수 있어요.

국어 공부 맥락에서 글을 읽는다는 건 필자가 전달한 객관적인 정보 이외에도 필자의 기분, 정서를 잘 읽어 내는 일이 필수입니다. 사람들과의 일상 대화에선 이것을 '공감해 준다'라고 표현하기도 합니다. 긴 글을 읽고 글의 중심 내용을 파악하고 필자의 의도를 파악하는 일은 고차원적인 사고력과 높은 공감 능력을 요구합니다. 글에 쓰여 있는 주요 정보를 확인하는 것은 기본이고, 글 속에서 필자가 어떤 감정을 가지고 그런 표현을 했는지도 느낄 수 있어야 하기 때문입니다. 그래서 국어 교과서들을 살펴보면 '등장 인물의 기분이 어떠했을지 상상하며 읽어 보자'라든가, '주인공의 마음을 헤아려 보자'와 같은 학습 활동들이 나옵니다. 이것들이 다 무엇을 의미하는 것이겠습니까? 정서지능이 실제로 활용되는 국어 학습 활동의 예들입니다.

국어 공부의 본질은 소통하는 것을 배우는 일이라 했습니다. 그렇다면 소통의 본질은 뭡니까? 상대방의 이야기를 있는 그대로 받아들여서 이해해 주는 겁니다. 소통의 근본은 상대방의 이야기를 자의적으로 해석하거나 곡해하지 않는 거예요. 판단을 하지 않는 겁니다. 그대로 수용해 주는 것이 소통입니다. 그대로 받아들여 주지 않고 반대하는 말을 하는 것은 소통이 아니라 논쟁이나 싸움이겠죠.

필자가 자신의 글에서 '하얀 눈이 내리면 세상이 하얗게 덮여서 내 마음도 깨끗해진다'라고 표현했다고 생각해 보죠. 그런데 나는 눈이 내리면 차도 막히고 길도 미끄럽고 눈도 치워야 해서 짜증이 나는 거예요. 그래서 필자도 짜증이 났으리라고 자의적으로 해석해 버리면 국어 점수가 제대로 나올 수 없습니다. 국어 공부에서만큼은 내 위주로 해석을 하면 안 돼요. 내가 중심이 아니라 글을 쓴 필자 중심으로 생각할 수 있어야 합니다. 이런 국어 공부의 특성이 정서지능과 매우 부합한다는 것이고요.

세상은 나를 중심으로 돌아가지만 정서지능은 상대방이 중심이라고 느끼게 해 주고, 따라서 관계를 원만하게 해 주는 능력이기도 합니다. 물론 같은 사물을 보고 그것에 대해 가지는 정서는 사람마다 다를 수 있어요. 그런데 국어 공부의 근본은 소통하는 걸 배우는 것, 따라서 나는 하늘에서 내리는 눈을 보며 짜증이라는 감정만 주로 느낀다고 하더라도 그걸 인위적으로 지그시 누르고, 필자는 눈을 보며 고요, 평온이란 감정을 느꼈을 것이라고 공감해 줄 수 있는 능력이 국어 공부의 기반이 됩니다.

또 국어 교과서에서는 글을 읽고 재미있는 말을 찾아 보라는 학습 활동을 시키기도 합니다. 그런데 정서지능이 낮으면 재미있는 부분이 없을 수도 있거든요. 그러면 국어 공부가 꼬이기 시작하는 겁니다. 대부분의 사람들이 느끼는 보편적인 정서 상태에 대한 인지가 없으면 글을 쓴 필자나 글에 나오는 등장인물의 감정에 대해 공감하기 어렵기 때문에 국어 문제들에 나오는 함정 질문에 덜컥 걸리고 맙니다. 「겨울왕국」 애니메이션을 보고 슬픈 장면이 나오면 이게 슬퍼야 하는데 정서지능이 낮으면 슬픔을 느낄 수가 없고, 그러면 슬퍼하는 사람들에 대해 공감을 하기가 어렵기 때문에 그 사람들이 가지고 있는 생각과 정서를 정확하게 해석하기 어렵다는 거예요. 독해를 제대로 하려면 사람들이 가지는 보편적 정서, 보편적 생각에 대한 인지가 있어야 하는데 이것들이 없으면 해석을 정확하게 할 수 없습니다. 어차피 해석은 스스로 하는 것이므로, 일반 사람들에 대해 공감할 수 있느냐 없느냐의 차이가 국어 성적 상위권에 도전할 수 있는지를 가릅니다.

아이의 정서지능이 낮으면 국어 성적은 어떻게 될까요? 그런 아이는 아무리 국어 공부를 해도 일정 한계 이상을 극복하기가 불가능할 거예요. 그런 아이는 상대방의 정서를 못 읽어 내고, 상대방의 의견을 올바로 해석할 수가 없기 때문입니다. 제가 아이

취학 전에 지식 교육보다는 정서지능 계발에 집중하라고 부모님께 계속해서 말씀을 드린 것은 정서지능을 계발하는 것이 도덕적이고 당위적이어서만 그런 것이 아니란 걸 이제 이해하시겠죠?

정서지능을 계발해야 하는 이유는 학업을 위한 것이기도 합니다. 실제로 높은 정서지능이 학업에 도움이 되니까요. 반대로 낮은 정서지능은 국어 점수에 직접적인 타격을 줄 겁니다. 정서지능이 낮은 아이들이 공부를 잘할 거라고 기대할 수 없습니다. 그리고 앞에서 공부정서에 대해 자세히 다루었는데 공부정서 또한 정서입니다. 정서지능이 낮은 아이들이 공부정서는 높을 거라고도 기대할 수 없겠죠.

이것은 국어 공부인가,
인성 공부인가?

국어 교과서들을 살펴보면서 놀랐습니다. '요즘 국어 교과서들은 이렇게 변했구나, 아주 많이 달라졌구나' 하는 점을 느낄 수 있었거든요. 제가 가장 놀랐던 것은 국어 교과서의 상당 부분이 정서지능과 인성 교육과 관련된 내용들로 채워져 있다는 점이었어요. 예를 들어 정서지능과 관련해서는 등장인물의 기분을 느껴 보자는 내용이라든가, 감정 카드를 가지고 감정의 종류에 대해서 배우는 것, 자신의 감정을 조절하는 법에 관한 것, 공감하는 것, 마음을 헤아리는 것, 화해하는 것, 마음을 전하는 것, 미안하다는 말을 하는 것, 속상했겠다는 말을 하는 것, 감동받은 부분을 찾아보는 것 등 정서지능 계발과 관련된 학습 내용들이 아주 많이 나옵니다.

또 인성 교육과 관련해선 칭찬하는 일, 대화 기술과 대화 예절, 정교한 어법을 사용하는 일, 상대방 의도를 파악하는 일, 의견이 다를 때 의견을 조정하는 일 등 사회적 기술들을 배울 수 있는 내용들로 채워져 있었습니다.

부모님 세대들은 학교에서 배울 수 없던 것들입니다. 그런데 이런 좋은 내용들을 국어 교과서 지문에 실어서 아이들이 수업 시간에 학습적으로라도 배울 수 있도록 해 준 것은 국어 교과서를 만든 연구진, 집필진이 굉장히 사려 깊게 노력했다는 걸 의미합니다. 우리나라 공교육은 초등학교부터 문제들이 많습니다. 그러나 최소한 국어 교과서만큼은 굉장히 잘 만든 것 같습니다. 여러분도 국어 교과서의 내용을 아이와 함께 완전학습 하신다면 아이의 국어 실력은 물론이고 정서지능과 사회적 기술을 쌓는 데도 많은 도움이 될 것입니다. 또한 이미 성인이 된 여러분의 정서지능과 인성 계발 부분도 점검하고 보완해 볼 수 있는 좋은 기회가 될 거라 생각합니다. 국어 교과서를 읽는 것이 어떤 독서 활동보다 우선순위가 더 높다는 걸 염두에 두시면 좋겠습니다.

국어 완전학습
전략 4

국어 완전학습 방법은 수학이나 과학에 비해 훨씬 단순합니다. 국어 과목을 잘하려면 결국 소통을 잘하면 되는 거라 소통을 잘하기 위한 학습 활동을 수행하면 되기 때문이죠. 다음과 같은 네 가지 국어 완전학습 전략을 제안합니다.

전략 ❶
어휘를 정교화한다

독해력의 기반은 어휘력에 있다고 해도 과장이 아닙니다. 글은 문장으로 이루어져 있고 문장의 대부분은 어휘들로 이루어져 있으니까요. 앞서 언급되었던 고등학생 다인이가 국어 시험에서 지문을 읽긴 하지만 글의 내용이 이해가 잘 안 되고, 글을 읽는 도중 멍한 느낌이 든다고 말한 이유는 기본적으로 글에서 사용된 어휘들을 잘 이해하지 못하기 때문입니다. 따라서 국어 교과서로 공부를 할 때에도 수학이나 과학, 사회 교과를 공부할 때처럼 한자어 용어들에 대한 정교한 학습을 할 필요가 있고, 순수 우리말로 된 어휘들도 많으므로 이들에 대한 쓰임새도 정확히 학습할 필요가 있습니다.

예를 들어 국어 교과서 글의 지문에 '괭이, 쇠스랑이, 무쇠

솥, 석쇠, 포차, 팥소, 한 아름, 뜨뜻해요'와 같은 어휘들이 나왔을 때 이들 어휘들이 명사라면 도대체 그것이 무엇을 나타내는 건지, 동사, 형용사, 부사라면 그것들이 정확하게 어떤 의미로 사용되는 어휘인지를 이해하는 학습 활동을 수행해야 한다는 것입니다. 이런 어휘들이 나왔을 때 그냥 유추를 통해 간단히 이해한 채 넘어가지 말고 끝까지 파고들어서 이들이 무슨 의미로 쓰였는지를 정확하게 이해하고 넘어가야 한다는 의미입니다.

괭이나 쇠스랑이와 같은 명사로 사용된 어휘를 더 정확하게 이해하려면 구글 이미지 검색으로 찾아보면 됩니다. 그곳에서 해당 이미지들을 확인할 수 있습니다. '괭이는 이렇게 생겼고 쇠스랑이는 이렇게 생긴 거구나, 이런 농기구들은 농사를 지을 때 사용했던 거구나' 하고 정교화해서 어휘들을 학습하는 겁니다. '무쇠솥, 석쇠, 포차는 이렇게 생겼고, 팥소는 이런 거였구나' 하고 이미지를 통해 더 정교하게 그 어휘들을 이해하는 것이죠. '한 아름'과 같은 부사는 국어사전을 찾아보고 그 쓰임새를 학습하면 됩니다. '한 아름'이란 어휘의 뜻이 '두 팔을 최대한 둥글게 모아서 만든 둘레만큼'임을 이해한 뒤 직접 두 팔을 둥글게 모아서 "한 아름!"이라고 말해 보는 거죠. 참고로 공부할 때 신체를 움직이면서 동작과 같이 학습하게 되면 이해가 더 잘된다는 연구 결과가 있습니다. 상식적으로 당연한 말이긴 합니다. 다양한 자극 경험들이 합쳐졌을 때 신기하게도 이해가 더 잘되거든요. 저도 지금 이 글을 쓰면서 말도 하고 손동작도 취해 보고 있습니다. 그러면 글이 훨씬 더 잘 써집니다. 학습도 마찬가지입니다.

'뜨뜻하다'라는 형용사는 '뜨거운 것은 아니지만 온도가 알맞게 높은 경우'에 사용하는 어휘입니다. 외국인들이 한국어가 너무 어렵다고 말하는 이유가 이런 어휘들이 많기 때문입니다. 뜨거운 것과 뜨뜻한 것과 따뜻한 것은 서로 비슷하면서도 분명한 차이가 있는 어휘들이기에 외국인들에게 어렵다고 느껴지는 거죠. 그러니 우리 아이들은 이런 한국어의 특성을 충분히 잘 이해하기 위해 이런 어휘들이 나올 때마다 정교화해서 성실하게 공부할 필요가 있습니다. 이런 학습 습관은 아이에게 명확한 독해력이라는 선물을 가져다줄 것입니다.

전략 ❷
개념적 지식을 익힌다

올바른 독해를 위해 갖춰야 할 국어 지식들이 있습니다. 글의 종류와 특성, 문법과 수사법, 관용 표현 등은 글을 올바로 독해하는 데 필수적으로 알고 있어야 할 국어의 개념적 지식들입니다. 이런 지식들은 국어 교과서에 잘 설명되어 있으니 꼭 자세하게 정리할 필요가 있습니다. 예를 들어 전기문이라는 글의 종류에 대해 배운다고 해 보죠. 국어 교과서에선 전기문이 '인물의 삶을 사실대로 기록한 글'이라고 설명합니다. 이런 설명의 종류를 완전학습 맥락에서는 '개념의 정의'라고 부릅니다. 교과서에서 개념의 정의가 보이면 눈을 부릅뜨고 집중해서 봐야 한다고 했었죠. 그것이 개념 학습의 핵심이니까요. 그런데 완전학습에선 이걸로 학습이 끝나선 안 되고, 전기문이라는 한자 용어를 학습해 봐야 합니다. 이것이 국어의 지식이니까요.

'전기문傳記文'을 한자어로 하나씩 해석해 보면, 전傳은 '전달한다'라는 뜻이고, 기記는 '기록'이라는 뜻이에요. 따라서 전기문은 '기록을 전달하는 글'입니다. 이렇게 한자어를 해석해 보면 인물의 삶을 기록한 글이라는 전기문의 정의와 한자 용어가 서로 연결되면서 우리의 이해가 한층 더 깊어지게 됩니다. 그다음은 교과서에 실린 김만덕, 정약용, 헬렌 켈러와 같은 인물들의 전기문을 다시 읽어 보면서 전기문이라는 개념의 특성에 대해 정리하는 겁니다. "전기문이 어떤 특성을 갖고 있나요?"라는 질문을 받으면 바로 대답할 수 있도록 말이죠.

국어 교과서의 설명에 의하면 전기문의 특성은 인물이 살았던 시대 상황, 인물이 한 일, 인물의 가치관이 나타난다는 겁니다. 그래서 이렇게 전기문이라는 국어 지식에 대해 학습하고 나면 앞으로 다른 어떤 글을 읽게 됐을 때 '아, 이 글은 전기문이구나' 하고 구분할 수 있게 됩니다. 그리고 그 글이 전기문이라고 판단되면, 전기문의 특성에 맞게 그 인물이 실던 시대 상황과 말, 행동, 일을 확인하고 그 인물의 가치관을 파악하면서 읽으려고 노력해 보세요. 그냥 무작정 글을 읽는 것보다 독해가 훨씬 잘될 것입니다. 전기문에 관한 이러한 정보들을 메타정보라고 하는데, 이런 메타정보들은 전기문을 독해하기 쉽게 만들어 주죠. 마치 메타인지가 우리의 학습 활동을 완전학습으로 이끌어 주는 데 도움이 되는 것과 같습니다.

비슷한 예로 이야기를 구성하는 세 가지 요소가 인물, 사건, 배경이죠. 글을 읽으면서 인물의 성격을 짐작해 보고, 사건의 흐름이 어떻게 전개되는지 생각해 보고, 이야기가 펼쳐지는 시간은 언제이고, 장소는 어디인지를 확인하면서 글을 읽으면 독해가 훨씬 잘될 겁니다. 이런 국어의 지식이 글을 독해하는 데 많은 도움을 준다는 것을 기억하세요.

국어 교과서에서 많이 다루어지진 않지만 문법적인 지식들도 꼭 잘 이해하고 학습해야 할 내용입니다. 예를 들어 문장 성분의 호응 관계에 대해 배우게 되면 주어와 서술어가 무엇인지, 시간을 나타내는 말과 높임을 나타내는 말을 구분할 수 있을 때까지 공부해야 한다는 거예요. 관용 표현도 학습해야 할 국어적 지식이지요. '손꼽아 기다리다', '천하를 얻은 듯', '쇠뿔도 단김에 빼라'와 같은 관용 표현이 교과서에 나오면 이것이 어떤 의미로 사용되고, 어떤 상황에서 사용되어야 글이 더 매력적으로 변하는지를 학습해야 합니다. 이런 표현들은 우리나라 문명과 역사의 산물이며 올바른 독해를 하기 위해 알아야 할 지식입니다.

이런 국어적인 지식을 잘 이해하고 있어야 독해는 물론 글쓰기도 더 수월하게 할 수 있기 때문에 이런 학습 내용이 교과서에 나오면 '이것이 국어적 지식을 다루는구나' 하는 메타인지를 통해 개념 정리를 잘해야겠다는 마음가짐을 가질 수 있어야 합니다. 저는 이런 학습법에 대한 지식이 익숙하기 때문에 교과서에 있는 학습 내용을 접하면 완전학습을 위해 무엇을 해야 하는지를 직관적으로 알 수 있습니다. 저와 마찬가지로 여러분도 이 책의 내용을 기반으로 계속 연습하신다면 직관적으로 사용 가능한 학습 기술을 얻게 되실 겁니다.

독해력을 기른다

국어 공부의 목적은 소통하는 법을 배우는 데 있고 소통의 근본은 독해력에 달려 있습니다. 상대방의 메시지를 곡해하지 않고 그대로 잘 받아들이며 이해해 주는 방법을 잘 배워야 한다는 것입니다. 그런데 글이라는 매체의 특성상 종류도 많고, 지문도 길고, 구조가 복잡한 경우도 많기에 그런 글들을 정확하게 이해하는 데 도움이 되는 독해의 기술을 잘 훈련할 필요가 있습니다.

다행히도 국어 교과서 대부분의 학습 활동은 독해의 기술을 배우고 훈련하는 학습 활동들로 이루어져 있습니다. '이야기를 읽고 인상 깊은 장면을 정리해 봅시다'라든가, '이야기에서 일어난 사건들을 시간 순서대로 정리해 보자'라든가, '글쓴이의 의견이 글의 주제와 연관해서 적절한지 평가해 보자' 등과 같은 학습 과제들이 독해 기술을 훈련할 수 있게 해 줍니다. 그래서 사실 학교 국어 수업 시간에 충실하게 참여만 해도 독해 기술을 충분히 배울 수 있습니다. 교과서와 국어 활동 책으로 복습까지 하게 된다면 완전학습에 더 가까워지는 것이고요.

국어 교과서의 각 단원이 끝나면 무엇을 새롭게 배웠는지,

다시 말해 지금까지 살펴보았던 세 가지 부분인 어휘, 국어 개념, 그리고 독해 기술을 복습하면 시간이 갈수록 독해력이 점점 더 완전해질 것입니다.

책을 직접 고르고 읽는 훈련을 한다

제가 초등학교 국어 교과서들을 살펴보면서 놀라웠던 점이 또 하나 있습니다. 그것은 바로 3학년 교과서부터는 독서 단원이 나와 독서 활동을 체계적으로 할 수 있도록 도와준다는 점이었습니다.

예를 들어 초등학교 3학년 국어 교과서에서 안내하는 독서 활동은 다음과 같습니다. 읽을 책을 정할 때 왜 그 책을 읽고 싶은지에 대한 목적을 진술해 보고, 어떤 기준으로 책을 고를지에 대한 까닭을 정리해 보고, 독서를 통해 무엇을 알 수 있게 될지를 생각해 보고, 전에 읽었던 책과 지금 읽은 책의 내용을 연결해 서로 비교해 보고, 책 내용을 간추리고, 마지막으로 책에 대한 자신만의 생각을 표현해 보라고 지도해 주고 있습니다. 또 아이가 책을 읽고 자신의 생각을 표현할 때 엄마가 그걸 잘 들어 주시고 적절한 피드백을 주실 수 있다면 금상첨화겠죠?

이런 독서 활동 체계에 따라 스스로 책을 고르고 책을 읽는 독서 활동을 수행해 본다면 독해력이 늘 수밖에 없습니다. 아이가 부모님과 함께 자신이 가진 여유 시간을 잘 계산해 보고 해당

학기와 방학 때 총 몇 권의 책을 읽고 독서 활동을 해 볼 것인지에 대한 목표와 계획을 세워 보는 것도 독서 훈련을 하는 좋은 시작점이 될 수 있습니다.

그리고 부모님도 자기가 읽고 싶은 책을 정하고 아이와 함께 같이 독서 활동을 해 본다면 서로가 독서 파트너로서 유대감을 느끼며 독서 훈련을 수행할 수 있을 겁니다. 이건 제가 권해드리는 독서 훈련이니 꼭 해 보시길 바랍니다. 아이 입장에선 엄마나 아빠가 나와 같이 독서 훈련을 한다고 생각했을 때 동지 의식이 생겨 책을 읽는 동기가 높아질 수도 있는 일이니까요.

 02

영어
완전학습법

전 영어학 전공으로 대학에 입학했습니다. 1학년 전공 과목 중엔 영어회화 강좌가 있었어요. 그것이 전공 필수 과목이었기 때문에 수강신청을 했고, 외국인 교수님이 진행하는 영어회화 강의에 난생처음 참여하게 되었습니다. 그런데 그때부터 영어회화 수업 시간은 제겐 악몽 같은 시간이 됩니다. 왜냐하면 전 외국인 교수님이 수업 시간에 하는 말을 거의 못 알아들었거든요. 그리고 말을 못 알아듣는데 제가 영어로 제대로 대답할 리가 없었죠. 아직도 기억나는 게 하나 있는데 그 교수님이 제가 영어를 너무 못하니까 '아니 어떻게 이런 게 대학에 들어왔지' 하는 눈빛으로 절 바라보며 압박을 주던 모습입니다. 더 충격적이었던 건 20명의 학생들이 그 수업에 참여하고 있었는데, 저랑 어떤 복학생 형을 뺀 나머지 18명은 영어를 잘했다는 사실이었습니다. 영어를 정말 잘하는 학생들은 반 정도였고, 나머지 반은 보통 실력의 학생들이었지만, 어찌 되었건 그들은 영어를 듣고 말하는 데 불편이 없어 보였습니다. 그리고 그 모습이 엄청 대단해 보였습니다. 나중에 알고 보니 영어 잘하던 그 학생들은 대부분 외고 출신들이더군요. 어쨌든 전 한 학기 동안 그 영어회화 수업 시간이 매우 끔찍했는데, 얼마나 끔찍했는지 20년이 훌쩍 넘은 지금도 그 영어회화 수업을 하셨던 교수님의 얼굴과 이름을 기억하고 있습니다.

여러분도 영어와 관련해 저와 비슷한 경험이 있으신가요?

영어를 얼마나
잘하면 좋을까?

우리 아이들이 영어를 얼마만큼 잘하면 좋을까요? 물론 이 부분은 부모님들의 가치관에 따라 각각 다를 거예요. 약 3000명의 부모님들께 아이들이 영어를 얼마만큼 잘하면 좋을지를 물어보았습니다. 그랬더니 약 81%의 부모님들은 능숙한 영어 소통 능력을 가질 만큼이라고 응답해 주셨어요. 심지어 13%의 부모님은 아이가 원어민 수준에 근접한 영어 실력을 가졌으면 좋겠다고 생각하고 계셨습니다.

수능 영어 1등급 정도의 영어 실력은 입시와 관련되어 있는

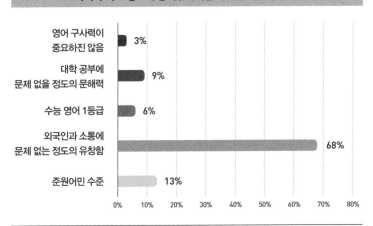

데도 단지 6%가 나왔고, 대학에서 공부를 할 수 있을 정도의 영어 실력을 꼽으신 분들은 9%로 읽기 위주의 학문 영어 수준을 그렇게 많이 원하지 않는다는 것도 확인할 수 있었습니다. 개인적으로 저는 아이가 듣기와 말하기에서 자유로움을 느낄 수 있을 만큼의 영어 실력을 가졌으면 좋겠다고 생각합니다.

전 국제 도시 중 하나인 중국 상하이에서 약 5년 정도 많은 외국인들과 교류하고 소통하면서 지낸 적이 있어요. 한국에서만 살았을 때엔 보지 못했던 수많은 것들을 그들과 영어로 대화를 하면서 볼 수 있었고 배울 수 있었습니다. 그리고 제가 만들었던 수많은 강의안의 원 출처는 대부분 영어로 되어 있는 논문들, 자료들입니다. 제가 영어 독해 능력이 없었다면 자료를 분석해 이런 강의안을 만들 수 없었을 겁니다.

그래서 전 아이가 준원어민 수준만큼 잘할 필요는 없지만 영어로 일상 대화를 나누고 필요한 정보를 찾고, 영어책과 영어 강의들로 공부하는 데 큰 문제가 없을 만큼의 영어 실력을 학창 시절에 쌓았으면 하는 바람을 가지고 있어요. 그리고 동시에 이를 위해 부모님들이 아이 영어 교육에 너무 큰 돈을 안 썼으면 하는 바람도 가지고 있고요. 앞으로 다룰 내용이 이런 면에서 여러분에게 많은 도움이 될 것이라고 생각합니다. 그럼 영어 학습에 대한 이야기를 본격적으로 시작해 보겠습니다.

영어 학습의 범위

영어의 경우엔 부모님이 원하는 기준에 따라 교육 목표를 분명히 하는 게 좋다는 걸 먼저 말씀드립니다. 일반적인 국내 공교육 환경에선 아이들이 영어 유창성을 키울 수가 없습니다. 영어 유창성은 듣기와 말하기 능력을 갖추는 것이 핵심입니다. 그런데 이 중에 말하기 능력을 갖추기란 꽤 어려운 일이죠. 우리가 사는 이곳에선 거의 다 한국어만 쓰기 때문입니다. 한국에선 영어로 말할 기회도 거의 없고 영어를 사용해야 할 필요성도 없으므로 인위적으로 힘든 노력을 기울이지 않는 이상 영어 유창성을 자연스럽게 습득할 수가 없습니다.

아이가 영어를 사용할 수 있는 환경이 너무도 제한적이기에 일반 학교에서 받는 영어 수업만으로 영어 유창성을 가진다는 건 불가능한 일입니다. 특별한 노력이 없다면, 앞서 설문조사에서 나왔던 결과처럼 81%의 부모님들이 원하는 영어 유창성은 불가능한 일이란 겁니다. 영어 유창성을 원하신다면 따로 인위적인 노력을 기울여야만 한다는 거죠. 예컨대 엄마표 영어라든가, 유창성을 키워 주는 영어 사교육이라든가, 아니면 가장 좋은 방법인 유학을 간다든가 하는 거죠.

제가 상하이에 살 때 한국 주재원 부부들의 자녀들을 많이 가르쳐 보았습니다. 그 아이들의 중 다수는 국제학교에 다니고 있었는데, 영어 유창성이 모두 좋았습니다. 듣기, 말하기, 그리고 발음까지도 좋았어요. 그 아이들의 영어 유창성이 왜 좋았는지를 제가 굳이 말씀드리지 않아도 아실 겁니다. 영어를 사용할 수 있는 시간적, 공간적 환경이 국제학교라는 공간에서 조성되니까 자연스럽게 영어를 습득한 겁니다.

영어 습득을 위한
최고의 방법, 피드백

영어를 자연스럽게 그리고 가장 빠르게 습득할 수 있는 방법은 영어로 피드백을 받을 수 있는 환경에서 사는 겁니다. 이것은 어떤 외국어를 배우든, 심지어 성인들도 가장 빨리 외국어를 배울 수 있는 방법입니다. 이런 환경을 꾸며 주기가 어려우니까 엄마들이 엄마표 영어를 하느라 고생을 하시는 건데요.

개인적으로 제 영어 실력이 가장 많이 늘었을 때는 제가 중국 상하이에서 다양한 외국인 친구들과 교류하던 시절이었습니다. 한번은 스웨덴 친구 부부의 집에 저녁 식사 초대를 받아 가게 되었는데, 그 전까진 전 하고 싶은 말을 영어로 잘할 수 없는 영어 수준에 머물러 있었습니다. 영어로 이야기하려면 머릿속에서 한참 생각하고 번역해서 말하는 수준이었죠. 그런데 그 집에 초대를 받고 같이 영어로 이야기를 나누던 도중에 어느 순간, 어떤 지점부터 제 영어 말문이 트였음을 느끼게 되었습니다. 그 순간부터 제가 하고 싶은 말을 영어로 할 수 있게 되었어요. 그 경험은 실로 엄청난 것이었습니다. 제가 저에 대해 새롭게 깨달은 날이었죠. 새로운 메타인지가 생긴 날이었습니다. 아이들이 아기였을 때엔 말을 못 하다가 크면서 조금씩 옹알이를 하게 되고 어느 순간부터 말을 하기 시작합니다. 아이가 말을 하기 시작하면 부모님들이 엄청 기뻐하시죠. 저도 제가 드디어 자유롭게 영어로 말할 수 있다는 경험을 하고 스스로 굉장히 기뻐했던 것이 기억납니다.

스페인 친구인 스물여덟 살 페드로가 있었어요. 이 친구도 처음에는 영어를 거의 못 했는데, 어느 날부터 미국인 친구들과 자취를 하게 되었죠. 8개월이 지났습니다. 역시 영어가 엄청나게 늘었더라고요. 영어 사례는 아니지만 친하게 지냈던 한국인 중에 의사 한 분이 계셨어요. 이분은 스무 살에 상하이로 유학을 갔는데, 중국 대학에 다니면서 중국인들과 기숙사 생활을 했고 6개월 만에 중국어를 잘할 수 있게 되었다고 합니다.

언어 전문가들이 이야기하는 외국어 습득 방법 중에 최고는 그 언어를 사용하는 외국인에게 지속적으로 피드백을 받을 수 있는 환경에서 사는 것이라고 합니다. 상대방이 말하는 걸 듣고, 나도 말을 해 보고, 상대방이 내 말에 반응해 주고, 질문해 주고, 교정해 주는 이런 모든 대화 활동들이 언어를 가장 빨리 습득하게 해 준다고 해요. 언어 습득의 비결은 피드백에 있기 때문에 영어 만화나 미국 드라마나 영어 유튜브를 계속 보더라도 근본적으로 영어 실력이 성장할 수 없는 겁니다. 일방적인 영어 노출엔 피드백이 없기 때문에 한계가 있다는 거죠. 살아 있는 인간에게서 피드백을 받을 때 영어 실력이 가장 빨리 늘어요. 이것이 영어 습득의 최고 비결입니다.

그런데 사실 피드백은 자녀 양육의 근본과 아주 밀접히 연관되어 있기도 합니다. 자녀 양육의 근본은 애착 아니겠어요? 그리고 애착은 엄마가 아이와 정서적 조율Attunement을 잘해 줄 때 안정적으로 형성됩니다. 정서적 조율은 아기를 인간답게 성장시켜 주는 근본적인 부모의 활동, 부모의 양육을 말합니다. 아이가 느끼는 감정에 엄마가 일일이 반응해 주면서 적절한 피드백을 주는 것을 말하죠. 아기가 배고픈지, 졸린지, 그래서 짜증이 났는지, 기분이 좋은지, 뭔가 새로운 걸 알게 되어서 신났는지 등 아이가 다양한 경험을 하고 그로 인해 어떤 감정을 느낄 때 엄마가 적절하게 피드백을 주게 됩니다. 아이는 그런 피드백을 통해서 엄마에게 점점 안정적으로 애착하게 되고, 인간답게 자랄 수 있는 뇌 구조가 만들어집니다. 모국어는 이런 과정을 통해 엄마에게서 배우게 되는 겁니다. 이런 메커니즘이 외국어를 습득하는 일과 매우 유사하다는 놀라운 사실을 우린 깨닫게 됩니다.

영어유치원 보낼 것인가, 말 것인가

유아를 키우는 부모님들은 영어유치원을 보내야 할지에 대해 고민하십니다. 영어유치원에 대해 드는 직관적인 생각은 이런 거죠. 보내면 좋을 것 같긴 한데 비싸다. 그렇지 않습니까? 큰 비용을 투자해 아이를 영어유치원에 보냈다면, 그것이 괜찮을 것인가에 대해 고민해 봐야 합니다. 이론적으로만 보면 영어유치원은 아이에게 영어 환경을 만들어 주는 거니까 나쁠 것은 없습니다. 유치원이야 원래 보육의 개념으로 생긴 기관이고 교육을 위한 것이 아니니, 영어유치원은 일반 유치원에 영어 환경이 더해졌다고 보면 될 것 같습니다.

그런데 영어유치원엔 우리가 고려해 봐야 하는 세 가지 측면이 있습니다. 먼저 영어유치원에 있는 외국인 선생님의 체력이 좋은지에 대한 부분입니다. 아이들에게 충분히 피드백을 줄 만큼의 체력과 동기가 선생님에게 있는지를 점검해 보셔야 합니다. 영어유치원에서 일하는 어떤 원어민 선생님은 체력이 부족해 아이들에게 충분한 피드백을 주지 못한다고 합니다. 피드백을 충분히 받지 못하면 원어민들과 같이 있어도 언어 습득 효과가 없습니다. 비슷한 이유로 수많은 한국 유학생들이 외국어도 못 배우고 시간과 돈만 쓰고 한국으로 돌아오고 있죠. 한국인들끼리만 놀러 다니느라 영어를 연습할 절대적인 시간을 못 가지니까요.

두 번째는 아이들이 학원 강의실 같은 의자에 앉아 영어를 배우는 학습식으로 운영되는 영어유치원들에 대한 점검입니다. 마치 유아들을 위한 영어 학원처럼 운영되는 유치원이 많은데, 유아한테 학습식으로 언어를 가르치는 건 만 일곱 살 이전엔 문자교육을 하지 않아야 한다는 교육 원칙에 어긋납니다. 유아들은 문자 학습을 받아들일 수 있을 만큼 성장하고 발달하지 못했기 때문입니다. 학습식으로 운영되는 유치원에서 크게 자신감을 잃어 버리게 되는 아이들이 많습니다. 학습을 하기엔 발달 측면에서 충분히 준비되지 않은 유아가 그런 학습식 영어유치원에서 적응을 하지 못할 경우 아이는 "유치원에 가기 싫다, 난 공부를 못한다, 난 영어 못한다"와 같은 말을 하게 될 수 있어요. 알파벳을 쓰기 시작한 것을 기점으로 등원을 거부하는 일이 발생할 수도 있습니다. 공부정서가 벌써 망가져 버리는 거죠. 따라서 영어유치원에 아이를 보낸다면 학습식 영어유치원보단 놀이식 영어유치원이 피드백이라는 언어습득 원리에 더 부합한다고 할 수 있겠습니다.

영어유치원에 대해 고려해야 하는 세 번째는 유아 시기에 배우는 언어는 금방 까먹는다는 사실입니다. 아니, 까먹는다는 표현은 틀렸습니다. 유아들은 언어적인 정보를 머릿속에 저장하는 능력이 거의 없기 때문입니다. 여러분은 대여섯 살 때 경험했던 것들이 기억나십니까? 다섯 살이 되던 가을에 뭐 했는지 기억하세요? 충격적인 경험이 아니고서야 기억나는 게 별로 없을 겁니다. 유아 시기엔 뇌가 정보들을 기억할 만큼 발달되지 않았기 때문에 당시에 경험했던 인지적인 정보들을 저장하지 못합니다. 애초에 저장이 되질 않으니 기억할 수도 없는 일이고요.

그렇다면 영어유치원에서의 그런 언어적인 경험이 사실상 교육 측면에서 큰 의미가 없다고 해석할 수도 있습니다. 영어유치원에서 아이들이 배우는 영어가 뇌 속에 잘 저장되질 않기 때문입니다. 그래서 아이가 영어유치원에 다녔다고 하더라도 중간에 영어 훈련을 그만두면 영어유치원에 다닌 효과가 거의 사라진다는 이야기를 경험이 많은 엄마들이 하십니다.

개인적으로 전 영어는 늦게 배워도 상관없다고 생각합니다. 왜냐하면 일반적으로 일단 아이는 한국에서 태어나고 자라날 테니까요. 그리고 성인이 된 이후에도 제대로 된 환경에서 영어를 연습할 수만 있다면 빠른 시간 안에 영어 유창성을 얻을 수 있습니다. 제 자신이 증거입니다. 그리고 실제로 그런 사례들을 제 눈으로 많이 목격했고, 유사한 사례들을 찾는 일이 여러분에게도 어렵지는 않을 겁니다. 그리고 어느 정도 아이가 철이 들어서 영어를 배워야겠다는 동기가 생겼을 때 영어를 더 빨리 배우기도 합니다.

영어 유창성과
입시 영어

엄마표 학습에서 영어 공부의 범위는 '입시 영어'입니다. 학교 내신과 수능 영어를 잘 봐서 입시에 유리해지기 위한 학습 영어라고 그 범위를 한정 짓겠습니다. 아이가 영어 유창성까지 얻을 수 있다면 좋겠으나, 제한된 환경과 경제력으로 부모님이 아이에게 해 줄 수 있는 것으로는 완전학습 습관, 그로 인한 수능 영어 1등급이면 충분합니다.

시간과 자원이 한정된 상황에서 아이가 스무 살이 되기 전까지 뭔가를 선물로 줄 수 있다고 한다면, 영어 유창성과 명문대 학벌 중 어디에 더 노력을 쏟는 것이 나을까요? 여러분은 어떻게 생각하시나요? 약 3600명의 부모님들께 이 질문을 했더니 다음과 같이 응답해 주셨습니다.

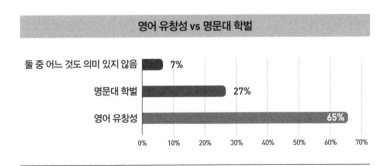

우선 7%의 부모님들 너무 멋지지 않습니까? 어느 것도 의

미 있지 않다고 말할 수 있는 저 자신감과 강단, 멋진 일입니다. 무언가 일반적인 것과 다른 교육 가치관을 가지고 계실 거예요. 설문 조사에선 65%의 부모님들이 영어 유창성을 아이에게 주고 싶다고 응답하셨지만, 저는 명문대 학벌이 아이에게 더 낫다고 생각합니다. 영어 유창성은 성인이 되고 난 이후에도 어느 정도 수준까지는 충분히 계발할 수 있는 것이지만 학벌은 그렇지 않거 든요. 학벌을 얻을 수 있는 시기는 길어야 3년입니다. 삼수까지는 할 수도 있으니까요. 그래서 사회적 가치로만 따지자면 명문대 학벌이 훨씬 비싼 선물인 거예요.

그리고 진부하지만 명문대 학벌은 많은 기회를 줍니다. 명 문대라는 브랜드는 사회적으로 공인된 가치죠. 우수한 교수진, 우 수한 동료들과 많은 것을 경험해 볼 수 있는 기회를 줍니다. 취업 의 기회는 말할 것도 없고요. 그리고 명문대 학벌을 가질 정도로 공부를 잘한다면 나중에 영어 유창성을 갖는 일도 그다지 어려운 과제가 아닙니다. 물론 제가 이렇게 말한다고 해서 대학을 꼭 가 야 한다는 말을 하는 게 아니라는 건 이해하시죠? 전 현실적인 사 람이라 현실적으로 고려했을 때 어느 것이 더 가성비가 좋은가에 대한 생각을 공유해 드리는 겁니다. 부모님들께선 영어 교육의 목표에 대한 기준을 분명히 세워야 앞으로 무엇을 해야 되는지가 더 명확해질 겁니다.

그러면 입시 영어는 무엇인가요? 내신 영어, 수능 영어를 공 부한다는 걸 의미합니다. 그렇다면 영어 공부도 결국 국어 공부와 본질적으로 비슷한 것입니다. 영어는 좀 더 쉬운 수준의 국어 독해라고 보셔도 무방합니다. 단지 표현된 언어가 한국어가 아니라 영어일 뿐이죠. 입시 영어의 기반도 모두 영어 교과서들에 기초해 있습니다. 따라서 엄마표 학습에서의 영어 과목 공부는 역시나 교과서 위주로 공부하는 것을 의미한다고 보셔도 좋습니다.

영어 완전학습의
큰 그림

영어 디지털교과서

엄마표 학습에서 영어 공부의 범위를 영어 교과서로 한정 지으면 문제가 하나 생깁니다. 어떤 아이들에겐 초등학교 3학년 때부터 시작하는 영어 수업과 교과서 수준, 그 난도가 너무 낮다는 겁니다. 보통 어렸을 때부터 영어유치원이나 엄마표 영어 혹은 영어 사교육을 통해 영어 실력을 일찍부터 쌓아 온 아이들이 많으니까요. 그래서 학교 영어 수업과 교과서가 현실을 반영하지 못한다고 말씀하시는 분들도 적지 않습니다.

그런데 입시 영어 측면에선 초등학교 3학년 때 시작하는 영어 수업과 영어 교과서들에는 문제가 없습니다. 왜냐하면 수능 영어의 목적은 대학에서 원서를 활용해 공부할 수 있는 학문적인 영어 실력을 쌓는 데 있지, 영어 유창성을 계발하는 것에 목적이 있는 것은 아니기 때문입니다.

"학교 수업에서 다른 아이들은 영어를 다 잘하는데 우리 아이만 뒤처지는 것 같다."

어렸을 때부터 영어유치원에 다니고, 엄마표로 영어 노출을 받고, 영어책을 읽고, 이런 활동을 한 아이들이 당연히 영어를 더 잘할 거예요. 우리 아이가 그런 활동을 안 했다면 당연히 뒤처질 수밖에 없습니다. 뒤처진다는 것은 어차피 상대적인 것이니까요. 그런데 어차피 입시 영어에서 중요한 건 내신과 수능이고, 그리고 이들 시험들의 기반과 수준 정도는 영어 교과서이기 때문에 영어 교과서를 중심으로 완전학습을 해도 점수를 받는 데 큰 지장이 없습니다. 영어 공부를 뒤늦게 시작하더라도 학년이 올라가면서 교과서에 나와 있는 영어 학습 내용들만 잘 소화할 수 있어도 문제가 없다는 겁니다.

제가 이런 말씀을 드릴 수 있는 확실한 근거가 뭐냐면 영어 교과서 수준 때문에 그렇습니다. 여러분은 영어 교과서들을 살펴보신 적이 있습니까? 먼저 제 전공이 교육학 분과학문 중에 교육공학이라는 사실을 밝힙니다. 전공자의 관점으로, 학습 내용 설계 측면에서 평가해 보면 영어 교과서는 무척 잘 만들어져 있습니다. 영어의 기초를 차근차근 쌓을 수 있도록 나선형 학습 원리에 따라 학습 내용들이 교과서에 잘 조직화되어 있어요. 앞에서 배웠던 학습 내용들을 기반으로 조금씩 살을 붙이면서 학습을 할 수 있도록 되어 있다는 뜻입니다. 이 책의 내용이 교육공학에 대한 내용을 다루는 것이 아니기에 자세한 설명을 드리진 못하지만, 나선형 학습은 학습자가 기초부터 심화 수준까지 자연스럽게 그 실력이 올라갈 수 있도록 하는 데 특화된 아주 효과적인 학습 방식입니다.

그리고 영어 교과서는 디지털교과서들도 제공되고 있습니다. 학생들은 태블릿이나 컴퓨터를 이용해서 디지털교과서를 내려받아 활용할 수 있는데, 디지털교과서에선 소리, 애니메이션, 동영상과 같은 각종 멀티미디어 자료들을 제공하는지라 학생들은 교과서를 가지고 듣기, 따라 말하기, 읽기, 쓰기와 같은 영어 학습의 기본 활동들을 혼자서도 잘 수행할 수 있습니다. 또 영어 교과서와 관련해서 좋은 것은 다양한 출판사에서 교과서들이 나온다는 사실입니다. 초등학교에선 5종, 중학교에선 13종, 고등학교에서도 10종이나 되는 교과서들이 나옵니다. 물론 이 숫자는 교과서가 개정되면서 약간씩 바뀔 수 있으나 다종 교과서들이 매년 나온다는 것은 틀림이 없습니다. 그래서 이렇게 수준 높은 모든 영어 교과서들만 활용해 영어를 공부해도 수능 영어 수준의 시험을 보는 데 충분한 영어 실력을 쌓을 수 있습니다. 학습 자원의 양이 아주 풍부하니까요.

종이책 교과서 비용은 그리 비싸지 않고, 디지털교과서의 경우 무료로 전부 이용할 수 있습니다. 영어 사교육에 한 푼도 쓰지 않아도 영어 교과서들만 잘 활용할 수 있다면 수능 영어 1등급을 받을 수 있습니다. 그러니 여러분도 과거에 영어를 잘 배우지 못했고, 이제라도 영어를 배워 보고 싶은 마음이 있다면 아이와 함께 영어 교과서들로 완전학습을 해 보시기 바랍니다. 특히 초등학교 영어 교과서에선 파닉스 과정도 차례대로 다루고 있습니다. 그러니 영어 발음을 체계적으로 배우고 교정하며 제대로 영어를 배울 수가 있습니다.

문법 공부

성문기본영어, 맨투맨 같은 영문법 책들 혹시 기억나십니까? 제가 학습 전공자로서 평가해 보면 이런 전통적인 문법 학습은 굉장히 난해하고 어려운 학습의 종류에 해당합니다. 그리고 영어 실력을 쌓는 데 도움이 되지도 않죠. 영어는 언어이기 때문에 자연스럽게 습득하는 방식으로 배우는 것이 가장 효과적이지, 영어 자체를 학문적으로 분석해 놓은 영문법을 학습하는 일은 영어 학습의 근본적인 목표인 소통 능력을 키우는 데엔 그다지 효과가 없기 때문입니다.

이런 맥락과 잘 부합하는 영어 교과서의 발전적인 부분이 뭐냐면 영어 교과서엔 전통적인 영문법 학습 내용들이 하나도 없다는 점입니다. 그리고 문법 자체를 다루는 학습 내용들도 거의 없습니다. 그래서 학생들이 교과서를 가지고 영어 공부를 하면서 문법에 대한 생각 자체를 크게 안 하더라도 자연스럽게 듣기, 말하기, 읽기, 쓰기라는 영어 학습의 주요 4대 학습 활동을 할 수 있습니다. 이런 측면은 우리나라 영어 교과서 수준이 많이 발전했다는 증거라고도 볼 수 있습니다.

이른 사교육 때문에 초등 시절엔 내 아이보다 주위 아이들이 영어를 더 잘하는 것처럼 느껴질 수도 있지만, 어차피 주요 시험은 고등학교 때 봅니다. 초등학교부터 영어 공부에 대해 너무 걱정하지 않으셔도 된다고 말씀드리고 싶습니다.

영어 완전학습 전략 2

사실 영어는 지금까지 살펴본 모든 과목들 중에서 난도는 가장 낮다고 할 수 있습니다. 수능 국어 시험과 영어 시험을 비교해 보면 이 점을 쉽게 확인할 수 있습니다. 영어 시험은 영어로 문제가 나왔을 뿐 그것이 국어 시험이라고 했을 경우 난도가 몇 단계 낮은 듣기평가와 비문학 문제들이라고 할 수 있어요. 특히 초등 과정에선 개념 공부도 없고, 어휘 공부를 할 필요도 없으며 그냥 디지털교과서가 안내하는 대로 영어 학습 활동을 꾸준히 수행하기만 하면 됩니다. 다음과 같은 두 가지 영어 완전학습 전략을 제안합니다.

전략 ❶
따라 말하기와 읽기를 병행한다

외국인으로부터 영어 피드백을 받을 수 없는 한국 교육 환경에서 그나마 가장 영어학습에 효과가 있는 방식은 '따라 말하기'입니다. 이를 꾸준히 수행하기만 한다면 듣기, 읽기, 말하기 연습이 동시에 되기 때문에 영어 실력이 쑥쑥 자라날 수 있는 좋은 학습 방법이죠.

영어 소리를 따라 읽는 것을 영어로는 '미미킹 Mimicking'이라고 합니다. 영어 동사 미믹Mimic은 흉내 낸다는 뜻입니다. 그리고 미미킹은 '흉내 내기'라는 말인데, 이건 영어 소리를 그대로 흉내 낸다는 개념이죠. 영어 소리의 말투, 억양, 발음 그 모든 것을 그대로 흉내 내 따라 말해 보는 연습 활동인 겁니다. 따라 말하기와 미미킹은 둘 다 효과적인 영어 연습 활동이지만 흉내 낸다는 뜻이 포함된 미미킹이 영어 소리를 어떻게 따라 해야 하는지를 더 구체적으로 명확하게 알려 주고 있기에 가장 적합한 영어 연습 활동입니다.

전 예전에 미미킹으로 초중등 학생들의 영어를 가르친 적이 있습니다. 그런데 중학생 정도만 되어도 아직까진 뇌가 말랑말랑해서 그런지 일주일에 3번 정도, 두 달 정도만 미미킹 연습을 하게 하면 영어 발음이 몰라보게 좋아지더라고요. 제 영어 발음도 덩달아 좋아졌습니다.

따라 말하기 연습 방식이 효과적인 이유는 따라 말하기를 하면 일단 정확한 영어 소리를 들을 수 있습니다. 그리고 영어 소리와 매칭되는 단어들을 확인할 수 있고, 또 내가 그걸 비슷하게 따라 말해 봄으로써 소리 정보, 문자 정보, 그리고 나의 목소리로 말하는 운동 정보가 서로 합쳐져 듣기, 읽기, 말하기라는 영어 학습의 3대 능력이 자연스럽게 향상됩니다. 이건 종합적인 콜라보입니다. 또 따라 말하기는 듣기평가를 대비할 수 있는 가장 정확한 방법입니다. 우리는 영어 소리를 듣고 그 소리를 비슷하게 따라 말할 수 있을 때, 그때부터 그 영어 소리를 들을 수 있게 됩니다. 그 소리를 인지하고 분간해 낼 수 있는 거죠.

이건 굉장히 신기한 현상입니다. 내가 그 소리를 비슷한 억양과 발음으로 만들어 낼 수 있을 때 그 소리를 들을 수 있게 되는 겁니다. 따라서 미국 드라마를 자막 안 보고 봤으면 좋겠다는 분들도 많으신데, 그걸 하고 싶으시면 미국 드라마를 주야장천 보는 게 아니라, 미국 드라마에 나오는 표현들로 따라 말하기 연습을 하면 됩니다. 그게 가장 빠른 방법이에요.

소리를 따라 말한다는 것은 사실 아기가 부모로부터 언어를 배우는 방식과 똑같은 겁니다. 아기는 엄마, 아빠가 말하는 것을 계속 반복적으로 보고 들으면서 따라 말하게 됩니다. 이것을 모델링이라고도 합니다. 따라 하는 것은 아이가 부모에게서 배우는 핵심적인 학습 방식인 겁니다. 따라서 영어학습에서도 따라 말한다는 것이 아이가 모국어를 습득하는 메커니즘과 유사한 것이죠. 그러니 효과가 좋을 수밖에 없는 일이고요. 단지 따라 말하기 활동이 지겨울 수 있다는 것이 단점일 수 있는데, 이 부분은 엄마와 아이가 영어 디지털 교과서를 가지고 같이 영어를 배운다는 느낌으로 동료처럼 따라 말하기 연습을 한다면 어느 정도 극복할 수 있을 겁니다.

또한 엄마가 영어에 대한 소양이 있다면 아이가 따라 말하기를 할 때 영어 오디오나 영상에서 나왔던 소리와 아이가 말하는 것이 비슷해질 때까지 하나하나 피드백을 주셔도 굉장히 좋습니다. 전 학생들에게 따라 말하기를 시킬 때 오디오에서 나오는 영어 소리와 아이가 말하는 억양과 발음, 심지어 말투가 비슷해질 때까지 하나하나 짚어 주면서 연습을 시켰습니다. 이것이 바로 미미킹이죠. 흉내를 낸다는 것. 한동안 이 연습을 반복하니 아이들의 발음과 읽기 능력이 정말 금세 좋아졌습니다. 아이들은 스펀지 같더라고요.

따라 말하기 단계가 끝나면 글만 보고 혼자 읽는 연습을 해봐야 합니다. 이제 오디오 소리가 없기 때문에 자신이 소리를 떠올리면서 읽을 수 있어야 하죠. 초등학교 영어 교과서에선 독립 지문보다는 두 사람이 대화를 나누는 대화 지문이 많기 때문에 엄마와 아이가 서로 역할을 주고받으면서 대화를 나누는 연습을 하는 것도 좋은 방법입니다. 엄마와 유대감을 느끼면서 영어 대화를 연습하는 것도 나쁘진 않겠지요.

전략 ❷
독해를 연습한다

영어는 외국어입니다. 물론 외국에 살거나 혹은 아이의 이중언어를 목표로 노력하는 소수의 부모님들도 계시죠. 그러나 대부분 사람들에게 영어가 외국어인 이유는 한국이라는 우리 환경에선 영어를 사용하지 않기 때문입니다. 그래서 영어 실력이 잘 안 느는 겁니다. 영어를 사용할 필요가 없는 환경이니까요. 이런 환경 개념을 'EFL_{English as a Foriegn Language} 환경'이라고도 하죠.

따라서 우리가 외국어로서 영어를 배우는 것이 효과적이고, 이를 위해서는 독해 연습을 해 보아야 합니다. 물론 초등 과정에선 거창한 독해를 할 필요는 없습니다. 영어 교과서에서 연습하는 영어 표현들이 한국어로는 어떻게 해석되는지를 확인해 보고 영어와 한국어의 차이점을 짚어 가며 따라 말하기 연습을 하면 됩니다.

독해 연습이 필요한 이유는 영어 독해를 통해 한국어와 영어의 차이점을 확인하는 일도 있지만, 영미 문화에 기반한 영어식 표현들이 한국 문화에 존재하지 않는 경우를 확인하고, 그런 영어식 표현들에 익숙해질 필요가 있기 때문이에요. 이것은 언어란 문화를 담는 그릇이며 영어가 외국어이기 때문에 어쩔 수 없는 부분이기도 합니다. 예를 들어 다음과 같은 대화 표현들로 연습한다고 해 보죠.

우빈 : Summer vacation is next week!
다음 주가 여름방학이야!

Lisa : What will you do this summer?
너는 이번 여름에 뭐 할 거니?

우빈 : I'll join a space camp.
나는 우주 캠프에 가입할 거야.

Lisa : Sounds great!
정말 좋은 생각이야!

'Summer vacation is next week'이란 영어 표현에 대한 해석은 '여름방학이 다음 주야'라고 하는 게 사실 직역에 가까운 건데, 한국어로는 '다음 주가 여름방학이야' 하고 말하는 게 더 자연스럽습니다. 그래서 이런 독해를 통해 영어가 한국어 순서와 거의 정반대라는 걸 깨달을 수 있습니다. 영어 독해를 해 보면 굳이 배우지 않아도 영어와 한국어의 차이점에 대한 지식을 자연스럽게 깨달을 수 있게 되고, 영어를 있는 그대로 받아들이기가 더 쉬워집니다. 마찬가지로 'What will you do this summer?'란 영어 표현은 한국어로는 '넌 이번 여름에 뭐 할 거야?'라고 하지만 영어로는 '뭘 넌 할 거야. 이번 여름에?'라는 순서로 표현한다는 거죠.

한국인들이 영어를 배우는 것이 어려운 이유 중 하나는 영어 어순과 한국어 어순이 반대이기 때문입니다. 한국어에 익숙한 한국인이 영어를 배운다는 건 기존에 가지고 있던 언어 습관을 정반대로 바꿔야 한다는 건데, 그건 결코 쉬운 일이 아닙니다. 그러나 아이들은 머리가 말랑말랑하기 때문에 영어 어순 감각을 성인보단 훨씬 수월하게 받아들입니다.

그리고 한국어에는 '가, 는, 에'와 같은 조사가 붙어 있다는 사실도 독해를 통해 확인할 수 있습니다. 영어가 모국어인 외국인들이 한국어를 배우는 걸 어려워하는 이유 중 하나가 한국어의 조사 때문입니다. 외국어를 배우는 것이 어려울 때가 언제냐면 우리 모국어에 없는 개념이 그 외국어엔 존재할 때입니다. 그렇게 되면 우리 머릿속에 애초에 없던 걸 그 외국어를 배울 때 항상 고려해야 하기 때문에 언어를 배우기가 힘들어집니다. 외국인 입장에선 한국어의 조사가 대표적인 예입니다. 이렇게 영어와 한국어가 다르다는 걸 아이가 영어 독해를 통해 자연스럽게 이해할 수 있습니다.

그다음에 'Sounds great!'라는 표현을 '정말 좋은 생각이야'라고 교과서에선 의역하여 번역했는데, 사실 이 표현은 한국어 문화엔 존재하지 않는 개념입니다. 이 표현을 직역하자면 '좋게, 대단하게 소리가 나' 정도가 되는데 한국어에선 그렇게 표현하지 않으니까요. 한국어로는 보통 "그거 괜찮은데", "괜찮네" 정도로 표현합니다.

이런 표현은 한국어에 맞춰 억지로 의역은 할 수 있어도, 정확하게 매칭되는 개념은 없기 때문에 그냥 있는 그대로 영어식 표현으로 받아들여야 한다는 인식을 할 수 있어야 합니다. 이런 인식을 하지 못하면 독해가 잘되지 않아 고생하게 됩니다. 우리 말에 없는 것을 명확히 독해하는 것이 어려울 때가 많기 때문입니다. 영어 독해 연습의 목적은 한국어와 영어를 서로 비교해 봄으로써 영어식 표현들을 더욱 잘 이해하고 더 수월하게 받아들일 수 있게 하는 데 있습니다.

Special Column

엄마표
완전학습
Q&A

완전학습 이론,
제가 배울 수 있을까요?

쉽지는 않습니다. 접해 보지 않는 분야를 처음 배운다는 건 어려운 일이잖아요. 엄마표 학습도 누구나 쉽고 빠르게 배울 수 있는 것이었다면 공부 잘하는 학생들이 지금보다 훨씬 많았을 겁니다. 학습법이라는 것은 추상적인 정신 모델입니다. 글로써 설명하는 것이 무척 어렵죠. 심혈을 기울여 이 책을 썼으나 제 부족한 언어 표현력으로 인해 여러분이 보고 따라 하시는 게 쉽지는 않을 겁니다.

가르치는 일이 어렵기 때문에 옛날부터 사람들이 사용하던 교수 방식 중 하나로 도제라는 것이 있었습니다. 여러분이 저와 함께 물리적으로 같은 장소에서 공부를 함께 해 보시면 아마 더 빨리 완전학습을 배우시게 될 겁니다. 어떻게 여러분이 학습을 수행하는지를 옆에서 관찰하고 제가 하나씩 피드백을 하면서 조정해 주고 또 평가해 준다면 완전학습이란 기술을 좀 더 쉽고 빠르게 익히게 되실 거예요.

저조차도 완전학습을 어느 정도 완전히 익혔다고 말할 수 있을 때까지 1년 정도는 걸린 것 같습니다. 처음엔 개념이 뭔지, 개념 이해는 무엇이고, 개념 학습은 무엇인지, 개념과 원리의 차이는 무엇이고, 조직화는 어떻게 해야 하는지 등 많은 것들이 이해가 잘 안 되었습니다. 그런데 그것이 당연했다는 거죠. 그런 기술은 원래 쉽게 배울 수 없는 거니까요. 하지만 현재는 공부하는 일이 제일 쉬워졌습니다. 저는 오랜 기간의 학습을 통해 학습에 대한 이론도 명확히 알게 되었고 경험도 아주 많이 했으니까요. 따라서 여러분도 이론을 배우고 경험을 늘리시면 제가 경험했던 것처럼 공부가 점점 쉬워지는 걸 느끼실 거예요. 여러분에게 공부가 쉬워지는 만큼 여러분의 아이도 공부를 쉽다고 느낄 가능성이 커질 테고요.

결론은 완전학습은 쉬운 것이 아니니 장기적인 관점으로 공부하시고 연습하시라는 겁니다. 어떤 분들은 이것을 듣고 이해가 안 된다, 현실적으로 불가능하다고 말씀하시는 분들도 있으나 그건 아직 온전한 이해에 다다르지 못하셔서 그런 거예요. 계속 꾸준히 공부하고 연습해 보시면 어느 순간 깨달음이 오게 될 겁니다. 그리고 중요한 사실 하나는 완전학습의 경지에 다다른 분들은 그런 말을 하지 않으며 제가 제안해 드린 이론을 적극적으로 지지하신다는 점입니다.

아이가 완전학습을
싫어한다면?

　부모님은 난감한 상황에 처하게 될 겁니다. 공부정서를 해쳐서는 안 되는데 공부는 어떻게든 하게 만들어야겠고, 어찌 보면 딜레마죠. 공부를 시키면 아이가 공부를 싫어하게 되는데 공부는 또 안 시킬 수가 없는 노릇이니까요.

　아이의 정서 상태와 행동엔 반드시 어떤 원인이 있습니다. 아이가 왜 공부를 싫어하게 되었는지를 분석하실 수 있어야 합니다. 아이가 공부를 싫어하게 되는 이유는 학습 활동에 호기심이나 흥미가 생기지 않았는데, 그걸 억지로 계속하게 하니 싫어지는 것입니다. 그리고 호기심과 흥미가 생기지 않는 이유는 학습 내용이 이해가 잘 안 되기 때문입니다. 공부하는 내용이 이해가 안 되니 흥미롭지도 않고 성취감도 못 느끼는 거죠. 그럼에도 불구하고 공부를 억지로 해야 한다면 공부정서가 망가지기 시작합니다. 따라서 엄마표 학습은 아이가 최소한 학습을 싫어하지 않게만 해 보자는 목표로 아이를 도와주는 정도가 되어야 하는데, 이를 위한 최소한의 조건은 아이에게 학습 내용이 이해가 잘돼야 한다는 겁니다.

학습 내용의 양과 난이도가 아이에게 맞아야 하며, 학습에 중복과 불필요가 생겨선 안 됩니다. 반복되는 문제 풀이가 중복과 불필요의 대표적 예입니다. 호기심, 흥미 이런 것들은 2차적인 것들입니다. 있으면 좋으나 반드시 필수적인 것은 아닙니다. 1차적인 것은 '이해'의 여부입니다. 아이가 학습 내용을 온전히 이해할 수만 있다면 최소한 학습을 싫어하진 않게 됩니다. 학습을 싫어하게 되는 이유는 학습 내용이 이해되지 않아 학습 활동을 수행하기 어렵기 때문입니다.

Q&A 03

저는 명문대 출신인데도 아이는 공부를 싫어해요

명문대에 입학할 만큼 공부를 잘했던 부모님들이 본인이 왜 공부를 잘할 수 있었는지 명확한 고찰을 해 본 적이 없다면 이분들이 자녀의 학습을 도와줄 방법을 고민하게 되는 순간부터 난감해집니다.

본인도 자연스럽게 공부를 잘했으니까 아이도 나처럼 공부를 잘하겠지 하시겠지만 여러분의 학창 시절로부터 벌써 세월이 한참 흘렀습니다. 시대가 많이 바뀌었어요. 내가 공부를 열심히 했던 것과 달리 내 아이는 그러지 않을 수도 있다는 걸 아셔야 합니다.

그리고 아이들은 일반적으로 공부보다 노는 것을 좋아합니다. 저 또한 공부하는 것보다 노는 것이 좋았고, 심지어 현재도 그렇습니다. 따라서 아이 공부와 관련해선 아이가 공부를 싫어할 가능성이 높다는 걸 전제하는 것이 도움이 됩니다. 초등학생 아이가 학습을 주도적으로 한다는 것을 처음부터 상상하지 않으셔야 해요. 초등학생 아이들은 길어야 고작 몇 년 동안 학습을 맛본 것일 뿐, 초등학교 과정은 학습을 조금씩 점차적으로 연습하는 과정이자 중학교 과정을 위한 준비 과정일 뿐이라고 보셔야 합니다.

아이가 공부를 싫어하는 이유는 분명히 있습니다. 그리고 공부를 싫어하는 이유는 아이들마다 대동소이합니다. 하기 싫은 학습 활동을 경험했기 때문입니다. 그리고 그런 활동은 대체로 아이에게 불필요한 학습 활동인 경우가 대부분입니다. 커리큘럼을 엄마가 짜 주고 그 안에 아이가 해야 하는 활동들을 집어 넣죠. 대표적인 것들이 문제집 풀이와 책 읽기이고요. 지금 아이가 공부를 싫어한다면 엄마표 학습에서 제안하지 않은, 해서는 안 되는 학습 활동을 해 왔기 때문이라고 생각한 다음, 그것이 무엇이었는지를 찾고 확인하셔야 합니다. 그리고 그걸 제거하시면 됩니다.

이 책에서 제안한 학습 활동은 아이에게 불필요한 활동이 하나도 없습니다. 엄마표 학습에서 제안하는 학습 활동의 범위는 명확한데, 그것은 교과서 위주의 학습이 거의 전부입니다. 교과서 위주의 완전학습은 공부의 양 자체가 많지 않아 아이 입장에선 충분히 해 볼 만하다고 느끼게 됩니다. 적당한 분량으로 충분히 완전학습을 할 수 있기 때문에 새로운 개념과 원리를 이해하는 학습 역량과 지문을 해석하는 독해력이 점점 계발되며, 이러한 학업 역량이 쌓이게 되면 공부를 최소한 싫어하진 않게 됩니다. 내가 지금까지 해냈었고, 앞으로 해낼 수 있다는 자기효능감이 계발되기 때문입니다.

그리고 명문대 출신의 부모님들은 사실 엄마표 학습에서 이점을 가지고 있으신 겁니다. 본인이 공부를 잘해 봤던 경험이 있기 때문에 이 책의 내용을 기반으로 내가 왜 공부를 잘할 수 있었는지를 분석하는 일이 더 쉬울 거예요. 그렇게 분석한 내용을 기반으로 이제 아이의 공부를 잘 멘토링해 주시면 됩니다.

제가 공부를
잘해 본 적이 없어요

　　공부를 잘해 본 경험이 없는 부모님들을 도와주기 위해 이 책을 집필한 것입니다. 이 책을 교재 삼아 1년 이상 완전학습을 연습하시면 엄마표 학습을 어느 정도는 수행하실 수 있습니다.

　　앞서 여러 번 언급했던 수능 만점자 아들을 키워 낸 어머니도 본인은 공부에 실패하셨다고 합니다. 초중등까진 그럭저럭 상위권이었는데 고등학교에 가서 무너지셨다죠. 그래서 중위권 정도의 성적으로 졸업하셨고, 심지어 수포자셨대요. 그런데 그분은 자신이 고등학교에 가면 성적이 뚝 떨어질 거란 사실을 너무 잘 알고 있으셨습니다. 하지만 공부 동기가 없었고, 열심히 하려는 의지가 없었기에 변화를 시도하거나 노력을 기울이질 못했습니다. 그분은 자신처럼 아이들이 학업에서 실패하지 않기를 바랐어요. 본인은 자식의 성적이 자신의 자존심이라고 여겼던 엄마 때문에 공부정서가 망가졌지만, 이런 실패를 통해 아이의 공부를 잘 도와주어야겠다면서 길을 찾아보려고 노력하셨습니다. 그리고 결과는 아이의 수능 만점이었죠.

실패는 성공의 어머니입니다. 엄마가 실패를 해 봤기에 한스러웠고, 그래서 더 큰 열망과 강한 동기가 생긴 겁니다. 자녀 교육을 위한 열정이 있었기에 열심히 정보와 지식을 찾아보셨고, 본인 나름대로 엄마표 학습의 기준과 방법을 분명히 하여 성과를 보셨습니다. 아이가 수능 만점을 받으리라고는 애당초 생각하지 않으셨는데 말입니다.

학업에서 실패를 해 봤던 경험이 있기에 오히려 유리할 수 있습니다. 강한 동기부여를 할 수 있게 도와주기 때문입니다. 나는 실패했지만 우리 아이는 실패하지 않도록 해야겠다, 이를 위해 내가 왜 실패했는지를 이 책의 내용을 기반으로 분석하고 성찰해 보시는 겁니다.

다만 학업에서 성공하지 못했던 부모님들이 극복하셔야 할 점은 무너진 자기효능감의 회복입니다. '나는 수포자였는데, 나는 좋은 대학 출신이 아닌데, 대학에 들어가 본 적도 없는데' 이런 생각으로 공부 이야기만 나오면 위축되는 분들이 있습니다. 어른이나 아이나 똑같습니다. 실패 경험만 있다면 자신감을 가질 수가 없습니다. 성취 경험이 없으면 자신의 능력에 대한 믿음인 자기효능감이 계발되지 않기 때문입니다.

그러나 부모님들도 고작 10대였을 때 입시라는 과정을 잘

해내지 못했던 것일 뿐, 잘못한 것은 전혀 아닙니다. 여러분이 학생이었을 때 적절하게 멘토링해 주실 분이 안 계셨기 때문입니다. 이런 책도 없었습니다. 환경이 좋지 않았던 것뿐입니다.

우리의 입시는 끝났지만 아이를 키우면서 이제 부모님께서 본인의 학습 역량을 키워 보실 시간과 기회를 새롭게 얻으셨어요. 과거에는 못했지만 어른이 된 지금은 이제 충분히 해내실 수 있습니다. 수포자였다고 하시더라도 최소한 초등학교 수학 과정을 다시 공부해 보실 수 있어요. 이 책에 수학을 어떻게 공부해야 하는지 자세히 안내되어 있지 않습니까. 내가 수포자가 될 수밖에 없었던 원인을 깨닫고, 우리 아이는 그런 실패의 경험을 하지 않도록 옆에서 코칭해 주시면 됩니다. 자신감을 회복하기 위해 다시 공부해 보세요. 완전학습을 연습하시고 완전학습이 되었을 때의 보람과 성취감을 느껴 보세요.

아이의 공부 습관을
제가 다 망쳐 놓은 것
같아요

아이의 공부 습관을 망친 부모님들의 사례를 분석하다 보면 이 모든 것이 아이를 향한 부모님의 깊은 사랑에서부터 비롯된 것이라는 걸 알게 됩니다. 사랑하기 때문에 아이가 공부를 잘해야 더 나은 삶을 살 수 있을 거라고 생각하시는 거예요. 그래서 공부를 독촉하고 재촉하시는 거고요. 그만큼 부모님께서 아이를 위해 노력했다는 걸 느낄 수 있어요. 하지만 이 노력과 고생에도 불구하고 아이의 공부정서는 망가져 버립니다. 공부든 양육이든 그 과정이 올바르지 않으면 원하는 결과로 이어지지 않는다는 것은 만고불변의 진리입니다.

아이의 공부정서가 이미 많이 깨져 버린 경우 지금 바로 학습 활동을 중단해야 합니다. 공부정서가 깨졌다는 건 지금까지의 과정이 잘못되었다는 뜻입니다. 지금까지 했던 공부 활동을 이어 간다면 아이의 공부정서가 계속 망가지게 될 겁니다.

이 상황에서 부모님께서 할 일은 크게 두 가지입니다. 첫째, 아이에게 미안하다는 말을 해 주셔야 합니다. 용기를 내고 진심을 담아 아이에게 사과의 말을 전해 주셔야 합니다.

"엄마가 잘 몰라서 너한테 잘못된 방법으로 공부시켰던 거 미안해. 엄마도 공부에 대해서 잘 배워 볼게."

이런 느낌으로 아이에게 미안하다는 말을 전하면 아이도 그걸 받아들여 망가져 가던 공부정서가 일단 그 상태를 유지하게 됩니다. 악화되는 과정을 잠시 중단시킬 수 있다는 뜻입니다. 그리고 아이가 어쩌면 다시 공부하고 싶다는 마음의 기력을 되찾을지도 모릅니다. 부모의 사과엔 굉장히 큰 힘이 있기 때문입니다. 미안하다는 말은 상처를 치유해 줍니다.

둘째로, 부모가 엄마표 학습 이론을 완전학습 하셔야 합니다. 부모가 아이 공부 습관을 망친 이유는 부모가 학습에 대해 잘 알지 못한 채 지금까지 뭔가를 하셨기 때문입니다. 병원에서 수술을 하는데 수술하는 의사가 의대에 갓 입학한 1학년 학생이라면 여러분은 그 학생이 수술하는 걸 허용하시겠습니까? 아이의 공부 습관을 망친 부모는 의대에 갓 입학한 1학년 학생과도 같습니다. 실력이 없는데 환자를 수술하게 되면 그 환자가 죽을 수도 있습니다. 이런 맥락에서 부모가 학습에 대해 잘 알지 못하는 상황에선 아직 아이에게 아무것도 안 시키는 편이 낫다는 겁니다. 어설프게 전자제품의 전기 코드를 잘못 꽂으면 전기회로가 타

버리는 것과 비슷한 맥락입니다. 아이의 공부에 관여할 땐 신중
하고 섬세하셔야 합니다.

지금 하던 학습지를
끊어야 할까요?

엄마표 학습이론에 따르면 학습지는 되도록 안 한다는 것이 원칙이었습니다. 많은 부모님들이 엄마표 학습을 배우고 지금까지 하던 학습지를 과감히 끊는 결정을 하셨습니다. 학습지 대신 교과서 위주의 학습을 해 보시겠다고 긍정적인 방향 전환을 하신 것이죠.

하지만 학습지를 중단할 땐 아이와 먼저 상의를 한 다음에 끊으셔야 합니다. 아이가 지금까지 하던 학습지를 내 의사와는 상관없이 부모님이 일방적으로 끊어 버릴 경우 마음에 상처를 입습니다. 자신을 존중하지 않는다는 느낌을 받기 때문입니다.

아이가
복습하는 걸 싫어해요

아이가 복습하는 걸 싫어하는 이유는 복습하는 과정에서 갖게 되는 경험이 부정적이었기 때문입니다. 복습을 통해 얻게 되는 긍정적인 경험이 많아야 복습하는 걸 좋아할 텐데 그 반대이기 때문에 복습하는 걸 싫어하는 겁니다. 아이가 복습하는 걸 싫어한다면 그 원인을 정확하게 진단하는 것이 먼저인데, 대체로 아이가 그런 학습 활동을 싫어하는 이유는 다음과 같습니다.

1 학습 내용이 이해가 잘 안 돼서
2 학습 목표가 분명하지 않아 무엇을 해야 될지 몰라서
3 1, 2번이 합쳐져 성취감을 느끼지 못해서

그리고 부모님들이 간과하는 핵심적인 사실 하나는 부모가 아이 공부 활동에 관여하며 아이에게 주는 피드백이 아이의 공부 정서에 큰 영향을 준다는 사실입니다. 어떤 엄마 한 분은 아이가 복습을 하는데 저번에 공부했던 내용을 아이가 잘 모르고 있다는 걸 알게 되었습니다. 저번에 했는데 왜 모를까 해서 정말 가볍게 아이에게 이런 말을 하셨습니다.

"저번에 했는데 몰라?"

아이는 이 말에 상처를 받았고 복습하기가 싫어졌습니다. 엄마가 자기도 모르게 내뱉은 말을 아이가 기억하고 있었던 것입니다. 부모의 작은 피드백이 이렇게나 중요합니다.

Q&A 08

아이가
문제 푸는 것만
공부라고 생각해요

그동안 문제 풀이 위주의 공부만 해 왔기 때문에 아이가 이렇게 생각하는 것입니다. 아이가 문제를 풀지 않는 활동은 가짜 공부라고 생각한다면 이 생각을 교정해 주실 필요가 있어요. 하지만 그냥 말만 해서는 아이의 생각을 바꾸기가 어렵습니다.

그래서 이때엔 문제 풀이 위주의 공부를 안 하는 것이 좋은 방법이 됩니다. 문제 풀이 대신 다른 방식의 학습 활동을 하는 것이죠. 예컨대 교과서 위주의 완전학습이나 독서 활동 같은 것이 훌륭한 대안이 됩니다. 사실 이것은 대안이 아니라 정석이기도 하고요. 그리고 문제 풀이는 가능하면 따로 하진 않습니다. 이것이 엄마표 학습에서 권장되는 한 가지 원칙입니다.

아이가 겪게 되는 모든 경험이 공부가 됩니다. 경험이 곧 학습입니다. 문제 푸는 것 또한 경험의 한 가지 종류일 뿐 문제 풀이만이 공부가 되는 것은 아니라는 것이죠. 새롭게 알게 되는 것이 공부입니다. 아이와 공부한다는 것이 진짜 무엇인지에 대해 이야기하는 시간을 가지면 좋겠습니다.

제 피드백을
아이가 싫어해요

아이가 피드백을 받고 비판으로 느낀다면 짜증을 낼 수 있습니다. 그러나 이것은 아이만 그런 것은 아닙니다. 저도 사실 누군가가 저에게 피드백을 주거나 조언을 줄 때 마음이 보통 유쾌하진 않습니다. 제 인격 수양이 덜 되어서 그렇습니다. 저 같은 성인도 이러하므로 아이들도 조언받는 것에 대해 거부감을 느끼고 격한 감정을 느낄 수 있습니다.

아이가 피드백을 비판으로 느끼는 이유는 피드백을 긍정적으로, 이성적으로 처리하는 심리적인 힘이 없기 때문입니다. 따라서 이런 경우엔 전통적 방식의 선생님 놀이가 별로 효과적이지 않습니다. 대신 여기에 기술적으로 변화를 줘 보세요. 아이의 선생님 놀이 활동을 부모님이 지켜보되, 부모님이 바로 피드백을 주진 않는 겁니다. 그리고 아이가 설명하는 모습을 동영상으로 찍습니다. 그 영상을 개인 유튜브와 같은 곳에 올릴 수도 있고요. 부모님의 피드백은 말 대신 댓글로 대신합니다. 댓글로 피드백을 부드럽게 남겨 보시는 거죠.

아이는 자신의 모습을 영상으로 확인한 뒤 엄마의 댓글을 보고 이중으로 성찰 활동을 수행합니다. 이런 방식을 마이크로티칭Microteaching이라고 하는데, 예비 교사들이 자주 사용하는 교수 훈련 방법이기도 합니다.

Q&A 10

아이가 공부를
너무 좋아하는데
선행을 해도
되지 않을까요?

이때도 선행학습은 안 하는 것이 낫습니다. 공부하는 걸 좋아하는 아이는 대체로 공부머리를 타고난 아이들입니다. 따라서 그런 아이들은 현행 학습만으로도 충분히 학업적 성과를 보게 될 것입니다.

오히려 이런 아이들이 선행을 하게 되면 학교 수업을 참여할 때 학습적 호기심이 떨어지기 때문에 학교 수업을 지루하게 느낄 가능성이 큽니다. 그렇다면 더더욱 선행학습을 하지 말아야 합니다. 새로운 개념을 배우고 새로운 지문을 읽을 때 배우는 즐거움을 학교에서 할 수 있도록 좀 기다려 주는 것이 맞습니다.

아이의 학습 동기가 충만하므로 이럴 때엔 학교 교육 과정의 학습보다는 비교과 활동을 경험하게 해 주는 것도 좋은 선택지가 될 것 같습니다. 예를 들어 코딩교육 같은 비교과 활동은 학습에도 전이가 잘되며 아이가 흥미 있게 배우고 동료들과 함께 창작하는 경험을 하게 해 주는 훌륭한 학습 경험을 제공합니다.

주변 아이들이
너무 잘해서
아이가 자신감이 없어요

아이고 어른이고 우린 사회적 동물이라 주변 사람들이 어떻게 하는지를 관찰하게 되면 영향을 받지 않을 수 없습니다. 친구들이 자신보다 뛰어난 성과를 보이면 아이는 당연히 위축되고 의기소침해할 수 있죠. 그리고 나의 능력에 대해 믿지 못해 자신감을 키우지 못하게 됩니다.

그런데 요즘 많은 아이들은 서로 경쟁하듯 선행학습을 하고 있습니다. 해외 거주 경험이 있는 아이들을 보면 영어 실력이 압도적으로 월등해 보이기도 합니다. 우리 아이가 그런 아이들과 같이 지내다 보면 자신을 초라하다고 느낄 수 있습니다. 이렇게 되면 자기효능감을 키우지 못해 노력에 대한 긍정적인 믿음을 키우지 못하게 됩니다.

이런 상황에선 부모님의 역할이 중요합니다. 아이에게 어떤 피드백을 주느냐에 따라 아이가 자신이 처한 상황을 해석하는 방식이 달라지기 때문입니다. 부모님께서 먼저 자신감과 확신을 가지고 아이의 공부 방향에 대한 믿음을 마음속에 심어 주셔야 합니다.

"네가 하는 방식엔 문제가 없어. 초등학생이 중고등학교 수학을 선행하는 것은 크게 잘못된 거야. 완전학습 방식으로 공부를 해 나가면 결국 고등학교 때 성공하는 건 우리가 될 테니까 걱정할 것은 사실 하나도 없단다."

이렇게 아이를 격려해 주고 실제로 아이가 자신의 능력과 노력에 대한 믿음을 키울 수 있도록 도와주세요. 고등학교에서 측정하는 학습 역량은 지금의 선행학습 진도 수준이라든가, 유창한 영어 실력이 아닙니다. 과정이 올바르면 결과는 따라옵니다. 과정을 믿을 수 있도록 도와주시면 좋겠어요. 그리고 올바른 과정으로 아이를 이끌어 주세요. 올바른 과정에 대한 지침을 전 이 책을 통해 자세하게 설명드렸습니다.

Q&A 12

여덟 살 아이에게 한글을 1년이나 가르쳤는데도 단어 정도 읽는 수준밖에 안 돼요

아이를 키우실 때 부모님께서 반드시 지켜야 하는 원칙 하나는 무슨 일이 있더라도 정신 줄을 잡으시는 겁니다. 특히 학습과 관련해서 아이가 기대만큼의 성과를 보이지 못한다 하여 감정적인 반응을 보일 경우 아이의 공부정서가 망가지기 시작합니다. 사실 속이 터진다는 감정을 부모가 느끼는 것조차 아이에겐 독이 됩니다. 감정은 전이되기 때문입니다. 답답하고 실망스러운 부모의 감정을 아이가 인지하면 아이의 자존감도 무너져 내릴 겁니다.

우리가 가족들에게 운전을 가르쳐 주는 경우가 왕왕 있습니다. 하지만 가족 간에는 보통 운전을 가르쳐 주지 말라고 하잖아요. 속이 터지니까요. 나는 쉽게 하는 것을 나의 가족이 답답할 정도로 못하면 속이 터집니다.

그런데 우리는 모두 알고 있습니다. 서투른 것이 잘못은 아니라는 것을요. 아직 서투른 것뿐이지, 연습 시간이 부족하거나 인지적 발달이 덜 돼서 그런 것뿐이지 언젠가 아이는 한글을 익숙하고 능숙하게 활용할 겁니다. 아직 그 시점에 도달하지 못했을 뿐 영원히 불가능한 것은 아닙니다.

한글을 1년 정도 했는데 아직도 못한다면 1년을 더 하면 됩니다. 한글에 아직도 익숙해지지 않아 공부가 싫어질 법도 한데, 엄마를 생각해서 아이가 포기하지 않고 1년간이나 학습 활동을 한 것에 대해 칭찬해 주세요.

대개 감정 자체로 나쁜 것은 없으나 이런 맥락에서의 속이 터진다는 감정은 나쁜 것입니다. 부모의 잘못된 가치관 때문에 생겨난 못된 감정이기 때문입니다. 여덟 살 아이가 영원히 여덟 살인 것은 아닙니다. 곧 열여덟 살이 될 것이고, 금방 스물여덟 살이 될 것입니다. 그리고 지금의 여덟 살 아이는 한글 공부와 관련하여 엄마가 나에게 했던 말과 행동을 고스란히 기억할 것입니다.

한자를 따로
공부해야 할까요?

한자를 따로 공부하는 것은 부담스러운 일입니다. 한국어가 한자어를 70% 정도 공용하는 것은 사실이지만, 한국어로 표현된 한자 용어만 이해해도 충분합니다. 한자를 따로 공부할 필요는 없어요. 한자까지 따로 공부하면 아이에게 인지적 과부하가 걸릴 수 있습니다.

예컨대 '입원'이라는 한자 용어에선, '입'이 '들어가다'라는 뜻을 가지고 있는 한자어라는 것만 이해해도 충분합니다. 군이 입入이란 한자어를 배울 필요는 없다는 거예요. 그저 학습 활동을 하는 가운데 국어사전을 옆에 끼고 한자 용어들을 학습하는 것만으로 족합니다. 특히 한자 자체를 쓰는 활동은 권하지 않습니다. 그건 말 그대로 투머치입니다.

수학을 어디까지
설명해 줘야 할까요?

엄마가 아이에게 설명하지 않는 것이 엄마표 학습의 원칙입니다. 부모님이 설명하게 되면 그것은 엄마표 학습이 아니라 엄마표 과외가 된다고 했습니다. 아이가 궁금히 여기게 하는 것이 핵심입니다. 궁금한 것이 생기면 그것이 왜 그런가를 생각하고 찾아보는 과정이 공부이고 이를 입시에선 '학업 역량'이라는 용어로 표현하기도 합니다.

궁금한 것에 대해 아이가 생각하고 교과서나 다른 학습 자원을 통해 찾아보게 하는 것이 엄마표 학습입니다. 즉, 엄마가 설명하지 말고 학습 자원들을 통해 아이가 스스로 찾아보게끔 유도하는 것이 좋습니다.

수학은 어렸을 때부터 선행하지 않으면 제대로 할 수 없대요

"6~7세 때부터 1000 이하 세 자릿수의 덧셈·뺄셈은 익숙하게 해야 한다. 머릿속으로 세 자릿수까지는 암산이 가능한 정도라야 한다. 2학년 교과는 지금까지 아이들이 엄마표로 익숙하게 해 왔던 걸 정리하는 것이지, 교과서 안에 있는 내용을 그때 새롭게 배우는 수준이면 결코 교과서를 잘 이해할 수 없다. 생활 속에서 이미 아이가 칠교판을 가지고 놀았어야 하고, 집안 곳곳 물건의 길이를 재면서 놀았어야 하고, 분류 놀이를 했어야 한다. 그걸한 아이와 그러지 않은 아이는 천지 차이다, 그러지 않은 아이는 수학을 잘할 수 없다."

이런 의견에 많은 엄마들이 공감하는 것을 보면 두려움이 느껴지죠. 내가 너무 현실을 모르고 있나 싶은 마음도 들 겁니다.

물론 수학 공부에서는 그렇게 일찍 준비하는 아이들이 유리합니다. 일찍 학습 내용을 접한 아이들이 일단 치고 나갈 수 있으니까요. 그러나 엄마표 학습 이론에서 기준을 세워 주길 6~7세엔 문자 교육을 하지 않는다 하였습니다. 6~7세에 세 자릿수 암산이 가능하려면 아이는 많이 고생할 겁니다. 그러면서 공부정서가 망가질 확률이 높아집니다. "수학은 어렵고 힘들고 재미없어." 이런 경험을 하게 될 확률이 높아지는 겁니다. 1학년 수학 교과서에선 고작 100까지의 수를 배우는데 6~7세 아이에게 1000 이하 세 자리 덧셈, 뺄셈을 하라고 요구하는 건 정규 과정을 뛰어넘는 선행학습입니다.

일찍부터 수학 공부를 하지 않은 아이는 수학을 잘할 수 없다는 건 잘못된 생각입니다. 늦게 시작해도 12년이라는 공교육 과정에서 언제든지 역전할 기회는 많습니다. 늦게 시작해도 잘할 수 있는 게 수학입니다. 올바른 방법, 긍정적인 공부정서가 합쳐졌을 때 역전의 기회가 생깁니다.

그리고 유아 시기부터 수학 선행을 하지 않으면 안 된다는 생각을 갖게 되면 엄마가 힘들어집니다. 엄마가 주도해야 하니까요. 수학 공부의 최종 성과물은 입시입니다. 세 자릿수 암산을 미리부터 할 수 있다고 해서 고차원적 사고력, 응용력을 시험하는 입시 수학에서 좋은 결과를 올릴 수 있느냐는 전혀 다른 차원의 문제입니다.

수학 문제를
반복해서 풀어도
계속 틀려요

아이가 문제를 반복해서 푸는데도 비슷한 유형의 문제를 계속 틀리는 이유는 개념과 원리를 완전히 이해하지 못한 상태에서 문제 풀이를 너무 빨리 시작했기 때문입니다. 개념과 원리가 온전히 머릿속에 잡히기도 전에 문제를 푸는 건 비효율적입니다.

간단한 곱셈, 나눗셈에도 명확한 개념과 원리가 있습니다. 따라서 아이가 개념 원리를 더 깊이 이해할 수 있도록 개념 원리 학습에 더 많은 시간을 투자해서 아이가 개념 원리를 본인의 말로 잘 설명할 수 있을 때까지 학습해야만 합니다. 문제 풀이는 개념과 원리를 이 정도로 깊이 학습한 후에 하는 것입니다.

주산이 수학 공부에 도움이 될까요?

저는 어릴 적 주산학원을 3년 정도 다녔습니다. 그 경험은 입시 수학에서 정말 도움이 안 되었죠. 주산은 숫자 연산을 주판으로 하는 연습일 뿐이라 계산기를 사용하는 것과 크게 다를 바가 없기 때문입니다. 주산이라는 뜻 자체가 주판으로 하는 연산이란 뜻입니다.

입시 수학에서 학생들에게 요구하는 건 고차원적인 사고력입니다. 개념과 원리를 응용해 문제를 풀어 낼 수 있는 문제 해결력을 요구하지, 기계적인 문제 풀이식 주산은 수학 시험에서 요구하는 학습 역량을 키워 주지 못합니다. 경험 삼아 잠깐 주산 학원에 다닐 수도 있겠지만 오래 할 필요는 없습니다. 수학을 잘하고 싶으면 수학 공부를 하면 됩니다.

아이가 책을
대충 읽어요

아이들이 책을 읽는 모습을 관찰하면 정독하는 것과는 거리가 멀어 보일 때가 많습니다. 급하게 읽고, 대충 읽고, 마지못해 읽는 듯한 느낌이 들 때가 많지요. 너무 급하게 읽지 말고 천천히 읽으라고 말해도 그때뿐입니다. 그래서 부모님께서 걱정하시죠. 그런데 아이가 꼭 정독을 해야만 하는 경우를 꼽으라면 그건 바로 교과서를 읽을 때입니다. 초중고 전 과정을 통틀어 아이들에게 가장 중요한 책은 교과서니까요. 그래서 교과서를 읽을 땐 집중해서 정독해야 합니다. 개념과 원리를 뽑아 내고 교과서를 씹어 먹는다는 느낌으로 정독하는 연습을 꾸준히 계속해야만 합니다.

앞서 언급되었듯이 독서는 모든 학습의 기초가 되는 글을 읽는 연습을 하게끔 해 주므로 책 읽는 활동을 아이가 좋아하게 되는 것은 분명히 학업적인 측면에서 도움이 되는 일입니다.

재미가 있는 책, 몰입이 되는 책, 자신이 관심을 갖는 주제를 다루는 좋은 품질의 책은 아이가 집중해서 정독을 하게 됩니다. 그런 종류의 책은 아이들이 책 표지가 닳아서 찢어질 정도로 반복해서 읽기도 합니다. 재미있으니까요. 읽는 행위를 즐기게 되는 것이지요. 따라서 아이가 정독하게끔 도와주고 싶으시다면 아이에게 맞는 적합한 도서의 선정이 가장 중요합니다. 책이 아이와 잘 맞지 않으면 그 어떤 기술적인 독서 기법으로도 아이를 정독하게끔 만들기가 어렵습니다.

독서와 학습은 구분되어야 합니다. 독서는 독서이고 학습은 학습입니다. 독서가 학습에 도움이 되는 것은 분명하지만 정독을 아이에게 강요할 수는 없습니다. 독서는 읽는 즐거움을 느끼기 위한 것이고, 학습은 완전하게 해야 하는 것이기 때문입니다. 책을 정독하면 좋겠으나 그것은 아이가 인위적으로 노력해서라기보다는 아이가 정독하고 싶어 하는 책들을 잘 선정하는 것에서 시작되어야 합니다.

이 책에선 학습 동기에 관해 지금까지 상세하게 다루었습니다. 학습 동기가 있다면 독서 동기도 있는 것입니다. 정독을 하려면 독서 동기가 있어야 하며, 그렇다면 아이가 그 책을 자세히 읽고 싶다는 정서 상태를 가질 수 있어야 합니다.

책을 읽자고 하면
아이가 도망갑니다

　도망가는 걸 잡아 놓고 책을 읽히면 독서정서가 나빠집니다. 이런 방식은 장기적인 관점에서 좋지 않아요. 협박으로 마지못해 하는 독서가 아이에게 어떤 정서를 갖게 할지 곰곰이 생각해 보시면 답이 나옵니다. 다른 방식을 강구하시는 게 좋습니다.

　시장엔 무수한 책과 문제집들이 있으나 그 모든 것이 우리 아이에게 다 필요한 것은 아닙니다. 어디까지 구매할 것인가에 대한 답은 아이가 원하는 걸 사 주시는 것입니다. 독서를 가지고 씨름하지 않도록 해야 합니다. 독서로 씨름하느니 차라리 노는 것이 낫습니다. 정서가 나빠질 바에야, 그저 아무 걱정 없이 노는 어린 시절을 보내는 것이 정서 발달 측면에서 더 좋아요.

　독서 관심을 불러일으키는 면에선 학습만화도 좋습니다. 관심사가 생기고 그것이 확장되면 나중에 글밥이 많은 책들로 이어질 수 있기 때문입니다. 물론 학습만화의 품질을 잘 살펴보셔야 합니다. 시중엔 저품질의 학습만화들도 많기 때문입니다. 아이에게 양질의 학습만화를 권유해 보시고 아이의 반응을 한번 살펴보세요. 글밥 있는 책을 안 읽더라도 교과서 위주의 완전학습만 되면 성적은 나옵니다. 독서는 독서이고 학습은 학습입니다.

독서 습관을 어떻게 잡아 줘야 할까요?

독서 습관을 들이려는 것은 아이가 책을 즐기게끔 도와주려는 마음에서 비롯된 것이겠지요. 그렇다면 아이가 좋아하는 분야에 대한 책들을 접하게 해 주는 방향으로 책에 대한 사랑을 키워 주시면 좋을 것 같습니다.

하루에 몇 권, 혹은 시간을 정해서 숙제처럼 할당된 양의 독서를 해야 한다는 것은 어른들의 생각이고, 책을 언제든지 쉽게 꺼내 볼 수 있는 집안 환경, 아이가 좋아하는 책의 구비에만 신경을 써 주시면 좋겠습니다.

또 부모님과 같이 책을 읽는 활동을 통해 아이가 정서적 유대감도 느낄 수 있다면 독서라는 활동에 대해 긍정적인 정서를 갖게 될 것입니다. 요점은 독서를 강제로 한다는 느낌을 아이에게 주지 않는 것이죠. 독서는 곧 즐거운 활동이란 인식을 아이가 갖게 하는 것입니다.

아이가 위인전을 읽고 말하는 걸 좋아한다면 이때 부모님께서 아이를 도와줄 수 있는 일은 아이의 이야기를 잘 들어 주는 것입니다. 위인전들을 같이 찾아보고 그런 책들로 독서를 충분히 수행한다면 아이가 성장함에 따라 다양한 영역으로 독서 활동을 확장할 수 있을 겁니다.

지금까지 이 모든 내용을 읽으며 이해하시느라 고생이 참 많으셨습니다. 완전학습이란 것은 복잡하고 추상적인 지식입니다. 따라서 단박에 이해하고, 바로 실전에 적용하는 일은 보통 어려운 일이 아닙니다.

아이가 태어났을 때는 아무것도 못 하는 존재였지만 시간이 지나고 성장함에 따라 일어서서 걷게 되고, 점차 말도 할 수 있게 됩니다. 완전학습을 하는 일도 비슷합니다.

여러분은 아마 완전학습이란 개념을 처음 들어 보셨겠지만, 이 책을 읽으시면서 완전학습을 어떻게 수행할 수 있는지에 대한 대략적인 그림을 머릿속에 그릴 수는 있게 되었을 겁니다.

그럼 그다음에 필요한 것은 여러분이 배운 지식들을 반복적으로 적용해 보면서 연습해 보는 일입니다. 책의 내용을 반복해서 보시고, 궁금한 점이 있다면 자공마을 커뮤니티에 질문을 올리셔도 좋습니다. 저는 물론이고 많은 동료 부모님들이 그 질문을 보면서 같이 고민하고 생각해 보는 또 다른 학습의 기회가 될 것입니다.

아무쪼록 여러분이 완전학습법에 대해 완전학습을 하시고 여러분의 자녀를 잘 멘토링해 주신다면 아이가 자신의 인생을 평생 살아가면서 두고두고 소중하게 쓸 뛰어난 학습 능력을 선물해 주시게 될 겁니다.

감사합니다.

임작가 올림

배운 것을 100% 이해하는
후천적 공부머리의 비밀

완전학습 바이블

초판 1쇄 발행 2020년 8월 18일
초판 13쇄 발행 2023년 7월 3일

지은이 임작가
펴낸이 김선식

경영총괄이사 김은영
콘텐츠사업2본부장 박현미
책임편집 김민정 **책임마케터** 최혜령
콘텐츠사업7팀장 김민정 **콘텐츠사업7팀** 김단비, 권예경, 이한결
편집관리팀 조세현, 백설희 **저작권팀** 한승빈, 이슬
마케팅본부장 권장규 **마케팅1팀** 최혜령, 오서영
미디어홍보본부장 정명찬 **영상디자인파트** 송현석, 박장미, 김은지, 이소영
브랜드관리팀 안지혜, 오수미, 문윤정, 이예주 **지식교양팀** 이수인, 염아라, 김혜원, 석찬미, 백지은
크리에이티브팀 임유나, 박지수, 김화정, 변승주 **뉴미디어팀** 김민정, 이지은, 홍수경, 서가을
재무관리팀 하미선, 윤이경, 김재경, 이보람
인사총무팀 강미숙, 김혜진, 지석배, 박예찬, 황종원
제작관리팀 이소현, 최완규, 이지우, 김소영, 김진경, 양지환
물류관리팀 김형기, 김선진, 한유현, 전태환, 전태연, 양문현, 최창우
외부스태프 사진 로우스튜디오

펴낸곳 다산북스 **출판등록** 2005년 12월 23일 제313-2005-00277호
주소 경기도 파주시 회동길 490 다산북스 파주사옥
전화 02-704-1724 **팩스** 02-703-2219 **이메일** dasanbook@dasanbooks.com
홈페이지 www.dasanbooks.com **블로그** blog.naver.com/dasan_books
용지 신승지류유통 **인쇄** 민언프린텍 **제본** 국일문화사 **후가공** 제이오엘앤피

ISBN 979-11-306-3113-4 (03370)

다산북스(DASANBOOKS)는 독자 여러분의 책에 관한 아이디어와 원고 투고를 기쁜 마음으로 기다리고 있습니다.
책 출간을 원하는 아이디어가 있으신 분은 다산북스 홈페이지 '투고 원고'란으로 간단한 개요와 취지, 연락처 등을 보내주세요.
머뭇거리지 말고 문을 두드리세요